Hans Peter Riegel
BEUYS

riverside

Hans Peter Riegel

BEUYS

Die Biographie

Band 1

ISBN 978-3-9524824-1-4

6. Auflage 2021

Riverside Publishing ist eine Marke der Riverside AG

Copyright © 2021 Riverside AG und

Hans Peter Riegel / Zürich

Inhalt

Teil 1 / 1921 bis 1945

Wunde 9
Dunkel 13
Der Hirtenknabe 15
Der Stadtjunge 18
Der Schüler 23
Der Hitlerjunge 26
Bücherverbrennung 31
Der Landjunge 34
Schulabschluss 37
Der Freiwillige 41
Der Soldat 46
Bildungserlebnisse 50
Flugversuche 54
Der Kampfflieger 60
Tatarenlegende 64
Der Fußsoldat 72
Heldenlied 77

Teil 2 / 1945 bis 1964

Rückkehr 82
Der Student 87
Mataré 90
Hinwendung 98
Steiner 101
Anfänge 109
Depression 115
Initiation 122
Westmensch 128
Auftragsarbeit 132
Grauballemann 137
Eva Wurmbach 141
Der Freund 145
Konsolidierung 151
Paik 156
Fluxus 162
Fett 172
Plastische Bilder 175
Der Christus 180

Personenverzeichnis 192

Anmerkungen 197

Teil 1 / 1921 bis 1945

Wunde

Was wir heute über das Leben von Joseph Beuys zu wissen glauben, entstand aus der Verkettung rätselhafter Legenden. Bereits seine Geburt ist ein Mysterium. Sie ereignete sich am 12. Mai 1921 in einer schmalen, finsteren Straße einer mittelgroßen Stadt der deutschen Rheinprovinz.

Die Geburtsurkunde, der zufolge Joseph Jakob Beuys auf dem Standesamt von Krefeld die Geburt seines Sohns Joseph Heinrich anzeigte, wies 23.30 Uhr als Geburtszeit aus. Als Geburtsort wurde „Dampfmühlenweg" angegeben, eine Hausnummer jedoch nicht vermerkt. Indes war der Nachweis des konkreten Ortes einer Niederkunft verpflichtend, weshalb die versehentliche Auslassung unwahrscheinlich ist.

Mit der mangelhaften Adressangabe deutet sich an, dass Joseph Beuys in einem Hauseingang, vielleicht irgendwo am Rand des Gehwegs oder in einer Droschke, geboren wurde.[1]

Im Kreise von Verwandten soll seine Mutter geäußert haben, die Niederkunft sei während des Umzugs nach Kleve in einem Straßengraben bei Geldern geschehen. Der Ortswechsel erfolgte allerdings erst Monate später. Gleichwohl könnte diese Erzählung wie eine verbrämte Version der tatsächlichen Ereignisse verstanden werden.

Bei einer Erstgebärenden ist eine plötzlich einsetzende Geburt, eine Sturzgeburt, bei der keine Zeit bleibt, Hilfe zu suchen oder herbei zu rufen, extrem selten. Vielleicht unterlag Beuys' Mutter wegen Komplikationen einer vormaligen Geburt dem Risiko einer Niederkunft vor der Zeit. Einmal sprach Beuys von einem Bruder, der kurz nach der Geburt verstorben sei. In amtlichen Verzeichnissen finden sich hingegen keine Hinweise auf diesen Bruder.

Warum sich Beuys' hochschwangere Mutter wie in der Geburtsurkunde vermerkt um 23.30 Uhr, in einer Provinzstadt wie Krefeld zu nachtschlafender Zeit, entfernt von ihrem Haus, in der unbeleuchteten Gasse aufhielt, ist rätselhaft. Ihr Wohnort, Alexanderplatz 5, befand sich etwa zwei Kilometer von dort. Im weiten Umkreis des Dampfmühlenwegs existierte weder ein Krankenhaus, noch wäre hier eine Hebamme zu finden gewesen.[2]

Über die Gegebenheiten seiner Geburt äußerte sich Beuys nie und auch aus dem Kreis seiner Verwandten sind keine verlässlichen Berichte überliefert. Stattdessen verstand er seinen frühesten Daseinsmoment als Fügung, die ihn veranlasste, seine Biographie in eine

Legende zu wandeln, sie zu mystifizieren und damit umzuformen zu einer für ihn gültigen Realität.

Schon als er 1961 erstmals einen Lebenslauf veröffentlichte, den er "Notizzettel Josef Beuys" nannte, bediente er sich Metaphern anstelle des Konkreten, wich aus in die Fiktion. Er wolle die „biographischen Dinge" nicht in „konventioneller Form" sondern „freier oder in größeren Zügen" darstellen, lautete seine Begründung, die auch auf sein wichtigstes Curriculum Vitae anwendbar ist, das Beuys 1964 mit "Lebenslauf Werklauf" überschrieb.[3]

Mit "Lebenslauf Werklauf", einer in allegorische Sprachbilder gekleideten Auflistung von Lebensereignissen, entband sich Beuys endgültig des Faktischen, adelte sein Leben zur Darbietung einer außergewöhnlichen Existenz. Seine Geburt wurde nun Ereignis, "Ausstellung einer mit Heftpflaster zusammengezogenen Wunde". Auf diese Weise transformierte er das reale Geschehen. Klingt doch in der Vokabel „Ausstellung" die Verwandtschaft zu „Bloßstellung" mit. Die der Mutter, wie die eigene, durch seine Geburt unter widrigen Umständen.

Damit beschrieb er den Ausgangspunkt seiner Passion, den Beginn eines Lebens als Leidensweg. Kenntlich durch ein Objekt, das er als „autobiographischen Schlüssel" bezeichnete und das ikonographischer Bestand seines Œuvres wurde: Die abgenutzte, mit Heftpflaster beklebte Kinderbadewanne, die in diesem Zusammenhang als Metapher für die Reinwaschung der Wunden, die Säuberung von den Spuren einer fatalen Niederkunft gelten kann.

Welche Abscheu er offenkundig über die Konstellation seines Lebensbeginns empfand, offenbarte Beuys mit der standhaften Verleugnung seines Geburtsortes. „Am 12. Mai 1921 wurde ich als Sohn des Geschäftsführers Joseph Jacob Beuijs und seiner Frau Maria Margarita Beuijs geborene Hülsermann in Kleve geboren", beginnt der Lebenslauf, den Beuys am 7. Mai 1961 für seine Bewerbung um eine Professur an der Düsseldorfer Kunstakademie verfasste.[4] Neben der falschen Ortsangabe nutzte er ein wenig gespreizt die ursprüngliche, noch auf seiner Geburtsurkunde vorzufindende, niederländische Schreibweise des Familiennamens "Beuijs", die jedoch spätestens in der NS-Zeit zu "Beuys" modifiziert worden war.

Im Herbst 1961 erklärte er in dem, anlässlich seiner ersten Museumsausstellung in Kleve publizierten "Notizzettel", sein Geburtsort sei Kleve gewesen. Er gebe „immer Kleve an, weil die Geburt in

Krefeld rein zufällig war". In "Lebenslauf Werklauf" notierte er schlussendlich „1921 Kleve" und schrieb damit seine Herkunft erneut den eigenen Wunschvorstellungen gemäß fest.[5]

Ebenfalls seinem Wunsch entsprechend, wurde die Chronologie von "Lebenslauf Werklauf" zur Grundlage einer Biographie, deren Autoren Götz Adriani, Winfried Konnertz und Karin Thomas als Grundlage des Buchs „ausführliche Gespräche mit dem Künstler" angaben.

Die Biographie erschien in drei Ausgaben, 1973, 1981 zum 60. Geburtstag von Beuys und post mortem 1994. In dieser letzten Ausgabe wurde sie nochmals ausdrücklich, als die einzige von Beuys selbst autorisierte Biographie bezeichnet. Vor diesem Hintergrund kann diesem Buch, das den Titel "Joseph Beuys" trägt, der Rang einer Autobiographie zugemessen werden.[6]

Mit der Biographie von 1973 perfektionierte Beuys, das seinen Lebensweg umkleidende, mystifizierende Konstrukt. Die hieraus abgeleiteten, bis heute geläufigen Interpretation seines Wirkens, unterlagen allerdings dem Trugschluss, was er sagte und was seine Autoren formulierten, als wahrhaftig vorauszusetzen. Beuys hingegen empfand seine gesamte Existenz als Kunstwerk, womit er sich frei fühlte, seine Vita abseits der Realität, dem eigenen Ideal entsprechend darzustellen.

Solche Darstellung findet sich bereits mit den ersten Zeilen der Biographie, in denen er eine weitere Variante seiner Herkunft preisgab: „Joseph Beuys wurde am 12. Mai in Krefeld als Sohn des Hubert Beuys und seiner Frau Johanna, geb. Hülsermann, [...] geboren. Die Eltern wohnen in Kleve."[7] Der Hausarzt habe die Mutter wegen der Furcht um Komplikationen von Kleve aus nach Krefeld in eine Frauenklinik überwiesen, lautete später eine entsprechende Fabel.[8]

Hubert Beuys war der Name seines Onkels, eines erfolgreichen Unternehmers. Beweggründe diesen einzuführen, waren wohl das wiederholte Bemühen um eine idealisierte Biographie, verbunden mit der gleichzeitigen Scham über den bescheidenen Sozialstatus der Eltern, die zudem nicht in der Residenzstadt Kleve, sondern dem industriellen Krefeld lebten, wo Beuys auch nicht „zufällig" zur Welt kam.

Sein Vater, Joseph Jakob Beuys, wohnte bereits seit 1910 in Krefeld. Er stammte aus dem etwa dreißig Kilometer nördlich von Krefeld gelegenen Geldern, zog es jedoch vor, sich nach dem Militärdienst, den er in Donaueschingen absolviert hatte, in Krefeld niederzulassen. Dort meldete er sich am 6. Oktober 1910 mit der Berufsbezeichnung "Handlungsgehilfe" an.

Beuys' Mutter Johanna Maria Margaretha Hülsermann, war am 17. Juli 1889 auf der rechten Seite des südlichen Niederrheins in Spellen, einem Dorf bei Voerde geboren worden.

Ihr Vater war Bäcker und Konditor. In ihrem Heiratsantrag gab sie selbst „berufslos" an. Sie wurde am 18. Oktober 1920 in ihrem Heimatdorf mit Joseph Jakob Beuys vermählt. Rund einen Monat nach der Hochzeit, am 13. November, zog sie zu Beuys' Vater ins linksrheinische Krefeld. Sechs Monate später kam ihr Sohn Joseph zur Welt. Demnach war Beuys' Mutter bereits vor der Eheschließung schwanger.

Für eine Frau ohne Berufsausbildung galt es, sich in den wirtschaftlich schwierigen Nachkriegsjahren sozial abzusichern. Wurde sie darum nicht absichtslos schwanger? Die Auswahl an Männern war dezimiert und Johanna Hülsermann befand sich im einunddreißigsten Lebensjahr und damit schon jenseits des zu dieser Zeit durchschnittlichen Heiratsalters.

Wie Beuys bekundete, waren seine Eltern streng katholisch. Die Vermählung war daher unumgänglich. Jedenfalls lassen die vorliegenden Daten eine gewisse Eile bei der Eheschließung erkennen. Wollte man einer Stigmatisierung in der bäuerlich religiösen Gesellschaft des Niederrheins vorbeugen, tat man gut daran, den Sündenfall einer unehelichen Zeugung durch umgehende Heirat zu korrigieren.

Dunkel

Seine ersten Lebensmonate verbrachte Beuys in einem herrschaftlichen Stadthaus am Alexanderplatz 5, an einer wohl situierten Adresse der Krefelder Innenstadt. Der Platz war ein von prachtvollen Gründerzeit-Häusern eingerahmter kleiner Park. Beuys' Vater konnte sich eine derart gute Wohnlage leisten, da er sich, unterbrochen durch seine Kriegsteilnahme von 1914 bis 1918, die er als Unteroffizier abschloss, zum „Geschäftsleiter" einer Krefelder Kaffeerösterei hochgearbeitet hatte.[9]

Vier Monate nach Beuys' Geburt verließen seine Eltern Krefeld, um sich in Kleve niederzulassen. Am 23. September 1921 meldete sich das Ehepaar Beuys in der Klever Unterstadt mit der Adresse Kermisdahlstraße 24 an. Der neue Wohnort an einer Straße mit einfachen Häusern aus Ziegeln auf der einen, Gewerbebauten auf der anderen Straßenseite, war ein markanter Abstieg.

Er ging einher mit einer beruflichen Degradierung von Beuys' Vater, der in Krefeld noch als „Geschäftsleiter" geführt wurde, während ihn die Eintragung im Adressbuch Kleves von 1924 als „Handlungsgehilfen" auswies.[10] Eine Position, die seinen beruflichen Anfängen als Hilfskraft entsprach. Nicht mehr festzustellen ist, ob er seine Stellung in Krefeld wegen wirtschaftlicher Probleme seines Arbeitgebers oder auf Grund persönlichen Versagens verlassen musste. In jedem Fall wäre es plausibel gewesen, wenn er zunächst in seine Heimatstadt Geldern in die Nähe seiner Familie gezogen wäre. Der Umzug in das für damalige Verhältnisse recht weit entfernte Kleve, lässt die Möglichkeit offen, dass er wegen Fehlverhaltens Distanz suchen musste.

Später wurde verbreitet, Beuys' Großvater Anton sei Müllermeister gewesen, sein Vater entstamme demnach einer „Müller- und Mehlhändlerfamilie aus Geldern".[11] Spuren seiner Vorfahren als „Müller- und Mehlhändler" sind jedoch weder in Geldern, noch in Kleve aufzufinden. Tatsächlich war Beuys' Großvater, Anton Beuys, Postschaffner, Briefträger nach heutigem Sprachgebrauch.[12]

Seine Frau Theodora führte ein Geschäft für Modewaren. Das Paar hatte drei Söhne: Beuys' Vater Joseph sowie dessen Brüder Hubert und Johannes. Nur über den Werdegang von Hubert Beuys, der vor Beuys' Vater nach Kleve übersiedelte, sind Informationen erhalten.

Welcher Tätigkeit der Vater von Beuys an seinem neuen Wohnort Kleve anfangs nachging, ist unklar. Mit erneuter Übertreibung schrieb man ihm in Beuys' Biographie von 1994 zu, er sei „Stadtinspektor im

Klever Bürgermeisteramt" gewesen, Hierzu finden sich jedoch keine Belege. Da der Stadtinspektor eine der höchsten Amtspositionen einer Stadt war, hätte sich eine solche Tätigkeit unschwer ermitteln lassen.[13]

Offenbar handelten nicht Beuys' Vorfahren, sondern erst sein Vater mit Mehl. Hierauf deutet eine Schilderung von Beuys hin: „Mein Vater [...] landwirtschaftliche Produkte hat der gehandelt. [...] Mehl wurde gemahlen, bei uns zu Hause wurde es dann geschrotet, wenn es sich um Mehl handelte für Backzwecke, dann wurde es nach Neuss gefahren [...] oder Düsseldorf [...] als Kind bin ich immer mitgefahren. Wenn die großen Sendungen kamen, meistens nach der Ernte, ein- oder zweimal im Jahr, gab´s immer eine Fahrt zu den großen Mühlen."[14]

Es ist möglich, daß Beuys' Vater zunächst 1921 bis 1926 auf eigene Rechnung handelte und damit scheiterte. Denn 1926 wurde in der Nachbargemeinde Hau eine Mehlhandlung auf den Namen seines Bruders Hubert eingetragen.[15] Rettete er damit Beuys' Vater vor dem Konkurs?

Was Jakob Beuys auch immer nach Kleve geführt hatte, in Anbetracht der schwierigen Lebensbedingungen der frühen zwanziger Jahre war es sehr ungewöhnlich, mit Verantwortung für die gerade erst gegründete Familie, eine gute Stellung aufzugeben - wenn man hierzu nicht gezwungen war - , um sich mit einem Kleingewerbe an einem fremden Ort selbstständig zu machen.

Deutschland, so auch Kleve, litt unter den Folgen des verlorenen Weltkriegs. Die schon im Krieg eingeführte Zwangsbewirtschaftung der Lebensmittel musste zu Beginn der zwanziger Jahre fortgesetzt werden. Das über die „Fettkarte" zu beziehende „Wochenfett" betrug 100 Gramm Margarine, die wöchentliche Brotration war auf drei Pfund beschränkt. Die Stadt hatte Verteilstellen eingerichtet, an denen Bohnen, Speck, Zucker, Rübenkraut und Gerstensülze ausgegeben wurden.

Nach einem kurzen Aufschwung 1921 folgten 1922 mit der Hyperinflation einhergehend Insolvenzen und Massenentlassungen. Am 14. und 15. August 1923 entbrannten in Kleve und Kellen Ausschreitungen, an denen sich Tausende beteiligten. Sie zwangen Landwirte zur Herausgabe von Nahrungsmitteln und plünderten Geschäfte. Die Belegschaften in Gewerbe und Industrie wurden nahezu halbiert. Wer arbeitslos war und nicht durch seinen Arbeitgeber mit Naturalien vergütet oder versorgt werden konnte, musste hungern.

Er habe die „anschleichende Kälte in der Zeit" gespürt, erinnerte sich Beuys an seine Empfindungen. „Die Zeit damals war schwer, sie wirkte unheimlich, bedrohlich und bedrückend auf mich als Kind."[16]

Der Hirtenknabe

Über seine Eltern hat Beuys nur rudimentäre Angaben hinterlassen. Seinen Vater erwähnte er hin und wieder, seine Mutter praktisch nie. Schilderungen zum Ambiente seines Elternhauses, zu familiären Erlebnissen oder sozialen Beziehungen der Familie wurden nicht bekannt. Selbst in Erzählungen von Verwandten über Beuys spielen seine Eltern keine Rolle. Freunde konnten sich auf Befragen nicht erinnern, Beuys' Eltern jemals gesehen zu haben oder dass Beuys über seine Eltern gesprochen hätte.

Wenn auch zu berücksichtigen ist, dass die Eltern-Kind-Beziehung in den zwanziger Jahren, schon durch das Elend dieser Zeit bedingt, in den meisten Familien von eher pragmatischem Charakter war, so kann man doch eine grundsätzliche Bindung von Eltern und Kind voraussetzen. Folgt man Beuys, schien diese in seiner Familie zu fehlen: „Das Verhältnis zu meinen Eltern kann man nicht als eng bezeichnen. Im Gegenteil, ich musste mich sehr früh selbst versorgen."[17] Bei anderer Gelegenheit sagte er: „Also ich war überhaupt ziemlich weitab von meinen Eltern und bin selten mit ihnen zusammen gewesen. Meistens lebte ich bei anderen Leuten."[18]

Solche Darstellung könnte nicht völlig abwegig sein, denn 1924 findet sich im Klever Adressbuch Kermisdahlstraße 16 als neue Adresse seiner Eltern. Auf der Meldekarte von Beuys selbst ist ebenfalls zunächst Hausnummer 16 notiert. Was dann nachträglich auf 24, also die ursprüngliche Adresse korrigiert wurde. Vielleicht hatten ihn seine Eltern an der alten Adresse vorübergehend in der Obhut einer anderen Familie, gegeben, weil sie beide arbeiten mussten.[19]

Indessen ist eine derart ausgeprägte Bindungsarmut, wie Beuys sie andeutete, unwahrscheinlich. Die Lebensweise seiner Eltern war von kleinbürgerlich konfessionellen Werten geprägt, die eher auf ein relativ hohes Maß an Fürsorge schließen lassen. Hingegen könnte Beuys die Beziehung zu seinen Eltern aus dem Bestreben, die Einzigartigkeit der eigenen Existenz hervorzuheben, abgewertet haben. Die von ihm reklamierte Distanz, die Betonung früher Selbstständigkeit birgt solchen Unterton.

Beuys' Eltern stammten aus bescheidenen familiären Verhältnissen. Sie sprachen die derbe Mundart des nördlichen Niederrheins, hatten kaum mehr als die Volksschulbildung erfahren und verblieben bis zu ihrem Lebensende auf dem sozialen Status von Kleinbürgern.

Obschon Beuys' Vater ein stattlicher Mann war, er tendierte wie Beuys einmal sagte „zu einer gewissen Eleganz", könnte ihn Beuys als beruflichen Versager erlebt haben. Denn nach dem wohl vergeblichen Versuch der Selbstständigkeit, trat Beuys' Vater 1926 in die zuvor von seinem Bruder Hubert gegründete Mehlhandlung als Angestellter ein. Er blieb dort beschäftigt, nachdem das Unternehmen auf den Handel mit Futter und Düngemittel erweitert war. Später wurde er „Hilfsangestellter" der Stadt Kleve und keineswegs deren „Stadtinspektor".[20]

Die Lebensumstände von Beuys' Eltern erwiesen sich als nicht allzu glücklich. Gleichwohl spricht manches dafür, dass sie sich alle Mühe gaben, ihrem einzigen Sohn eine bessere Zukunft zu ermöglichen. Sie schafften ein Klavier an, er bekam Unterricht. Später schickten sie ihn auf das Gymnasium und zahlten Schulgeld. Ein hoher Aufwand für eine Familie in bescheidenen Verhältnissen.

Seine Eltern werden ebenso streng wie aufmerksam, liebevoll soweit die Konventionen es zuließen gewesen sein und doch überfordert mit ihrem eigentümlich unverständlichen Sprößling, den seine Großmutter ein „adiges Kind" nannte. In der niederrheinischen Mundart ein Begriff für „sonderbar".[21]

Der kleine Joseph, „Jüppken" wie ihn alle nannten, war pausbäckig und kräftig, nicht klein aber auch nicht von überragender Größe. In Schilderungen von Freunden und Verwandten wird er als agiler, nicht selten waghalsiger Junge beschrieben. „Jüppken" kletterte Regenrohre hinauf, balancierte auf den Querstangen von Schaukeln, er soll mit dem Fahrrad die Treppen der Schule hinabgefahren sein.

Wilhelm van den Boom, ein Schulkamerad, erinnerte sich: „Hinter meinem Elternhaus steht heute noch eine Teppichstange, die hat er durchgebogen. Wir sind im Winter zu Fuß zur Penne hochgegangen. Dann kam er morgens von hinten ums Haus, hat sich an die Teppichstange gehängt und hat das Fahrrad in den Keller geschossen."

Er stiftete, so van den Boom, andere zu Streichen an und hielt sich selbst nicht zurück: „Eine Mutter von einem Klassenkameraden, Frau Bosward, hat sich einmal beschwert, er hätte eine Konservendose mit Karbid gefüllt und sie in ihrem Laden aufgehen lassen."[22]

Ein lebensfroher Spielgefährte war Beuys gleichwohl nicht. „Er sei nicht wie die anderen Kinder gewesen", erinnerte sich seine Cousine Gertrud.[23] So sieht man ihn auf einem Klassenfoto ernst und beziehungslos zwischen seinen Mitschülern. Trotz situativer Extrovertiertheit war Beuys ein scheuer Einzelgänger.

Wilhelm van den Boom erlebte ihn entsprechend: „Im Grunde hat sich Jupp nicht für andere interessiert. Er hatte wie ich mich erinnere, keine Freunde. Ich war nie bei ihm zu Hause und ich wüsste nicht, dass er überhaupt jemanden zum Spielen traf oder eingeladen hatte."[24]

Eingedenk dieser Kindheitserfahrungen erhob Beuys die Rolle des des juvenilen Außenseiters zu einer eigenen Bedeutungsebene und entwarf in seiner Biographie von 1973 das Bild des einsamen, kindlichen Hirten: „Ich kann mich noch gut erinnern, dass ich mich jahrelang verhalten habe wie ein Hirte, das heißt, ich bin herum gelaufen mit einem Stab, einer Art ‚Eurasienstab', wie er später auftaucht, und hatte dabei immer eine imaginäre Herde um mich versammelt."[25]

Ähnlich vermerkte er in "Lebenslauf Werklauf" für das Jahr 1926 „Ausstellung von Ausstrahlung" und bezeichnete sich als "Hirschführer". Hierzu erläuterte er, Bezeichnungen wie ‚Hirschführer' seien aus seiner Sicht psychologisch zu deuten. Es handele sich um kindliche Erlebnisse und Träume, um „außerordentlich subjektive Vorstellungen, die sich später, im Laufe des Werdegangs als objektiv zusammenhängend herausstellen."[26]

Als er 1976 mit dem Journalisten Georg Jappe über Schlüsselerlebnisse sprach, erwähnte Beuys, er sei als Kind regelmäßig von einer Erscheinung heimgesucht worden. Er habe auf einem Dachfirst gesessen, während ein Engel zu ihm sagte, er sei der Prinz auf dem Dach. „[...] das war wie ′ne Halluzination oder wie ′n Tagtraum, der so beim Spielen kam, war ich auch noch sehr klein. Auf einmal, pum, war das da, und dann hab ich mich Abseits gestellt, konnte auf einmal nicht mehr spielen, hab mich mit der Sache befasst."[27]

Auf vergleichbare Weise äußerte er sich in einem 1984 publizierten „Spiegel"-Interview mit Peter Brügge. Dort behauptete Beuys trotz Nachfrage Brügges unerschütterlich, ihm sei als kleiner Junge plötzlich „ein Wesen gegenübergestanden" und habe ihm „mitgeteilt", was er tun solle: „Und das merkwürdigste ist, dass das, was es mir gesagt hat, als ich so um die vier Jahre alt war, genau das ist, was ich heute machen muss."[28]

Bald danach will Beuys eine Krise durchlitten haben: „[...] das war ein Erlebnis, das ich mit fünf Jahren hatte, dass die Zeit wohl lange genug wäre und ich abtreten müsste. Es war sicherlich nicht nur ein Krisenerlebnis, sondern auch ein Bewusstwerden [...], dass wenn es nun weiter gehen müsste dieses Leben, dass dann alles anders werden müsste."[29]

Der Stadtjunge

Beim Studium seiner vielfältigen biographischen Äußerungen wird eine gewisse Verklärung augenfällig, mit der Beuys Kleve, den Ort seiner Kindheit, bedachte. Einerseits wollte er auf diese Weise die Tristesse seiner Herkunft überspielen. Andererseits nutzte Beuys die Geschichte der kleinen Stadt als eine Art von Präludium zu seiner Biographie, zur logischen Herleitung der historischen Dimension seiner Existenz.

Kleve, nördlichster Hauptort des linken Niederrheins an der Grenze zu den Niederlanden, zählte in Beuys' Kindheit etwa 20 000 Einwohner. Der alte Stadtkern, die Oberstadt, war im 10. Jahrhundert auf einer bewaldeten Endmoräne aus der Eiszeit rund um eine Burg errichtet worden. Noch im Mittelalter war der Burgfelsen eine Klippe im Rheinverlauf gewesen. Ein „Cleef", woraus sich im Laufe der Zeit der Name "Cleve" bildete, den die Stadt bis 1935 offiziell trug. Von dem mächtigen Fluss waren zu Beginn des 20. Jahrhunderts jedoch nur noch wenige, nicht mehr schiffbare Seitenläufe geblieben. Der Hauptstrom des Rheins verlief bereits einige Kilometer östlich.

Im 16. Jahrhundert war die Stadt Kapitale der Herzöge von Kleve und Berg, die ein Gebiet beherrschten, das etwa dem heutigen Nordrhein-Westfalen entsprach. Neben Berlin und Königsberg wurde Kleve im nachfolgenden Jahrhundert zur westlichen Residenz der brandenburgischen Kurfürsten erhoben, welche dem Geschlecht der Hohenzollern angehörten.

Nach dem Niedergang des Adelsregimes besann sich Kleve auf seine 1741 entdeckte Mineralquelle. Die Stadt nannte sich fortan "Bad Cleve" und entwickelte sich Mitte des 19. Jahrhunderts zu einem veritablen Kurbad.

1914 versiegte die Mineralquelle jedoch. Der Erste Weltkrieg beendete die Blütezeit Kleves vollends. Zu Beginn der zwanziger Jahre zeugten nur noch einige herrschaftliche Villen sowie das alte Kurbad an der Tiergartenstraße von früherem Glanz.

Rund um die pittoreske, auf einer der wenigen Erhebungen des Niederrheins gelegene Altstadt war die Besiedlung im Laufe der Zeit ins flache Land hinaus gewuchert. Begünstigt durch ihre Anbindung an den Rhein mit einem Kanal und einem neuen Hafen sowie gut ausgebauten Bahnverbindungen, entwickelten sich die am Fuß des Burghügels gelegene Unterstadt sowie die angrenzende Nachbargemeinde Kellen zu einem regionalen Zentrum für Gewerbe und

Industrie, in dem vor allem Margarine, Schokolade und Schuhe produziert wurden.

Immer wieder sprach Beuys von seiner „nachhaltigen Beziehung zur niederrheinischen Landschaft". Kleve war tatsächlich umgeben von weitläufigen landwirtschaftlichen Gebieten und Beuys hatte natürlich viele Gelegenheiten, diese zu erkunden. Insofern war sein Sentiment authentisch. Das nähere Umfeld seiner Kindheit war jedoch städtisch. Beuys wuchs am Rande einer Gewerbezone auf.

Die Kermisdahlstraße, an der sich die elterliche Wohnung befand, war auf der einen Seite lückenhaft mit bescheidenen ein- oder zweigeschossigen Häusern bebaut: Schmucklose niederrheinische Architektur aus rotem Ziegel mit den typischen seitlich abgeflachten Giebeln. Die andere Straßenseite war von Gewerbebauten geprägt.

Aus den Fenstern seines Elternhauses sah Beuys die gegenüber liegende Großwäscherei Johannes Sanders, an die sich Beuys als ein „dunkles Gebäude mit riesigen Schornsteinen" erinnerte. […] Beuys schilderte „Dampfkessel und Heizungsanlagen, Bügel- und Schleudermaschinen mit ungeheuren Schwungrädern", somit jene Atmosphäre finsterer Environments und altertümlicher Apparate, die er aus seiner Kindheit auf die Grundstimmung seines plastischen Werks übertrug. [30]

Den Gewerbegebäuden folgten Anlagen des Bahnhofs, der die Ortsgrenze zur Nachbargemeinde Kellen markierte. Kellen erlebte mit dem Wachstum den Industrie und dem nachfolgenden Bau von Arbeitersiedlungen einen rasanten Aufschwung. Auf dem Stadtgebiet von Kleve hingegen hatten die Stadtoberen den Bau von größeren Fabrikationsanlagen verhindert, da sie um den Ruf ihrer Stadt als Kurbad fürchteten.

Entlang der Gleise hatte der aus den Niederlanden stammende Unternehmer Simon van den Bergh die imposante Fabrikanlage Margarinewerke Van den Bergh errichten lassen, Keimzelle der Margarine Union, aus der später Unilever wurde. Mit Marken wie "Rama", "Sanella" oder "Blauband" beherrschte die Margarine Union Ende der zwanziger Jahre rund 75 Prozent des deutschen Margarinemarktes. Neben den Margarinewerken befand sich die Cacaofabrik Bensdorp, wenig entfernt die Biskuitfabrik XOX.

Hinter ihren Häusern hatten die Anwohner der Kermisdahlstraße Nutzgärten angelegt, die an den Kermisdahl grenzten. Ein an dieser Stelle bis zu zehn Meter breites, stehendes Gewässer, das vom früheren Verlauf des Rheins zurückgeblieben war. Das andere Ufer des

Kermisdahls war ein parkähnliches Gelände mit Spazierwegen, Büschen und Bäumen, hinter denen sich der Höhenzug der Oberstadt mit den Wohnquartieren des Klever Bürgertums erhob.

Am südlichen Ende der Kermisdahlstraße erstreckte sich in früheren Zeiten der Königsgarten". Von dieser Parkanklage der Klever Residenz war 1921 allein der Straßenname erhalten. Das Gelände war 1908 mit dem Stadtbad überbaut worden, einem grauen, für die Gegend eigentlich zu wuchtigen, mehrgeschossigen Bau, auf den noch einzelne Häuser sowie die Landwirtschaftliche Lehranstalt folgten. Hiernach endete die städtische Besiedlung an einer Straße, die den Namen "In den Galleien" trug, womit ein ursprünglich dort befindlicher, unter dem preußischen Statthalter Kleves, Johann Moritz von Nassau-Siegen, gestalteter, weitläufiger Lustgarten bezeichnet wurde.

Als die Familie Beuys in diese Gegend kam, blickte man von den Galleien" aus auf eine Ebene mit Äckern. „1928 Kleve Ausstellung um den Unterschied zwischen lehmigem Sand und sandigem Lehm klarzumachen", lautet eine Eintragung in "Lebenslauf Werklauf". Eine andere: „1930 Donsbrüggen Ausstellung von Heidekräutern nebst Heilkräutern."[31]

Beuys sprach gerne davon, sich in seiner Kindheit bereits für Botanik interessiert zu haben und „fast alles, was es auf diesem Gebiet überhaupt gab" in Heften notiert zu haben. Er schilderte „umfangreiche Erdbewegungen", die er mit anderen Kindern vollzogen haben will, ein „Labyrinth von Gräben" und „Räume unter der Erde". Sie hätten „große Zeltbauten" für die Ausstellung von Sammlungen toter Insekten, Reptilien und Kleintieren aber auch von allerlei Gerätschaften errichtet.[32]

Derartige Erzählungen sind immer auch Verklärung, der man sich gelegentlich selbst überführt, wenn man über Kindheitstage berichtet. Darstellungen zur Kindheit von Beuys, eigene und solche ihm gewogener Autoren, waren ähnliche Verklärung. Abseits eines Realitätsbezugs dienten sie vor allem dem Zweck des nachträglich gestalteten, biographischen Abgleichs von Leben und Werk.

Während seiner Kindheit und seiner frühen Jugendjahre lebte Beuys in Gegenwart grosser Industrieanlagen. Befragt nach der Wahrheitsgehalt des gleichwohl notorisch bemühten Bildes seiner naturverbundenen Kindheit, räumte Beuys wenige Jahre vor seinem Tod die frühere Idealisierung ein. Er bekundete nunmehr, es sei „notwendig, einige kleine Korrekturen anzubringen", daran dass er „als Kind ein positives Verhältnis zur Natur gehabt habe, die allerdings auch nicht immer heil war."[33]

1927 wurde Beuys in die Katholische Volksschule der Klever Unterstadt eingeschult. Auf seinem Schulweg ging er zunächst an den Gewerbebetrieben der Kermisdahlstraße vorbei. Wenn er in die Gartenstraße einbog, sah er die Margarinefabrik Wahnschaffe. Er vernahm die Geräusche des nahen Bahnhofs, das kreischende Rangieren der Güterwagons, das Zischen und Stampfen der Lokomotiven hinter deren Dampfkegeln er die Gebäude der van den Bergh'schen Margarinefabrik und der Cacaofabrik Bensdorp ausmachen konnte. Weiter in Richtung auf das Brückentor, passierte Beuys das gegenüber der Margarinefabrik aufgestellte Lohengrin Denkmal.

Jedem Kind in Kleve wurde spätestens in der Schule die mittelalterliche Schwanenritter-Sage näher gebracht, aus der Richard Wagner die romantische Oper "Lohengrin" entwickelte. Laut dieser Legende landete der auf einem Schwan reitende Ritter unterhalb der Burg, an einer Biegung des Rheins, dem späteren Kermisdahl. Der legendäre Ort hat sich sozusagen direkt hinter Beuys' Elternhaus befunden.[34]

Der belebte Patz vor dem Brückentor, auf den zwei Hauptstraßen mündeten, wurde dominiert von der Wahnschaffe-Fabrik. Beuys musste auf Pferdefuhrwerke achten, auf lärmende, dieselqualmende Lieferwagen, die den Platz passierten oder in die Fabrik einfuhren, in der übel riechender Talg geschmolzen wurde, das aus den Schlachtresten von Rindern gewonnene Fett.

Dass Beuys später Fett, vorzugsweise in Form von Margarinewürfeln der Marke Rama verwendete, ebenso Schokolade sowie den für die Schuhherstellung notwendigen Filz, dass er sich in seinen musikalischen Einflüssen auf Wagner bezog, der Schwan ein Teil seines künstlerischen Bestiariums wurde, ist aus der unmittelbaren Topographie seiner Kindheit abzuleiten. Ein derartiger Bezug kann auch Beuys' Installation "Straßenbahnhaltestelle" zugeordnet werden. Eines seiner Schlüsselwerke, das er 1976 für die Biennale von Venedig schuf.

Diese Arbeit erinnert an eine während Beuys' Kindheit existente Straßenbahnlinie, die Kleve mit der Nachbargemeinde Hau verband und über eine "Eiserner Mann" genannte Haltestelle unweit des Geschäfts von Beuys' Onkel in Hau verfügt. Das Ambiente um diese Haltestelle an der Westseite der Nassauer Allee war von der 1653 errichteten "Cupido-Säule" geprägt. Ein Denkmal, das aus einer aufgerichteten gusseisernen Kanone, einer so genannten Feldschlange sowie vier teilweise aus dem Boden ragenden umgestülpten Mörsern bestand. Den Abschluss der Säule bildete anfangs eine Statuette des Liebesgottes "Cupido", die später verloren ging.

Als Beuys seine Arbeit 1976 der Öffentlichkeit präsentierte, versäumte er nicht, ihr eine entsprechende Legende mitzugeben: „Ich habe mich regelmäßig, wenn ich aus der Schule kam da hingesetzt und ganz absinken lassen, in dieses, ja, in dieses Gesehen werden von den anderen Dingen. Ich habe wahrscheinlich oft stundenlang darauf gesessen und hab mich in die Sache versenkt", schilderte Beuys jenen Ort, den er als essentiell für seine persönliche Entwicklung darstellte.[35]

Dass sich dieser Ort weitab seines Schulwegs auf der anderen Seite der Stadt befand, unterschlug Beuys. Allenfalls könnte er hier gelegentlich auf die Straßenbahn gewartet haben, nachdem er seinen Vater auf dessen Arbeitsstelle oder seine Verwandten besucht hatte.

Dennoch beharrte Beuys, er wäre ohne diese Haltestelle „wahrscheinlich kein Bildhauer geworden". Weitergehend verstieg er sich darauf, bereits im Kindesalter das Schicksal der Welt erfasst und hiermit sein künstlerisches Erweckungserlebnis erfahren zu haben: „Ich habe erlebt, an dieser Stelle als kleines Kind, dass man mit Material etwas ungeheures ausdrücken kann, was für die Welt ganz entscheidend ist, so hab ich's erlebt. Oder sagen wir, dass die ganze Welt abhängt von der Konstellation von ein paar Brocken Material."[36]

Der Schüler

Von Anbeginn seiner Schulzeit provozierte Beuys Konflikte. Sein Vater wurde regelmässig zur Schulleitung zitiert, wenn sein Sohn über die Stränge geschlagen hatte. Schulkamerad Wilhelm van den Boom erinnerte sich an einen unbändigen Mitschüler: „Ich kannte ihn anfangs nur flüchtig, weil er aus einer anderen Gegend kam und er nicht in meiner Klasse war. Aber Jupp war auffällig, wenn man es so sagen will, weil er sich oft auf dem Schulhof raufte. Jedenfalls war er ein wilder Kerl, auch noch als wir dann später gemeinsam in eine Klasse gingen. Aber damals waren die Sitten streng. Er hatte es bestimmt nicht leicht. Nachsitzen oder auch mal Schläge mit dem Lineal oder dem Rohrstock waren üblich, wenn man bei Raufereien erwischt wurde."[37]

Beuys zeichnete ein adäquates Bild von sich: „Ich hatte um mich herum immer große Gruppen von Kindern, aber nicht als Führer, sondern ich verkörperte so einen bestimmten Typus. Ich war sehr hart im Nehmen und hatte deshalb den Spitznamen ‚Panzer'. Wenn irgendwas war, dann schoben die mich nach vorne."[38]

Eine auf 1929 bezogene Eintragung in Beuys "Lebenslauf Werklauf" lautet „Ausstellung an Dschingis Khans Grab".[39] Mythologische Figuren wie Dschingis Khan bevölkerten in dieser Zeit die Jugendliteratur. Historisierende Bücher und Abenteuerromane waren damals für die meisten Jugendlichen das einzige Fenster zur Welt. In den dreißiger Jahren wurde der Dschingis Khan-Mythos schließlich zur verbindlichen Schullektüre, da Dschingis Khan wie auch Attila der Hunnenkönig nationalsozialistischer Rassenlehre gemäß „nordisch-germanisch-arische Blutsteile" hatten.

Äußerst beliebt waren auch Knaben-Zeitschriften, die einen Mix aus Abenteuergeschichten und populärwissenschaftlicher Wissensvermittlung anboten. Eine der bekanntesten erschien praktisch vor Beuys' Haustür: Die von utopischen Abenteuern wie "Der Herr der Elemente" geprägte Zeitschrift "Der kleine Coco", eine vierzehntägig erscheinende Comic-artige Zeitschrift, die als Werbung für Margarine beim Kauf einer Packung "Rama butterfein" kostenlos dazugegeben wurde.

Nach Ostern 1932 durfte Beuys das in der Klever Oberstadt gelegene staatliche Gymnasium besuchen. Während dieser Zeit zeigten sich die Auswirkungen der Weltwirtschaftskrise von 1929 auch in dem zunächst relativ unberührten Kleve. Seit 1931 hatte sich die Lage dramatisch verschärft. Inzwischen bestimmten die Schlangen von

Arbeitslosen, hungernde und bettelnde Menschen auch hier das Straßenbild.

Das Gymnasium war die in Kleve maßgebliche Eliteschule, für deren Besuch nicht allein gute Noten Voraussetzung waren. Am Ende der Volksschulzeit fand auch eine soziale Auslese statt. Minder begüterten Familien wurde wegen der Kosten für Schulgeld und Bücher abgeraten, ihr Kind auf das Gymnasium zu schicken. Daher kam es angesichts des gesellschaftlichen Status seiner Eltern und der widrigen wirtschaftlichen Umstände einem Wunder gleich, dass Beuys diese Schule besuchen konnte.

Der Wechsel auf das Gymnasium war ein sozialer Aufstieg. Einer Angleichung an die Gepflogenheiten des Bürgertums entsprach auch, dass Beuys zuvor bereits von einer russischen Pianistin Klavierunterricht erhielt. Am 22. März 1931 konnte er im Rahmen des von Frau Professor Steinbach-Neuhaus veranstalteten öffentlichen Schülerkonzerts seine Fähigkeiten erstmals vor Publikum präsentieren. Beuys spielte drei einfache, volkstümliche Stücke: "Gib mir die Blume", "Bald gras ich am Neckar" sowie "Jägerchor" aus der Oper "Der Freischütz".

Zu seinem Musiklehrer Hanns Schwarz und insbesondere zu seinem Englischlehrer Dr. Heinrich Schönzeler entwickelte Beuys eine über die Schulzeit hinausgehende Beziehung. Der im Ersten Weltkrieg an beiden Beinen amputierte Schönzeler fuhr mit einem dreirädrigen motorisierten Rollstuhl. Vor Schulbeginn versammelten sich regelmäßig einige Jungen, unter ihnen Beuys, um Schönzeler johlend mit ihren Fahrrädern zur Schule zu begleiten.

Der Unterricht des Gymnasiums war von naturwissenschaftlichen und altsprachlichen Schwerpunkten geprägt: „Der Kunstunterricht fiel praktisch flach, das war erst in den höheren Klassen einigermaßen interessant. [...] Wenn sich einer zum Beispiel für die altsprachlichen Dinge interessiert hat, also Latein, Griechisch, Hebräisch, der konnte das schon ab der Quinta zum Ausdruck bringen", erinnerte sich Beuys.[40]

Darüber hinaus sei Leibesertüchtigung relevant gewesen, „harte Sportarten" wie Boxen, die einzige Sportart, die Beuys nach eigenem Bekunden je ausübte: „Ich hätte auch Boxer werden können - so waren meine Absichten. [...] Wenn es nur nach mir gegangen wäre, wäre ich wahrscheinlich dabei geblieben."[41]

In allen biographischen Darstellungen über Beuys wird sein damals erwecktes naturwissenschaftliches Interesse, seine „ausgesprochene naturwissenschaftliche Begabung" in den Vordergrund gestellt, die zu betonen er selbst nicht müde wurde: „Ich habe mich meinen naturwissenschaftlichen Studien eigentlich seit meinem 14. Lebensjahr gewidmet."[42] Und natürlich äußerte sich Beuys selbst über seine vorgebliche, jugendliche Begeisterung für die Wissenschaft: „Ich hatte ein großes Labor und habe mich am liebsten mit physikalischen und chemischen Versuchen befasst."[43]

Er habe alle Pflanzen mit ihren lateinischen Bezeichnungen gekannt ist verschiedentlich zu lesen. Vielleicht interessierte Beuys sich tatsächlich auf kindliche Weise für naturwissenschaftliche Phänomene. Weiterreichende Indizien, nach denen sich Beuys in Jugendjahren mit Biologie, Physik oder Chemie befasste, sind nicht bekannt. Wie sein „großes Laboratorium" wohl auch nur einer der seit den zwanziger Jahren populären Experimentierkästen war.

In der Untertertia wurde Beuys zum ersten Mal nicht versetzt.[44] Dieser Umstand allein lässt zwar nicht unbedingt den Rückschluss auf mangelnde schulische Leistungen in naturwissenschaftlichen Fächern zu, gleichwohl erinnert sich Wilhelm van den Boom an seinen in dieser Hinsicht wenig engagierten Mitschüler Beuys: „Irgendwann ist dann Jupp Beuys in unserer Klasse gelandet, weil er eine Klasse wiederholen musste.

Die letzten vier, fünf Jahre waren wir dann in einer Klasse. Wegen dem Alphabet saßen wir nebeneinander in einer Bank, Beuys, van den Boom. Ich habe in Erinnerung, dass er in Mathematik und Physik schlecht war. Er war zwar begeistert von meinem Terrarium, dafür ist er sogar früher gekommen als nötig, um mich zur Schule abzuholen. Aber dass er ein besonderes Interesse für Naturwissenschaften gehabt hätte, könnte man nicht behaupten."[45]

Der Hitlerjunge

Beuys' erstes Schuljahr auf dem Gymnasium war von jenen Geschehnissen begleitet, die den Untergang der Weimarer Republik bedeuteten. In der Reichstagswahl vom 10. April 1932 trat der NSDAP-Führer Adolf Hitler gegen den amtierenden fünfundachtzigjährigen Reichspräsidenten, den Feldmarschall des Ersten Weltkriegs, Paul von Hindenburg an. Dritter Kandidat war der Kommunist Ernst Thälmann.

Der nationalkonservative Adelige von Hindenburg, der Hitler als weit untergeordneten ehemaligen Gefreiten verachtete, siegte erst im zweiten Wahlgang mit Unterstützung der Zentrumspartei und der Sozialdemokraten.

Der Wahlkampf war in Kleve wie andernorts geprägt von den Provokationen der politischen Lager. Die Krise beseitigte „den Grundkonsens in der Stadt, der bis dahin alle Parteien verband".[46] Nationalsozialistische wie kommunistische und sozialdemokratische Agitatoren brüllten sich heiser. Schlägereien waren an der Tagesordnung.

Auch der Sextaner Beuys wurde von dieser aufgeladenen Atmosphäre berührt: „[...] es war ja die Zeit wo sich diese ganzen Kämpfe zwischen den Parteien abgespielt haben. Da gab es die Kommunisten, den Stahlhelm, die Nationalen, die Hitlerleute, die Kirchenanhänger. Die Kinder sahen die Großen diesen Blödsinn machen und machten es dann auf dem Schulhof im Kleinen."[47]

Im Laufe des Jahres scheiterten alle Versuche, eine handlungsfähige Regierung zu bilden. Von den paramilitärisch organisierten Kampforganisationen der NSDAP und der KPD angezettelte, bürgerkriegsähnliche Zustände forderten mehr als 300 Tote und weit über 1000 Verletzte.

Die Demokratie der Weimarer Republik erodierte nun vollends. Nachdem Hindenburg durch ungeschicktes Taktieren sowie dem hieraus resultierenden Druck konservativer Kreise keine andere Option mehr hatte, ernannte er am 30. Januar 1933 den „Böhmischen Gefreiten" Adolf Hitler zum Reichskanzler.

Diese so genannte „Machtergreifung" der Nationalsozialisten wurde in Kleve mit einem Fackelzug „nie gekannten Ausmaßes" gefeiert, jubelte die örtliche Presse.[48] Ab dem 6. März wehte die Hakenkreuzfahne auf der Schwanenburg. Die Hagsche Straße wurde zum 1. April in Adolf-Hitler-Straße umbenannt und am 30. Juni wurde Hitler Ehrenbürger Kleves. Schaufensterauslagen wurden mit Führerporträts dekoriert. Man richtete sich sehr schnell mit den neuen Verhältnissen ein.

Von nun an wuchs Beuys in der Realität einer Gesellschaft auf, die sich für Marschmusik, Fahnen und Fackelzüge begeisterte, die zur Huldigung ihres gottgleichen Führers kultisch anmutende Massenveranstaltungen zelebrierte.

Der Klever Fotograf Otto Weber hat unzählige Fotografien des nationalsozialistischen Kleve, von den dortigen NS-Veranstaltungen hinterlassen, die eindrucksvoll belegen, wie wenig sich diese Stadt von dem übrigen Deutschland unterschied.[49]

Im Oktober 1934 nahm Beuys am Weiheakt für das große Klever Kriegerdenkmal teil, das von seinem späteren Lehrer Ewald Mataré geschaffen worden war. „Am Tag der Einweihung füllten tausende den Platz vor dem Gymnasium und den angrenzenden Straßen. In Reihen und zum Karree geordnet waren sie aufmarschiert: Die Hitlerjungen, die Fanfarenbläser vorweg, die Wehrmacht, die Kriegervereine, die SA. [...] Mit Chören, Hymnen und einem Singspiel inszenierte die Partei eine theatralische Totengedenkfeier: Heil - Volk und Führer! Heil - Mein Herr und Gott! Heil - Deutschland! Wieder frei von aller Not."[50]

Unweit des Gymnasiums begannen die Einkaufsstraßen Kleves. Kauf-haus Weyl, Rosenbergs Herren- und Knabenbekleidung, Ludwig Hertz Herrenmoden, Bazar S. Mildenberg, Cosmans Modehaus, die Modehäuser Leffmann, Mayer, Spatz, Rosenthal sowie Gonsenheimer, sämtlich Geschäfte jüdischer Inhaber. Jetzt waren sie mit Flugblättern beklebt, mit Parolen verschmiert: „Kauft nicht bei Juden!", „Juda verrecke", „Een Jood en een Luis is de Pest in uw Huis".

Bereits im April 1933 hatte die SA einen jüdischen Jungen mit einem „arischen" Mädchen die Große Straße hinunter getrieben. Sie hatten ihnen Schilder umgehängt, auf denen ihre „rassenschänderischen" Beziehungen angeprangert wurden. Viele Zuschauer sahen dem Spektakel ungerührt zu. Es ist nicht unwahrscheinlich, dass Beuys die beiden Jugendlichen aus gemeinsamer Schulzeit kannte.[51]

In Beuys' Erinnerungen erscheint Kleve demgegenüber als Enklave der Anständigen im äußersten Winkel des Reiches. Dementsprechend stellte Beuys im einem Gespräch mit Schülern der Gerhart-Hauptmann-Realschule im hessischen Kassel, seinen Heimatort wie auch seine Schule, als weit entfernt von nationalsozialistischer Realität und Indoktrination dar: „[...] Niederrhein, Kleve, nahe der holländischen Grenze; insofern ist die Lage vielleicht ein Sonderfall gegenüber anderen Schulen, sagen wir mal in Berlin oder Mitteldeutschland. Diese Grenznähe ist sowieso ein Sonderfall, wo also dieser Charakter, dessen was im Dritten Reich die Praxis war, ein bisschen modifiziert wurde."[52]

Allerdings waren die 14 Lehrer des Klever Gymnasiums noch im Kaiserreich ausgebildet worden. Ihr Durchschnittsalter betrug mehr als fünfzig Jahre und ihre politische Einstellung war bereits überwiegend konservativ, nationalistisch konnotiert.

Nach Entlassung des gleichwohl nicht ausreichend linientreuen Schulleiters wurde im Juli 1934 der NSDAP-Parteigenosse Dr. Wilhelm Schiefer zum Rektor des Gymnasiums ernannt. Schiefer war erfolgreicher Autor von Geschichtsbüchern in nationalsozialistischer Weltanschauung. Der kriegsversehrte Frontoffizier, linker Unterarm amputiert, rechte Hand schwer geschädigt, unterrichtete Beuys in Geschichte, Erdkunde, Latein und Griechisch.

„Nicht nur die konservativ-staatsautoritäre Einstellung des Schulleiters, sondern auch die Ziele seines Geschichtsunterrichts bilden sich in seinen Geschichtsbüchern ab. Die Rechte auf Selbstbestimmung und Freiheit, […] hatten in seinem Geschichtsbild keinen Platz", stellte der Historiker Hansjoachim Henning fest.[53]

Gleichfalls proklamierte der Antisemit Schiefer, das „internationale Judentum" stelle eine „schwere Gefahr für das Reich" dar, „der deutschfremde jüdische Geist zersetze die deutsche Kultur und völkische Gesinnung"[54]

Es ist kaum anzunehmen, dass Schiefer mit anderen als den eigenen, von diesen Haltungen gefärbten Büchern unterrichtete, die er für den Schulbuch Verlag Diesterweg verfasste. Als Beuys 1982 in dem Gespräch mit den Schülern in Kassel über seine Schulzeit im Nationalsozialismus Auskunft gab, bestand er jedoch auf einer diesen Aspekten diametral entgegen gesetzten Erfahrung: „Das hat bei uns kein Buch vertreten und auch keine Person; ich muss jetzt ganz objektiv sagen, dass das auf unserer Schule nicht der Fall war." Weiter äusserte Beuys seine erstaunliche Erkenntnis: „Unsere Schulbücher, soweit ich sehen kann, waren in vieler Hinsicht besser als unsere heutigen Schulbücher. Wenn ich die Schulbücher meiner Kinder sehe, könnte ich wirklich sagen, dass unsere Schulbücher besser waren."[55]

Schiefer traf mit seinen Haltungen auf fruchtbaren Boden: „Man trat am Klever Gymnasium von sich aus für Deutschtum, nationale Größe, Volksgemeinschaft, Wehrbereitschaft und Disziplin ein; ein solches Denken brauchte nicht neu eingeführt zu werden",[56] analysiert Henning.

Beuys hingegen sah diese Umstände weitgehend unproblematisch, glaubte gar Ansätze des Widerstandes zu entdecken: „Die Lehrer waren selbstverständlich alle Offiziere gewesen, waren vielleicht ein bisschen national eingestellt, aber durchaus nicht begeisterte Nazis, also eher unterschwellige Gegner", so Beuys, der sich überzeugt gab: „Der Zugriff des Staates, wie er heute ist, war ja längst nicht so stark damals. Die Autonomie der Schule war relativ groß."[57]

Hanns Schwarz, Beuys' Musiklehrer, gleichzeitig Leiter des HJ-Bannorchesters in dem Beuys mitwirkte, unterrichtete in SA-Uniform. Woran Beuys noch Dekaden später keinen Anstoß nahm, weil er dies „durch interessanten Unterricht und durch Sonderveranstaltungen an Nachmittagen," ausgeglichen sah, durch „Konzerte, Theater, Schauspiele", die Schwarz arrangierte. Der fanatische Nationalsozialist war in Beuys' Augen „ein sehr attraktiver Lehrer."[58]

Wenig gravierend schien Beuys gleichzeitig die Situation jüdischer Mitschüler: „Ja, ein zwei Fälle kenne ich von jüdischen Schülern [...] in der Kristallnacht wurde ja auch in Kleve die Synagoge niedergebrannt und danach verschwanden zwei Schüler von der Schule, zwei jüdische Schüler. [...] Ja, die sind nach Amerika gegangen. [...] Also es war noch so, dass sie nichts mehr von den Schweinereien da mitgekriegt haben."[59]

Tatsächlich musste der letzte jüdische Schüler das Gymnasium bereits im Oktober 1934 verlassen. Die „Kristallnacht", mit der die landesweiten Progrome gegen Juden gemeint waren und während der auch die Klever Synagoge niedergebrannt wurde, fand erst vier Jahre später, in der Nacht vom 9. auf den 10. November 1938 statt.[60]

„Mehrere SA-Leute in Uniform standen im Kreis um das Haus, während die größeren Jungens aus der HJ, alle in Uniform, Leiterwagen voll großer Steine neben sich stehend, diese nun alle gegen Fenster und Türen warfen [...] die Jungens riefen: ‚Juden raus, Juden raus' [...] der alte Herr Gonsenheimer kam heraus [...] von mehreren Steinen am Kopf getroffen, zog ihn jemand stark blutend von innen wieder ins Haus", so schilderte eine Augenzeugin den Übergriff auf eine jüdische Familie in Zusammenhang der "Kristallnacht".[61]

Obgleich es vermessen wäre, von einem Teeanger, dem damaligen Unterstufen-Gymnasiasten Beuys eine differenzierte Haltung zum Regime der Nationalsozialisten zu erwarten, Widerstand gar. Die immer wieder verharmlosende Rückschau des Erwachsenen jedoch irritiert, wenn er etwa in seiner Biographie freimütig eröffnete: „Skrupel dagegen gab es bei mir überhaupt nicht, höchstens bei meinen Eltern. Man muss ja zugeben, dass - etwa im Gegensatz zu heute - damals die Situation für die Jugendlichen ideal war, um sich auszuleben."[62]

Beuys' Vater schien die Begeisterung seines Sohnes kaum zu teilen. Er „war nicht gewillt, auch nur daran zu denken, etwa in die Partei einzutreten", wie sich Beuys erinnerte.[63] Solche Differenzen zwischen Heranwachsenden und Eltern waren damals wie heute üblich. Allerdings verstanden die Nationalsozialisten, dieses naturgemäße Emanzipationsstreben in ihre Interessensphäre zu leiten und die Heranwachsenden aus dem Einflussbereich von Elternhaus und Schule herauszulösen.

Angesichts der in diesen Jahren äußerst beschränkten Freizeitangebote für Jugendliche gestalteten die Nationalsozialisten mit sportiven und kulturellen Aktivitäten ein attraktives Umfeld. Wilhelm van den Boom: „Jupp Beuys war begeistert im Bannorchester, genauso wie ich begeistert bei der Motor-HJ war. Dass wir sonntagmorgens auf der Donsbrügger Heide Motorrad-Geländefahrten machen konnten, welchem Jungen wäre das kein Vergnügen gewesen?"[64]

Beuys teilte dieses „Vergnügen" und auch noch Jahrzehnte später erkannte er offenbar nichts kritikwürdiges an nationalsozialistischer Indoktrinierung: „Es kann keine Rede sein, dass wir manipuliert worden sind; gut man stand in Reih und Glied und trug die Uniform, aber ansonsten fühlten wir uns frei und unabhängig", so Beuys.[65]

Mit einer solchen Sicht auf die Erfahrungen in der Hitler-Jugend waren Beuys wie van den Boom nicht allein. „Die Jugendorganisation gilt in der Erinnerung zahlreicher ehemaliger Mitglieder bis heute als eine vergleichsweise harmlose Vereinigung, deren Angebote für die Freizeit oder Berufsbildung durchaus attraktiv wirkten", bemerkte Kathrin Kollmeier in einer Studie zur Hitler-Jugend.[66]

1936 wurde die Mitgliedschaft in der Hitler-Jugend verpflichtend. Im September diesen Jahres nahm Beuys am Sternmarsch zum 8. Reichsparteitag der NSDAP teil.[67] Derartige Märsche, in der HJ-Terminologie „Fahrt" genannt, unterlagen strenger, militärischer Disziplin. Dabei wurden über Wochen andauernd von den uniformierten Abordnungen der Hitler-Jugend aus dem gesamten Reichsgebiet, die Fahnen der HJ-Banner in Fußmärschen nach Nürnberg getragen.

Mit den Mitgliedern seines HJ-Banns 238, Altkreis Kleve, paradierte Beuys, wie rund 1600 andere Hitler-Jungen, am frühen Morgen des 9. September vor dem Deutschen Hof an Hitler vorbei.[68]

Bücherverbrennung

Seine Jugend im Nationalsozialismus blendete Beuys in seinen frühen biographischen Selbstdarstellungen weitgehend aus. Was in "Lebenslauf Werklauf" wohl wie „sich abducken" klingen sollte, „1933 Kleve Ausstellung unter der Erde (flach untergraben)", blieb für lange Zeit die einzige seiner Äußerungen, die man allenfalls des historischen Datums wegen mit dem Nationalsozialismus in Verbindung bringen könnte.[69]

Als 1973 die erste, von ihm autorisierte Biographie durch die renommierten Kunst-Autoren Götz Adriani, Winfried Konnertz und Karin Thomas verfasst wurde, konnte Beuys der Thematik jedoch nicht mehr ausweichen. Seinerzeit entwickelte sich bei bekannteren Persönlichkeiten seiner Generation allgemein ein reges, nicht zuletzt durch Druck der Medien zu Tage gefördertes Erinnerungsvermögen.

Beuys bekannte dann auch, am 18. Mai 1933 im Hof seines Gymnasiums an einer Bücherverbrennung teilgenommen zu haben Indessen offenbarte er, diese Bücherverbrennung als das „einzig irritierende Erlebnis" im Zusammenhang mit der nationalsozialistischen Zeit empfunden zu haben.[70]

Diese von der örtlichen Hitlerjugend organisierte „Feier" fand im Rahmen der Aktion für „Deutsche Geistigkeit und Kultur" statt. Die Leitungen der höheren Schulen der preußischen Rheinprovinz waren angewiesen worden: „[...] den H. J. Führern die für die Verbrennung in Frage kommenden Schriften der Schülerbüchereien zu überlassen und [...] den Schülern(innen) der Anstalt die Stunde von 12 bis 13 Uhr für diese Feier freizugeben."[71]

Der Klever „Volksfreund" berichtete am Tag nach der Bücherverbrennung, in der letzten Schulstunde hätten sich alle Schüler mit ihren Lehrern auf dem Schulhof versammelt, „in dessen Mitte ein Scheiterhaufen errichtet war, auf den aus der Schulbücherei alle Bücher marxistischer Autoren zusammengetragen worden waren. Nachdem die Schüler im Viereck um den Scheiterhaufen aufmarschiert waren, wurden die Schriften angezündet." Die Hitlerjungen unter den Schülern trugen Uni-form und ihr Scharführer Rudolf Held rief in die Menge: „So wie diese Bücher aus unserer Schule ausgemerzt werden, soll das ganze deutsche Schrifttum gesäubert werden.'"[72]

Seine Rolle bei dem frevelhaften Geschehen deute Beuys zu einer für ihn sinnstiftenden, heroischen Tat. Vieles habe er in dem Scheiterhaufen gefunden, „was aus völlig unerklärlichen Gründen auf dem

Index" gestanden habe. „Natürlich hatte ich mir aus dem brennenden Haufen einiges, was mich interessierte, beiseite geschafft,", so Beuys in seiner Biographie.[73]

Beuys schilderte solchermassen, wie er an helllichtem Tag, unter Aufsicht einer uniformierten HJ-Schar sowie von Lehrern, vor Augen der zahlreich Umstehenden also, einige Bücher aus dem Feuer geholt haben will. Als vorderstes Beispiel nannte er darunter das schwere und wertvolle "Systema Naturae" des schwedischen Naturwissenschaftlers Carl von Linné.

Allerdings stand Linné keineswegs auf dem Index, womit Beuys wohl die so genannten Schwarzen Listen" des Bibliothekars Dr. Wolfgang Herrmann meinte, denen zufolge die Bücher vernichtet wurden.[74] Das Gegenteil war der Fall. Ungeachtet Linnés Verdienst um die Bestimmung der Arten, kann er als ein Wegbereiter der Rassentheorie angesehen werden. In "Systema Naturae", der von Linné entwickelten biologischen Nomenklatur, unterteilt er die Menschen nach geographischer Herkunft, Hautfarbe und Temperament: er bezeichnete den weißen Europaeus als sanguinisch und muskulös, den schwarzen Afer hingegen als phlegmatisch und schlaff.

Georg Jappe erzählte Beuys 1976 über die Bücherverbrennung und räumte ein, er habe „heimlich 'n paar Bücher rausgenommen". Linnés Buch erwähnte er jetzt nicht mehr, stattdessen Bücher von Thomas Mann, Hanns Heinz Ewers, Kunstkataloge, dadaistische Zeitschriften sowie die Abbildung eines Torsos von Lehmbruck.[75]

Wilhelm Lehmbruck stand jedoch 1933 nicht auf Schwarzen Listen" und in "Notizzettel" hatte sich Beuys 1961 an die Entdeckung von dessen Werk noch anders erinnert: „1938 erste Begegnung mit Photos von Plastiken Lehmbrucks, Erlebnis!" Auch befanden sich am 18. Mai 1933 keine Werke von Hanns Heinz Evers und nur zwei schlanke Bände von Thomas Mann mit den Redetexten „Von deutscher Republik" und „Deutsche Ansprache" auf der Schwarzen Liste".[76]

Beuys habe sich in den dreißiger Jahren Goethe, Schiller, Hölderlin und Novalis sowie der „gesamten skandinavischen Literatur" zugewandt, die er schließlich „nahezu vollständig gelesen" habe, ist seiner Biographie zu entnehmen. Weiter gab Beuys seinen Autoren zu Protokoll, er sei „darauf aus" gewesen, alles in sich aufzunehmen, „was während der Hitlerzeit verboten war." Im gleichen Zuge erwähnte er noch Maeterlinck, George und Panizza, die er teilweise gelesen habe, obwohl sie ihn nicht „beeindruckt hätten".[77]

Sieht man einmal davon ab, dass die Lektüre der „gesamten skandinavischen Literatur" ein schon mengenmäßig anspruchsvolles Unterfangen darstellt, so wird diese in einer Kleinstadt wie Kleve kaum vollständig verfügbar gewesen sein.

Zudem unterlag Beuys wieder falschen Annahmen hinsichtlich dessen, „was während der Hitlerzeit verboten war". Keiner der genannten Autoren war durch das NS-Regime verboten worden. Der Mystizist Maurice Maeterlinck zählte wie Stefan George zu den Favoriten der Nazis. Von George stammt "Das neue Reich", ein Buch in dem er eine hierarchische Gesellschaftsreform entwarf, die George als neue „geistigseelische Aristokratie" ansah. Oskar Panizzas Werk wurde von den Nationalsozialisten vor allem wegen seiner antiklerikalen Aspekte hoch geschätzt.

Auch der genannte Hanns Heinz Ewers, ein Literat und Filmer, den man heute pornographisch nennen würde, zählte zu den Favoriten der Nationalsozialisten. Ewers, eine zeitlebens skandalumwitterte Figur, war Mitglied der NSDAP, für die er Propagandaschriften verfasste. Es gibt Hinweise darauf, dass Hanns Heinz Ewers Autor des "HorstWessel- Lieds" war, der nationalsozialistischen Hymne.[78] 1932 erschien sein Roman "Horst Wessel ein deutsches Schicksal". Und 1933 schrieb er das Drehbuch zum Film "Horst Wessel", den er auch produzierte.[79]

Über die Literaturangaben hinaus erwähnte Beuys sein während der Schulzeit durch einen Lehrer gewecktes Interesse an nordischer Geschichte und Mythologie, den er in seiner Biographie von 1973 einen „alten Islandfahrer" nannte.[80] Offenbar hat dieser Lehrer nur in Beuys' Phantasie existiert. Jedenfalls konnte sich van den Boom nicht an einen solchen Lehrer erinnern. Schließlich erschien diese Erwähnung in den folgenden Auflagen der Biographie nicht mehr.

Ebenso gelöscht wurde der letzte Teil des folgenden Satzes, über das von Beuys als „sehr gestört empfundene Verhältnis" der gegenwärtigen Gesellschaft zur braunen Vergangenheit der Deutschen: „Weniger weil es der Zeitgeist forderte, als vielmehr aus Aversion gegen eine einseitige humanistische Erziehung entdeckt Beuys sein Interesse für nordische Geschichte und Mythologie, die ja aus einem sehr gestörten Verhältnis zur Vergangenheit heute immer noch mit Vorstellungen der Nationalsozialisten identifiziert wird."[81]

Offenbar wurden sich Beuys' Ghostwriter erst jetzt der Brisanz solcher Einlassung über das „gestörte Verhältnis" einer neuen Genreration gegenüber dem Nationalsozialismus bewusst.

Der Landjunge

Unter der Jahreszahl 1930 findet sich in Beuys' Biographie von 1973 der Vermerk: „Übersiedlung der Familie nach Rindern bei Kleve."[82] Diese Angabe ist jedoch ebenso unzutreffend wie „1922 Ausstellung Molkerei Rindern b. Kleve" in "Lebenslauf Werklauf".[83] Erst im November 1935 zog Beuys mit seinen Eltern von der Kermisdahlstraße in die Tiergartenstraße 187. Die neue Adresse befand sich zwar auf dem Gemeindegebiet von Rindern, allerdings fast auf den Meter genau an der Grenze zu Kleve und zählte topographisch zum Klever Stadtgebiet.[84]

Die Gegend wurde Stiller Winkel" genannt und lag am Rande des Klever Kurparks in Entfernung von etwa zwei Kilometern zum Dorfkern des Weilers Rindern. Beuys' Onkel Hubert hatte dort 1934 das Gebäude der ehemaligen Molkerei übernommen, die im März wegen einer Verordnung zum Zusammenschluss der deutschen Milchwirtschaft geschlossen worden war. In deren Gebäude richtete er seine Firma "Hubert Beuys" ein, als Handel für Mehl, Getreide, Futter und Düngemittel.[85]

Ob Beuys' Vater Joseph Jacob Teilhaber dieses Unternehmens war, ist nicht mehr festzustellen.[86] In Beuys Biographie von 1973 fand sich neben dem Satz, der ihn offenbar „als Sohn des Hubert Beuys" ausweisen sollte, ein Foto des Handelsgeschäftes mit dem Firmenschild "Hubert Beuys".[87] Augenscheinlich sollte der Eindruck erweckt werden, Beuys' Vater sei dessen Inhaber gewesen. In den Neuauflagen fehlt das Foto, die Eintragung ist korrigiert. Tatsächlich wird es sich so verhalten haben, dass Beuys' Vater Joseph Jacob, wie auch schon in Hau, lediglich Angestellter seines Bruders Hubert war. Im anderen Fall wäre der Name des Unternehmens wohl Gebrüder Beuys" gewesen.

Das Gebäude der alten Molkerei mit dem verwitterten Firmenschild Hubert Beuys" steht noch. Eine Bushaltestelle dort am Ortsausgang trägt den Namen Beuys". Im Dorfleben von Rindern hat die Familie Beuys jedoch keine Spuren hinterlassen. „De Büs [Beuys Vater], der hat sich janz neben uns her entwickelt",[88] erinnerte sich später ein Bauer und die Heimatforscherin Martha Fürtjes-Egbers berichtete: „Es wird ja immer wieder behauptet, Joseph Beuys habe in Rindern gelebt. Ich bin dem nachgegangen, das wäre ja für einen so kleinen Ort ein Renommee. Ich habe selbst bei den ältesten Leuten niemanden gefunden, der sich an Joseph Beuys in Rindern erinnern konnte."[89]

Obwohl Beuys bis zu seinem 14. Lebensjahr in Kleve am Rand einer Industriezone lebte und sein Lebensmittelpunkt auch danach die Stadt war, wurde Rindern zur Suggestion seiner Kindheit, zu einem zentralen Motiv der Beuys'schen Legende. Autoren schickten sich an, „die eigenartige Landschaft seiner Kindheit", deren „ununterbrochen melancholische Weite" zu beschwören, die Beuys erzogen habe, „ins Weite und Tiefe zu denken und alles erreichbare Buchwissen mit dem in Einklang zu bringen, was um ihn heranwuchs und hinging".[90]

Handfester die Diktion des Beuys-Biographen Stachelhaus: „Dat Jüppken pflanzte als Zwölfjähriger vor dem Elternhaus in Rindern eine Trauerweide. [...] Die Abenteuer des Jungen in der freien Natur sind in seiner Erinnerung bis in Einzelheiten haften geblieben, und er hat immer gern davon erzählt."[91]

Mit solchen Illustrationen des unbefangenen Naturburschen, eines sensiblen, vergeistigten, schon früh literarisch gebildeten Denkers, mühten sich willfährige Autoren Beuys entfernt von dessen tatsächlicher und durchaus bekannter Sympathie für die gesellschaftlichen Entwicklungen jener Zeit zu positionieren. Der Handlungsraum von Kindheit und Jugend wurde kurzerhand aus der Stadt ins ländliche Idyll verlegt, die historische Realität ausgeblendet. Eine Typisierung entstand, die spätestens mit der Biographie von 1973 für die Beuys-Rezeption stilprägend wurde.

Dort war dann auch nachzulesen, „die Ideologien der Nazi-Diktatur" seien auf Grund der „strengen katholischen Erziehung", die Beuys erfahren habe, „im Hintergrund" geblieben.[92] Eine Erziehung von Eltern wohlgemerkt, denen sich Beuys zuvor noch als fern darstellte. Beuys gab an, sich wegen „einer inneren Protestsituation" als Aussenseiter empfunden zu haben. Auch in der Hitlerjugend, aus der man ihn „einige Male" entfernen wollte.

Statt sich also dem unausweichlichen Gemeinsinn dieser Zeit zu fügen, habe sich Beuys mit „klassischer und romantischer Literatur" beschäftigt und habe von 1933 bis 1940 „wesentliche naturwissenschaftliche, geistesgeschichtliche und künstlerische Impulse" empfangen, erfährt man aus seiner offiziellen Biographie. Weiter ist dort ungelenk notiert: „Fotos von Skulpturen Lehmbrucks sind das einzige, was in dieser Zeit von außen an Beuys herantritt"[93]

Die Biographen Adriani, Konnertz, Thomas schildern Anregungen durch den Klever Bildhauer Achilles Moortgat. Einen Traditionalisten, dessen Atelier der Jungspund regelmässig aufgesucht habe, „was nicht ohne Wirkung" auf ihn geblieben sei.[94] Tatsächlich führte Beuys' Schulweg von der Tiergartenstraße über den Springenberg an der herrschaftlichen Villa von Achilles Moortgat vorbei. Kaum anzunehmen, dass der Jugendliche eines Tages mit dem Wunsch an Moortgats Türe klingelte, diesem über die Schulter blicken zu dürfen. Ebenso wenig, dass er sich damals bereits für künstlerisches Schaffen interessierte und aus dieser Motivation das Atelier von Moortgat aufsuchte.

So will dann auch der Beuys-Biograph Reinhard Ermen vermitteln, Beuys' „offensichtliche künstlerische Begabung" sei damals allenfalls „nebenher" gelaufen. „Der Kunstunterricht erschien Beuys erst relativ spät interessant. Im Treppenhaus des Gymnasiums hingen einige Landschaftsaquarelle von ihm. Eines aus dieser Zeit wird noch heute, sozusagen als Initial der Werkgruppe ‚Wasserfarben', gezeigt, eine Landschaft mit Pappel, deren souveräne Erfassung von Raum und Natur die große Begabung ahnen lässt." Aus welcher Quelle Ermen sein vorgebliches Wissen um die Bilder schöpfte, offenbarte er nicht.[95]

Obwohl nur sehr wenige Arbeiten bekannt sind, ein Dutzend vielleicht, die man mit Wohlwollen Beuys' Kindheit oder Jugend zurechnen könnte, beharrte Hans van der Grinten dennoch: „Aus der Kindheit zieht sich die Kette der Zeichnungen bruchlos bis in die Gegenwart. Frappant schon ist der lineare Reichtum in einem Blatt des Vierzehnjährigen."[96]

Indessen erinnerte sich Beuys lediglich an „Nazibilder, die irgendwo in den Gängen hingen" und hatte selbst eine vollkommen andere Sicht auf seine Talente: „Ich war als Kind […] nicht der Typ, der dafür bekannt war, dass er zeichnet oder begabt ist, so dass man sagen konnte, das wird einmal ein Maler. Ich habe mich vielmehr mit Experimenten auseinandergesetzt. Ich hatte ein großes Labor und habe mich am liebsten mit physikalischen und chemischen Versuchen befasst. Das lag mir viel näher."[97]

Klassenkamerad Wilhelm van den Boom konnte sich gleichfalls nicht erinnern, dass „Jupp in irgendeiner Form künstlerische Begabung gezeigt hätte".[98]

Schulabschluss

1978 wollte sich Beuys eine Episode erinnern die sich 1939 ereignet haben soll. Mit kaum unbeabsichtigten Verweis auf seine Karriere als Flieger in einem Sturzkampfbomber erzählte Beuys, er sei damals mit einem Zirkus herum gezogen und empfinde seither für „Sturzmomente" und „Artistenfähigkeiten" eine „tiefe innere Sympathie."[99]

Stachelhaus beschrieb die Tätigkeiten des Teeangers im Zirkus: „Er betätigte sich als Handlanger, Plakatausträger und Tierpfleger."[100]

Auch der Kunsthistoriker Franz-Joachim Verspohl übernahm das Zirkus-Motiv und schmückte die Fabel weiter aus: „In der zunehmend von Propaganda und Kriegsvorbereitungen geprägten Zeit wurde er zum ‚Außenseiter'. Um 1939 wirkte er fast ein Jahr als Kaskadeur in einem Zirkus mit."[101]

Schließlich zog Reinhard Ermen 2007 den Schluss: „[…] kurz vor dem Abitur revoltierte er mit einem Fluchtversuch gegen den kleinbürgerlichen Umraum, er riss aus zum Zirkus."[102]

Beuys wollte sich erinnern, er habe damals im Wanderzirkus „alle möglichen Sachen gemacht, von der Werbung angefangen bis zu einfachen Drahtseilakten." Und weiter: „Es war auch die Zeit, wo man etwas mit Mädchen zu tun hat. Und ohne ein Mädchen wäre ich dem Zirkus nicht nachgelaufen", schilderte er seine Motivation. Auf die Nachfrage, wie lange er dabei gewesen sei, räumte Beuys ein: „Das war so periodisch, das war immerhin so über anderthalb bis zwei Jahre."[103]

„Diese Zirkusgeschichte habe ich auch irgendwann später einmal gehört. Ich kann mich allerdings nicht erinnern, dass Jupp wochenlang und schon gar nicht mit einem Zirkus unterwegs gewesen wäre. Das wäre damals vollkommen unwahrscheinlich gewesen", so Beuys' Schulbanknachbar, Wilhelm van den Boom.[104]

Indessen fantasierte Stachelhaus, die „verzweifelten Eltern" hätten ihn endlich „[…] am Oberrhein, wo der Zirkus gastierte, ausfindig gemacht und zurück geholt. […] Doch der junge Beuys kam mit einem blauen Auge davon. Wieder einmal profitierte er vom Wohlwollen des Lehrerkollegiums - er wurde eine Klasse zurückgestuft und machte 1940 das Abitur."[105]

Die Beuys-Biographin Christiane Hoffmanns mutmaßte, seine Eltern hätten ihn von der Schule nehmen wollen, damit er „in einer Margarine-fabrik in Kleve Prokurist würde, doch blieb es bei der Androhung". Zwar hätte Beuys allenfalls Lehrling werden können, der Weg durch

Kontore blieb ihm jedoch erspart, er „durfte wieder aufs Gymnasium gehen und schloss nach einer Ehrenrunde 1941 seine Schulkarriere ab".[106]

Ermen strickte eine andere Version: „Der abenteuerlustige Ausreißer musste die Schule nicht verlassen, der Lehrkörper gewährte eine neue Chance. Ostern 1941 verließ er die Schule mit dem Reifevermerk."[107]

Van den Boom hierzu: „Unser damaliger Direktor Dr. Schiefer hätte ihn, wenn er tage-, oder gar wochenlang abgängig gewesen wäre, kaum in Gnaden wieder aufgenommen. Jupp wäre umgehend der Schule verwiesen worden."[108]

Zirkusunternehmen wurden während des NS-Regimes überwacht, nicht zuletzt durch die durch die "Gestapo". Für die Nationalsozialisten war der umherziehende Zirkus mit seinen „fremdrassigen" Menschen ein störendes, weil schwer kontrollierbares Soziotop. Was dazu führte, dass es 1939 nur noch wenige, große regimekonforme Unternehmen existieren.[109] Unmöglich also, dass seinerzeit ein Minderjähriger unter den Augen der Eltern sowie den Bedingungen des nationalsozialistischen Überwachungsstaats über mehrere Tage, Wochen oder Monate gar folgenlos der Schule fern bleiben können, um in einem Zirkus mitzureisen.

Dennoch repetierten viele Autoren ohne Zögern den von Beuys verbreiteten Nonsens. Angesehene Wissenschaftler und Journalisten denen man ein Mindestmaß an historischem Wissen zurechnen muss, kapitulierten vor der Wirkungsmacht der Beuys Fama, wagten nicht die einfachsten Fragen nach Sinn und Logik zu stellen.

Beuys gab im "Notizzettel", wie in später veröffentlichten Curriculum Vitae zunächst an, er habe 1940 das Abitur abgelegt. Was er ebenfalls in der Biographie von 1973 für das Jahr 1940 vermerken ließ.[110] Erst in der post mortem erschienen Ausgabe von 1994 findet sich eine Korrektur: „Ostern 1941 Abschluss der Schulzeit am Hindenburg Gymnasium Kleve mit dem Reifevermerk."[111]

Von einem „Reifevermerk" sprach Beuys selbst nie. Er beharrte immer darauf, das Abitur erlangt zu haben. Etwa bei seinem Eintritt in die Kunstakademie Düsseldorf wo er angab: „Charakter der Reifeprüfung: Abitur. Abiturjahrgang: Ostern 1941."[112] Tatsächlich sind sämtliche Angaben hinsichtlich seines „Abiturs", die eigenen von Beuys, wie jene über ihn veröffentlichten, unzutreffend.

1938 wurden durch die Neuordnung des Schulwesens die lateinischen Klassenbezeichnungen des Gymnasiums abgeschafft. Das Klever Gymnasium wurde gleichzeitig in "Hindenburgschule - Staatliche Oberschule für Jungen" umbenannt und die Anzahl der Schuljahre von 9 auf 8 herabgesetzt. Abiturklasse war demnach die 8. Klasse.[113]

Beuys musste bereits die Untertertia wiederholen und wurde dann nochmals, laut Konferenzbeschluss vom 16.3.1940, nicht in die 8. Klasse versetzt. Die Schuljahre erstreckten sich damals von den Tagen nach Ostern, bis kurz vor dem Osterfest des folgenden Jahres.

Demnach hätte Beuys die 7. Klasse von Anfang April 1940, bis Ende März 1941 wiederholen müssen. Dann erst wäre er in de 8., also die Abitur-Klasse gelangt und hätte frühestens 1942 das Abitur ablegen können. Allerdings gibt es aus nach dem Konferenzbeschluss vom 16.3.1940, weder aus dem folgenden Jahr 1941 und auch später keine weiteren Einträge über ihn im Konferenzbuch seiner Schule.[114]

Weder konnte Beuys 1940 oder 1941 das Abitur abgelegt haben, noch konnte er 1941 den "Reifevermerk", im Volksmund als "Notabitur" bezeichnet, erlangt haben. Der "Reifevermerk" wurde am 8.9.39 mit der „Anordnung über Reifezeugnisse und Abgangszeugnisse der höheren Schulen" eingeführt. Diese Anordnung des "Reichserziehungsministeriums" bestimmte, dass Schüler, die wegen ihrer Einberufung zum Kriegsdienst die 8. Klasse des Gymnasiums vorzeitig verlassen mussten, den Reifevermerk nach mündlicher Prüfung erhalten sollten. Die schriftlichen Arbeiten wurden erlassen.[115]

Doch Beuys musste im Frühjahr 1940 die 7. Klasse wiederholen und hätte auch Ostern 1941 erst die 7. Klasse absolviert. Oder er war bereits 1940 Soldat, wie er selbst in seiner Biographie sowie in "Lebenslauf Werklauf" vermerkte und wie sich Wilhelm van den Boom erinnerte.[116]

Gleichwohl erteilte ihm fünf Jahre nach Kriegsende sein ehemaliger Englischlehrer Schönzeler, mit dem er privat befreundet war und mit dessen Sohn Ernst er gemeinsam an der Düsseldorfer Akademie studierte, eine eidesstattliche Versicherung: „Bescheinigung - Herr Josef Beuys, geboren am 12.5.1921 in Krefeld, war von Sexta an Schüler des Staatlichen Gymnasiums Kleve. Er verließ die Anstalt Ostern 1941 mit dem Reifevermerk. Die Unterlagen über seine Prädikate sind verloren gegangen. Datum 10. März 1950."[117]

„Ja, das ist ein Kapitel für sich, das Gefälligkeitsgutachten von Schönzeler. Jupp ist jedenfalls ohne Zeugnis abgegangen. Nach Lage der Dinge, wenn er sein Abitur hätte machen müssen, wäre er mit Pauken und Trompeten durchgefallen", so Wilhelm van den Boom.[118]

Den vorliegenden Dokumenten entsprechend, endete Beuys' Schulzeit im März 1940 ohne Abschluss. Seine gymnasiale Karriere war ein Desaster gewesen. Man würden ihn heute einen Schulversager nennen. Ungeachtet dessen und entfernt jeden Wahrheitsgehalts konstruierten Beuys und ihm folgend unzählige hagiographische Autoren das Bild eines früh geformten, klassisch gebildeten Intellektuellen.

Stachelhaus nennt Beuys einen „naturwissenschaftlich Hochbegabten, der einem entsprechenden Studium zustrebt". Während in der Biographie von Adriani, Konnertz, Thomas, wie vielfach in anderen Publikationen angeführt ist, Beuys habe sich mit der Absicht Medizin zu studieren, um sein akademisches Fortkommen bemüht: „Obwohl die künstlerischen Vorstellungen im Vordergrund standen, entschied sich Beuys wegen der ausgesprochen naturwissenschaftlichen Begabung für ein Vorbereitungsstudium als Kinderarzt."[119]

Der Freiwillige

136 deutsche Divisionen mit rund 1,5 Millionen Soldaten griffen in den frühen Morgenstunden des 10. Mai 1940 die neutralen Länder Niederlande, Belgien und Luxemburg an. Damit begann die Westoffensive der Deutschen Wehrmacht, deren eigentliches Angriffsziel Frankreich war. Noch am gleichen Tag beschloss Beuys, sich freiwillig zu melden.

„Am 10. Mai ging ja der Krach los. Ich traf Jupp an diesem Tag und wir haben dann überlegt, ‚Mensch, wir sollten uns eigentlich freiwillig melden, sonst könnte der Krach vorbei sein und wir wären nicht dabei gewesen'. Wir sind dann im Juni oder Juli 40 zusammen zum Wehrbereichskommando gegangen und haben uns freiwillig zur Luftwaffe gemeldet. Kurz darauf bekamen wir einen Gestellungsbefehl zum Luftgau-Kommando nach Münster zur Fliegertauglichkeitsprüfung. Danach wurde Jupp gleich eingezogen und ich nicht, weil ich mit 186 Zentimetern zu lang war für das fliegende Personal. Im September ist er erst einmal nach Dresden zur Infanterieausbildung gekommen. Jupp kam dann nicht mehr zur Schule, er war ja schon nicht mehr in der Abiturklasse.

Ich weiß noch, wie ich mich im August beim damaligen Direktor Dr. Schiefer, mit dessen Sohn ich befreundet war, beschwert habe, das Jupp Beuys gleich eingezogen wurde und ich nicht. Damals sagte Dr. Schiefer zu mir: ‚Wilhelm lass das mal laufen, der Krieg ist noch nicht zu Ende. Mach du erst mal im März 41 regulär dein Abitur. Und wenn Jupp Beuys schon Soldat ist, der hätte das Abitur sowieso nicht gepackt.' Er war ja im Ersten Weltkrieg Offizier und hatte so einen Sauerbruch-Arm. Der wusste wovon er sprach," erinnert sich Wilhelm van dem Boom an die Ereignisse jener Wochen.[120]

Wochenlang war der Unterricht ausgefallen, weil die Klassenräume mit Soldaten belegt wurden. In den Wäldern, in Hallen und Scheunen wurden Panzer und Kanonen vorbereitet. Beuys erlebte die nervöse von Propagandaberichten begleitete Anspannung, die fiebrige Erwartung, jener Tage hautnah. Eine Atmosphäre die ihn, wie unzählige andere Altersgenossen für den Kriegseinsatz motivierte.

„Die Stunde des entscheidensten Kampfes für die deutsche Nation ist gekommen, wie der Führer in seinem Tagesbefehl für die deutschen Soldaten der Westfront sagte. Dieser Kampf entscheidet das Schicksal der deutschen Nation für die nächsten tausend Jahre."[121] Mit sich im Pathos fast überschlagender Stimme verkündete der Großdeutsche

Sprecher" Harry Giese[122] in einer Wochenschau im Mai 1940 den Angriff der Deutschen Wehrmacht im Westen und jubilierte weiter: „Überall wird der Feind von unseren Soldaten zurückgeworfen, die von stärkstem Kampfgeist beseelt ihre modernen Waffen zu gebrauchen wissen."

Solche Jubelarien unterfütterte die NS-Propaganda mit rasant geschnittenen Wochenschau-Bildern, deren Ästhetik mit Videoclips oder Filmtrailern unserer Zeit zu vergleichen ist. Im Zentrum der Berichterstattung standen Kampfflugzeuge, insbesondere die Sturzkampfbomber des Typen Junkers JU 87, kurz "Stuka". Mit der präzisen Zerstörung der gegnerischen Verteidigungsstellungen bereiteten sie das Feld für die nachrückenden Infanterie- und Panzerverbände.

Die Stuka mit ihren charakteristischen Knickflügeln wurde zum Prototyp der technologischen Kriegsführung, zum Inbegriff des Blitzkriegs, einzelne ihrer Piloten zu Stars. Der höchstdekorierte deutsche Soldat des gesamten Kriegsverlaufs war der Stuka"-Pilot Hans-Ulrich Rudel, ein fanatischer Nationalsozialist.[123]

Angriffe von Kampfflugzeugen, wie sie das damalige visuelle Leitmedium Wochenschau präsentierte, werden bei jungen Männern ähnliche Emotionen ausgelöst haben wie heutzutage schnelle Autos oder Videospiele. Die Wochenschau-Filme waren gleichzeitig durchsetzt von phallischer Symbolik, feuernden Panzern, aufgerichteten Kanonenrohren im Gegenlicht. Aphrodisiakum für Pubertäre, deren Sexualität durch repressive Erziehung und konfessionelle Moral gehemmt war.

Nirgends in der Wochenschau-Propaganda ein Wort oder Bild von Toten oder Verwundeten. "Embedded Journalism" ist keine Erfindung unserer Zeit. Schon damals begleiteten ausgewählte Propaganda-Einheiten und ausgewählte Reporter die Feldzüge. Die Filmberichte der ersten Kriegsphase zeigten militärische Operationen, als ginge es um Geländespiele. Durch gleichzeitige Überbetonung der technischen Kriegsführung wurde ein gefahrloses aseptisches Töten aus der Distanz suggeriert, womit wiederum Junge Männer zum Kriegseinsatz motiviert werden sollten.

Vor solchem Hintergrund mag nicht überraschen, dass Beuys in einem Interview von 1980, berichtete neben dem „Interesse an technischen Dingen" habe ihn „Abenteuerlust" motiviert, sich freiwillig zu melden.[124]

In den Schulen wurde Revanchismus gelehrt. Wie auch Beuys noch viele Jahre nach dem Krieg überzeugt war, es habe noch „eine offene

Rechnung aus dem Ersten Weltkrieg" gegeben. Seinen Lehren folgend, die Beuys, wie er sagte, „verehrte" und „noch heute verehre", habe er „den Versailler Vertrag als Unding für Europa und ganz speziell auch für Deutschland empfunden".[125]

Solche, nicht zuletzt von den Erfahrungen der entbehrungsreichen zwanziger Jahre beförderte Haltung, kumulierte in einem weit verbreiteten Verlangen nach Vergeltung. Verbunden mit einer durch die Erfolge des Blitzkriegs geschürten, kollektiven Hysterie, wird die Zwanghaftigkeit des „dabei sein Wollens" lebendig, die viele Kriegsfreiwillige empfunden haben müssen. Persönliche Risiken wurden ausgeblendet. Im Mittelpunkt standen Revanche und die Restauration verblichener deutscher Größe. Hinzu kam die allgemeine Bewunderung des Heldentums, persönliche Motive wie Abenteuerlust, schließlich die wirren Ideen rauschhaften Erlebens einer verklemmten Jugend.

Die Erfolge an den Kriegsfronten wurden als Ausdruck kultureller und damit technologischer Überlegenheit der Deutschen Nation gefeiert. In diesem Sinn besonders perfide waren die durch ironische Kommentare begleiteten Wochenschau-Bilder von gefangen genommenen, verängstigten und verdreckten Soldaten. Mit Motiven dieser Art schürte die NS-Propaganda die Hybris eines rassisch überlegenen Volkes. Damit legitimierte sie die freiwillige Kriegsteilnahme als heldenhaftes Mitwirken an einer historischen Aufgabe. Die Eliminierung minderwertiger Völker wurde zum Kampf um das „Schicksal der Deutschen Nation" verklärt.

Nicht ein einzelnes Motiv wird, das den neunzehnjährigen Beuys bewogen haben, zur Waffe zu greifen. Nur konnte die Verteidigung des eigenen Landes im Frühjahr 1941 nicht zu diesen Beweggründen zählen. Diese Situation trat bekanntlich erst später ein. Es wird ihn allein die Überzeugung geleitet haben, sein Mitwirken am nationalsozialistischen Angriffskrieg sei eine lohnende Tat. Für sich selbst und für sein Land.

Überzeugt bekundete Beuys daher 1980 gegenüber dem Interviewer eines „Männermagazins", seine unaufgeforderte, freiwillige Meldung zum Kriegseinsatz sei eine „vernünftige Entscheidung" gewesen. Weiter führte er an: „Manche […] sagen ja, diese nationalen Triebe, die hochgekommen sind im Nationalsozialismus, die wären jetzt überwunden, also die setzen sich auf das hohe Ross und sagen: Wie konntest du dich damals nur zur Hitlerarmee freiwillig melden? Ich sehe das völlig anders […] ich sehe es […] als ein Gefühl der Zugehörigkeit und Solidarität mit meinen Altersgenossen."[126]

Hervorzuheben ist, dass sich Beuys ohne äusseren Druck meldete, er hätte die Einberufung abwarten können, und dass er sich gleich für zwölf Jahre verpflichtete, dass er somit Berufssoldat wurde.[127]

Nur als Berufssoldat hatte er, der ohne abgeschlossene Schulausbildung geblieben war, der auf dem Stand der mittleren Reife verblieb, überhaupt eine Chance zum fliegenden Personal zu gelangen. Schon die anspruchsvolle Basisausbildung der Luftwaffe, dauerte zwischen zwölf und zwanzig Monaten, weshalb man einen langen Verbleib bei der Armee voraussetzen musste. Offizier konnte Beuys wegen des fehlenden Abiturs nicht werden. Folglich musste er eine Unteroffiziers-Laufbahn einschlagen, die mit dem höchsten Dienstgrad eines Feldwebels enden konnte.[128]

Als sich Beuys verpflichtete, wurde allgemein erwartet, der Krieg würde nur wenige Wochen, allenfalls Monate dauern, der „Krach" sei schnell vorbei. Demnach hätte Beuys mit eben dieser Erwartung in dem Bewusstsein gehandelt, sich auch nach dem Krieg im Militär beruflich verwirklichen zu können.

Wer sich für den Berufsweg entscheidet, der verlangt eine sehr lange Zeit als Soldat zu verbringen, dem muss eine grundsätzliche Akzeptanz für das Militärische unterstellt werden.

Die von Beuys ergriffene Perspektive des Berufssoldaten verdeutlicht zudem, dass ihm die mangelnde Auswahl an beruflichen Optionen bewusst gewesen sein muss. Vor diesem Hintergrund erweisen sich Darstellungen erneut als Fabel, er habe eine Karriere als Arzt oder als Wissenschaftler angestrebt, er habe ein Studium schon begonnen. Gleichzeitig lässt die Entscheidung von Beuys, Berufssoldat zu werden, erneute Zweifel an den geläufigen Verklärungen des früh zur Kunst Berufenen zu.

Mit der freiwilligen Meldung zu Kriegsbeginn konnte sich Beuys immerhin die Waffengattung aussuchen und entging dem als lästig empfundenen, sechsmonatigen Arbeitsdienst. Die Luftwaffe war, als von den Nationalsozialisten bevorzugte militärische Elite, erste Wahl. Technik, Geschwindigkeitsrausch, schicke Uniformen, bessere Unterbringung und Verpflegung als die Bodentruppen: Angesichts seiner eingeschränkten beruflichen Perspektiven, war die Aussicht mit einem Kampfflugzeug durch die Lüfte zu rasen, eine sehr attraktive Option für Beuys.

Spätestens ab September 1940 muss Beuys die allgemeine sechsmonatige Rekrutenausbildung absolviert haben. Als diese vorüber war, dürfte er erst einmal nach Hause geschickt worden sein. Durch die Luftschlacht über England waren zu viele Kapazitäten gebunden, so dass die Ausbildung von neuem Luftwaffen-Personal erschwert wurde.

Sein Vater hatte das Unternehmen des Bruders inzwischen verlassen und war bereits seit Oktober 1939 als Aushilfsangestellter bei der "Ernährungs- und Bezugsscheinstelle" der Stadtverwaltung Kleve beschäftigt. Es ist nicht überliefert, weshalb sich die Brüder trennten. Das Geschäft jedenfalls bestand bis zum Tod von Hubert Beuys 1970 weiter.[129]

Im November 1940 zog die Familie vom Stadtrand in die Klever Innenstadt um, an den Karlsplatz 2, in ein dreigeschossiges Eckhaus. Hier verbrachte Beuys die letzten Wochen seiner Jugend, bevor er die Heimat verließ und in den Krieg ging.[130]

Der Soldat

In der Jugendzeit von Beuys verfügten die Menschen über einen touristischen Horizont von kaum mehr als einhundert Kilometern um den Heimatort. Reisen war für viele Menschen ein unvorstellbarer, allein der Oberschicht vorbehaltener Luxus. Erst die "Kraft durch Freude"-Organisation der Nationalsozialisten ermöglichte breiteren Bevölkerungsschichten Ferien- oder Bildungsreisen.

Soweit bekannt hat Beuys mit seinen Eltern niemals eine Reise oder auch nur eine Wanderung unternommen. Die Fahrt mit dem Vater zu geschäftlichen Terminen nach Düsseldorf, ein Schulausflug, ein Besuch des HJ-Bannorchesters in Nimwegen, zur musikalischen Umrahmung einer Feierstunde der niederländischen Nazi-Bewegung "Mussert", Beuys hatte kaum mehr Gelegenheiten erfahren, sich aus Kleve fort zu bewegen. Bis zum Beginn seines Militärdienstes war Beuys' Teilnahme am HJ-Marsch nach Nürnberg seine weiteste Reise.[131]

Aus dieser eingeschränkten Perspektive heraus empfand Beuys die Möglichkeit, als Soldat an weit entfernte Orte zu reisen und fremde Länder zu sehen, als Befreiung aus kleinstädtischer Enge: „Ich bin in das Leben gegangen. Der Krieg, das bedeutete für mich: Leben. Ich wollte nicht in dieser Todeszone zu Hause bleiben", sagte er später.[132]

Wohl deshalb auch betrachtete Beuys die Kriegsjahre „auf keinen Fall als Verlust. Die Erfahrungen hätte ich nirgendwo anders machen können. Das steht fest. Für einen Arbeitsbegriff, der ja auf Erlebnisse angelegt ist, da war es eher ein Gewinn. Und zwar, die Erlebniskategorien waren so dicht, dass man nicht von Langeweile hätte jemals sprechen können."

Wie prägend die Zeit als Soldat für ihn war, unterstrich Beuys wenn er bei anderer Gelegenheit den Krieg als „Bildungserlebnis" bezeichnete.[133] Der in bescheidenen Verhältnissen, in tiefster Provinz aufgewachsene Beuys konnte endlich in fremde Länder reisen.

Im "Notizzettel" von 1961 listete er Orte auf, die er während des Kriegs gesehen haben will: „Wesentliche Eindrücke: Die slawischen Länder - Polen - Tschechoslowakei (Prag) - (Mähren) - Russland (Südrussland) [...] das Schwarze Meer - das Asowsche Meer - das Faule Meer - Die russische Steppe - Lebensraum der Tataren [...] die Nogaische Steppe - Die Krim [...] Rumänien (Donaudelta) - Ungarn (Steppe) - Wien (Hunnen und Türken vor Wien!) - Süditalien [...] Nordholland [...]."[134]

Der Krieg als Bildungsreise. Nicht von ungefähr sprach man in den ersten Kriegsjahren vom „Reisebüro Wehrmacht" als die nationalsozialistische Propagandamaschinerie Frontberichte mit Bildern anreicherte, die eine Vergnügungsreise versprachen.[135] Der Historiker Gerald Lamprecht bemerkte hierzu: „So ist für den Wehrmachtssoldaten der Kriegseinsatz [...] nicht mehr ein Erlebnis der Destruktion, sondern wird zum Reiseabenteuer. Die Fahrt [...] wurde im ‚Reisebüro Wehrmacht' gebucht und alle zuvor von KdF (Kraft durch Freude) und der Propaganda versprochenen Erlebnisse und Impressionen wurden erfüllt."[136]

Wenn gleichfalls Beuys den Krieg als „Bildungserlebnis" empfand, wenn er von „Erlebniskategorien" sprach, klang hier auch die Ironie eines Mannes mit, der andere Erfahrungen gemacht hatte. Und doch distanzierte sich Beuys nie von seinem freiwilligen Militärdienst. Noch in den siebziger Jahren besuchte er die Kameradschaftstreffen seiner ehemaligen Einheit.[137]

Fotografien zeigen den Avantgarde-Künstler Beuys froh gestimmt im Kreise bierseliger Spiessbürger und Kriegsromantiker.[138] Bis in seine letzten Lebensjahre äußerte sich Beuys ungebrochen und in „Landser"-Manier über seine Kriegsteilnahme. Er empfand diese als „moralisch richtig", er habe „mitten in der Scheiße drin stehen" wollen „in der auch die anderen standen".[139]

Beuys' Sentiment veranschaulicht, wie weit gehend er in den Denk- und Gefühlsschemata seiner Generation verhaftet blieb. Seine Akkulturation, die Prägung des Heranwachsenden durch Erziehung und die ihn umgebende Kultur, erfuhr Beuys unter Einfluss der nationalsozialistischen Ideologie. Hierzu zählte die Indoktrinierung, einer überlegenen Herrenrasse nordischen Bluts anzugehören. Korpsgeist und Kameradschaft waren in der Vorstellungswelt dieser „auserwählten" Jugend essentielle Werte.

Gewalt erlebte der jugendliche Beuys vor dem Hintergrund einer rassistischen Weltanschauung, dann im sanktionierten Rahmen der Kriegsführung. Beuys heute fragwürdig erscheinende freiwillige Kriegsteilnahme, ist unter Berücksichtigung solcher Konditionierung zu sehen, von der auch die spätere Bandbreite seiner Eingeständnisse und Erinnerungen bestimmt wurde.

Man mag Beuys' mangelnde Distanz zu seinem Soldatentum heute als befremdlich empfinden. Versetzt man sich hingegen in die Lage des jugendlichen Beuys, bot ihm das Soldatentum die Chance, den eigenen

Horizont zu erweitern. Er wollte zur Luftwaffe und wollte ein Kampfflugzeug fliegen. Dass er damit operationeller Teil einer Tötungsmaschinerie wurde, musste ihm bewusst gewesen sein. Eingedenk seiner damaligen Absichten, dann seines tatsächlichen Mitwirkens in dieser Maschinerie, könnte Beuys demnach bei späteren Gesprächen um eine ironisierende Milderung, um die Suggestion bemüht gewesen sein, er habe sich auf einer Art „Bildungsreise" befunden, im Hinterland, weit entfernt vom Morden an der Front.

Seine „Bildungsreise" begann, als Beuys zum Dienstantritt in das besetzten Polen, nach Posen kam, dem Verwaltungssitz des so genannten "Mustergaus Wartheland".

Während er seinen Dienst antrat, waren die Vorbereitungen für den Überfall des deutschen Millionenheeres auf die Sowjetunion am 22. Juni 1941, das "Unternehmen Barbarossa", in Gang. Beuys war zum Flughafen Posen kommandiert, wo für die Planung und Überwachung des Angriffs notwendige Fernaufklärer stationiert waren.

Bereits in den ersten Tagen musste Beuys eine massive Enttäuschung erleben. Er wurde nicht zum Piloten, sondern zum Bordfunker ausgebildet. Die Ursache hierfür könnte eine "Dyschromatopsie" gewesen sein, eine "Rot-Grün-Blindheit", oftmals falsch als "Farbenblindheit" bezeichnet. Für einen Piloten ist die farbliche und räumliche Sehfähigkeit jedoch unabdingbar.[140]

Nach dem Krieg versuchte Beuys trotz allem den Eindruck zu vermitteln, er habe eine Pilotenausbildung erfahren, sei selbst geflogen. So in seinem "Notizzettel", in dem er postulierte: „Funker ist falsch. [...] Hier ist der allgemeine Ausdruck Sturzkampfflieger angebracht, da ich alle Sparten dieser Waffengattung durchgemacht habe."[141] Und auch in seiner Biographie von 1973 wurde verbreitet: „Beuys flog ein solches Schlachtflugzeug."[142] Erst in der letzten Auflage der Biographie von 1994, wurde diese Bemerkung getilgt.

Neben dem Umstand, dass es zwar eine fliegerische Grundausbildung für alle Anwärter gab, jedoch keine gleichzeitige Ausbildung zum Bordfunker und zum Piloten, sprach die mögliche Farbenfehlsichtigkeit gegen seine Behauptung. Vielleicht waren es auch andere Gründe, mangelnde Reaktionsfähigkeit oder Nervenstärke, wegen denen er zurück gestuft wurde. Wäre Beuys auch nur halbwegs in der Lage gewesen, ein Flugzeug zu fliegen, wäre er nicht Funker sondern Flugzeugführer geworden. Es herrschte akuter Bedarf an Pilotennachwuchs.[143]

Beuys hatte sich mit dem Eintritt in die Wehrmacht dem auf Hitler zu leistenden „heiligen Eid" unterworfen. Ebenso bedingungslos wie er damit sein Leben dem Führer auslieferte, überließ er sich mit dem Tag seiner Verpflichtung bereits den Befehlen übergeordneter Funktionsträger. Fragen oder gar Widerspruch waren undenkbar.

Wie jeden anderen Soldaten sollte die militärische Disziplinierung auch Beuys in weitem Umfang seiner Individualität berauben, um ihn einzugliedern in die Homogenität des Truppenkörpers. Seine Handlungen wurden automatisiert. Sein ziviles Gewissen, das ihm die körperliche Gewalt gegen andere Menschen verbot, sollte außer Funktion gesetzt werden. Im Endeffekt musste Beuys bereit sein, bedenkenlos zu töten.

Bildungserlebnisse

„1940 Posen, Ausstellung eines Arsenals (zusammen mit Heinz Sielmann, Hermann Ulrich Asemissen und Eduard Spranger)", notierte Beuys 1964 in "Lebenslauf Werklauf". Neben der falschen Jahresangabe verwirrt ein Name: Eduard Spranger war nicht Kriegskamerad von Beuys, sondern ein am Beginn des 20. Jahrhunderts wirkender Pädagoge, der den Begriff "Dritter Humanismus" mitgeprägt hatte. Eine Auseinandersetzung von Beuys mit dieser Materie bereits in Posen wirkt allerdings konstruiert. Als er hingegen 1964 Spranger erwähnte, war er bereits Hochschullehrer, weshalb eine Beschäftigung mit dem Bildungstheoretiker nahe lag.

Hermann Ulrich Asemissen war in Beuys' Einheit für die Waffenkammer, das „Arsenal", verantwortlich. Asemissen wurde später Ordinarius für philosophische Anthropologie der Universität Kassel. Vielleicht nahm Beuys 1964 die Nennung von Asemissen vor, da dieser Mitglied des "documenta"-Beirates war, der Beuys seinerzeit erstmals zur Teilnahme einlud. Bis auf die Erwähnung in "Lebenslauf Werklauf" scheint Asemissen jedoch wenig Spuren in Beuys' Leben hinterlassen zu haben. Zumindest nannte ihn Beuys nicht wieder.

Verschiedentlich berichtete Beuys, er habe an der am 27. April 1941 gegründeten "Reichsuniversität Posen" studiert. Zunächst jedoch wollte er hinsichtlich der Auswahl seiner akademischen Optionen mit sich gerungen haben. Ihm sei es schwer gefallen sich festzulegen. Auch „Kinderarzt zu werden", sei kein verbindliches Ziel sei nicht konkret gewesen. Während sich in seinem „Entschluss, zur Luftwaffe zu gehen", „lediglich ein starkes naturwissenschaftlich-technisches Interesse" gezeigt hätte, äußerte Beuys in seiner Biographie.[144]

„Ich habe auf Grund dieser Unsicherheit, die ich für eine spezielle Berufsentscheidung damals hatte, etwa Kinderarzt oder Chemiker oder Physiker, ein allgemeines naturwissenschaftliches Studium begonnen", ergänzte er 1980 weitere, vorgebliche Optionen, um dann 1986, wenige Tage vor seinem Tod, nochmals realitätsfern zu beteuern: „Denn ich selbst hatte mich aus meinem Suchen heraus bereits anders festgelegt, denn ich befand mich schon inmitten eines naturwissenschaftlichen Studiums."[145]

Seine Darstellungen entbehren jeglicher Grundlage. Sowohl für das Medizinstudium als auch für ein naturwissenschaftliches Fach waren und sind die Anforderungen an schulische Leistungen hoch, das Abitur unerlässlich. In Anbetracht seiner Schulkarriere lag ein Hochschulstudium für Beuys außer Reichweite.

Beuys, der zweimal die Klasse wiederholte, der 1940 nicht einmal den einen ordentlichen Schulabschluss erlangt hatte, beanspruchte dennoch: „[...] ich habe, bevor ich Kunst studiert habe, Naturwissenschaften studiert. Ich kenne also die Methodiken der exakten Naturwissenschaften sehr genau."[146]

Hätte Beuys dem unüblichen, von ihm verwendeten Sammelbegriff folgend „Naturwissenschaften" studiert, wäre er nicht umhin gekommen, sich gleichzeitig für Physik, Chemie und Biologie einzuschreiben. Gleichwohl gab Beuys vor, er habe „noch während des Krieges ein naturwissenschaftliches Studium" begonnen, „ich war ja auch auf der Universität eingeschrieben".[147]

Allerdings ließ er mitunter durchblicken, dass dieses Studium wohl doch nicht allzu umfangreich gewesen sein kann, wenn er beispielsweise einräumte „Vorlesungen auf der Reichsuniversität Posen mal besucht" zu haben.[148]

Schließlich hatte sich die akademische Karriere, wie Beuys offenbarte, schon nach wenigen Vorlesungen von selbst erledigt: „Ich habe das ganz schockartig erlebt und bildhaft in einem Vortrag von einem Professor über Amöben. [...] Das hat mich dermaßen erschreckt, dass ich gesagt habe: Also das ist nicht meine Vorstellung von Wissenschaft."[149]

Ist schon die Vorstellung abwegig, der einfache Mannschaftsdienstgrad Beuys habe neben seinen soldatischen Pflichten studieren dürfen, werden dessen irreale Aussagen über sein angebliches Studium in Posen bis heute in nahezu allen biographischen Darstellungen über ihn wiederholt. Gleichzeitig übersehen die Autoren, dass er ausgerechnet die „Musterhochschule und Kampfuniversität" der Nationalsozialisten besucht haben wollte. Etwa Franz Joseph van der Grinten, wenn er schrieb, Beuys habe „vor und zwischen den Kriegseinsätzen" die Naturwissenschaften „ideologisch unbelastet zum Terrain seines Studiums machen können".[150]

Ebenso mühte sich Heiner Stachelhaus Beuys' Dasein in Posen als „ideologisch unbelastet" darzustellen und berichtete über dessen Alltag auf seine üblich romantisierende Weise: „Er lernt bei Heinz Sielmann das Funken, beobachtet mit ihm Vorgänge in der Natur und findet schließlich in der Posener Kaserne Kontakt zu einem Kreis von philosophisch interessierten Soldaten." In der „Dachbude" eines

Kameraden führten „sie lange und intensive philosophische Diskussionen. So haben sie in der Freizeit keine Langeweile, brauchen nicht unbedingt auszugehen und können es vermeiden, gegenüber der Bevölkerung als Besatzungssoldaten aufzutreten."[151]

Mit völliger Geschichtsvergessenheit und analog zu der bereits ausgeblendeten Lebensrealität des jugendlichen Beuys in den NS-Jahren, zeigten sich ihm nahestehende Autoren angestrengt, auch dessen Kriegseinsatz fern des soldatischen Alltags und fern der Realität des besetzten Polens, zu schildern.

In Posen, wie in allen von Deutschland okkupierten Gebieten, in denen Beuys während des Krieges stationiert war, wurden Menschen von deutschen Besatzern misshandelt. Indessen führte Beuys an, dass es „Vergewaltigungen an anderen Orten gegeben" habe, nicht jedoch dort wo er im Einsatz gewesen sei.[152] Obschon sich Beuys hier ausweichend äußerte, birgt die Aussage sein Wissen um Gewalt, die er, in welcher Form auch immer, erlebt haben muss.

Beuys war Soldat einer Besatzungsarmee in dem von Deutschen am längsten besetzten Land, das von den Schergen des NS-Regimes mit beispielloser Brutalität unterjocht wurde, wie von dem Historiker Hans Henning Hahn geschildert: „Die völlige Maßlosigkeit der Strafandrohungen - für alles war die Todesstrafe vorgesehen [...] war Ausdruck einer völligen Willkür. [...] Man konnte in jeder Minute Opfer irgendwelcher Razzien werden, als Geisel festgenommen, exekutiert oder deportiert werden. Es war ein Leben in völliger Rechtslosigkeit."[153]

Beuys spricht von Naturerkundungen, von Vorlesungen die er besuchte, von Treffen mit privat einquartierten Kameraden. Es gab Erledigungen oder Botengänge für seinen Feldwebel. Bei all dem nutzte Beuys Straßen und Wege. Daher ist nahezu unmöglich, dass Beuys nicht Zeuge von Gewalt deutscher Besatzer wurde, dass er keine Zwangsarbeiter, keine KZ-Häftlinge sah, beim Straßenbau, beim Ausbessern der Startbahn, wenn sie auf offenen Lastwagen stehend zum Flugzeugwerk von Focke-Wulf auf dem Gelände des Flughafens Posen gebracht wurden.

Der "Holocaust" begann im "Wartheland" und wurde von Posen aus gesteuert. Gauleiter Arthur Greiser hatte den Ehrgeiz, Hitler das "Mustergau Wartheland" als erstes „judenfreies" Territorium melden zu können. Während des Sommers, in dem sich Beuys im "Wartheland" aufhielt, begannen SS-Sonderkommandos damit, Juden aufzugreifen, um diese in Gaswagen oder durch Erschießen umzubringen. Viele erstickten auch elend in Gruben mit ungelöschtem Kalk, in die SS-Soldaten sie bei lebendigem Leibe hineinwarfen.

Am 16. Juli 1941 schrieb SS-Sturmbannführer Höppner einen Aktenvermerk an seinen Vorgesetzten Adolf Eichmann, den wesentlichen Organisator des Holocaust: „Es ist ernsthaft zu erwägen, ob es nicht die humanste Lösung ist, die Juden, soweit sie nicht arbeitsfähig sind, durch irgendein schnell wirkendes Mittel zu erledigen."[154]

In Posen befanden sich Konzentrations- und Arbeitslager mit rund 20 000 Häftlingen. Hierzu zählte auch das so genannte "Fort VII", eine Zitadelle, die Teil des im 19. Jahrhunderts von Deutschen errichteten Befestigungssystem war, das Posen umgab. Im Oktober 1939 waren in einem Bunker des Forts Patienten der Psychiatrie durch Kohlenstoffmonoxid getötet worden. Die Wirkung der Vergasungsmethode ließ sich Heinrich Himmler anschließend im Dezember demonstrieren. Es war die erste systematische "Vergasung", die Vorübung zum Genozid.

Das Fort, über dessen Eingang ein Schild mit der Aufschrift "Konzentrationslager Posen" hing, wurde während der deutschen Besatzung von Gestapo und SS als Gefängnis genutzt. Gleichzeitig diente es als vorübergehende Haftanstalt für zur Deportation in die Vernichtungslager bestimmte Häftlinge.

Bis zu 15 000 Menschen, so schätzen Historiker, sollen darüber hinaus im "Konzentrationslager Posen" ermordet worden sein. Das Fort befand sich am Rande des Flughafens Posen, in etwa einem Kilometer Entfernung zu den Gebäuden, in denen Beuys von Mai bis Dezember 1941 stationiert war.[155]

Flugversuche

Am 2. Dezember 1941 trat Beuys seine weitere Ausbildung in der "Luftflotten-Nachrichtenschule 5" in Erfurt-Bindesleben an. Erfurt war eine nationalsozialistische Hochburg und zählte zu den größten Garnisonsstädten des Deutschen Reiches. Zugleich befanden sich in der Gegend bedeutende Rüstungsbetriebe. Der Flughafen Erfurt-Bindesleben war Heimatbasis des Geschwaders "General Wever". Dessen II. Gruppe rekrutierte sich aus der ehemaligen "Legion Condor", die sich 1937 durch die Bombardierung der baskischen Stadt Guernica hervorgetan hatte.

Beuys war während des gesamten Jahres 1942 in Erfurt stationiert, wo er seine flugpraktische Ausbildung als Bordfunker und Navigator durchlief. Dem Ausbildungsverlauf entsprechend flog Beuys hier zum ersten Mal in einem Flugzeug mit.[156]

Nach seiner Beförderung zum Gefreiten wurde Beuys um die Zeit seines Geburtstages am 12. Mai ein kurzer Urlaub gewährt. Diese Gelegenheit nutzte er, Weimar und dort das Goethe- und Schillerhaus sowie das Nietzsche-Archiv zu besuchen. „In der Bibliothek Nietzsches hat er Bücher durchblättert, wobei er mit großem Erschrecken sah, noch Jahre später erzählte er das, wie stark Nietzsche die Bücher, die er las und benutzte, zu ruinieren pflegte. Ein Faktum, das ihn nachdrücklich schockierte und beschäftigte", berichtete Hans van der Grinten.[157]

Seine Gemütslage in diesem Frühjahr konnte von einem unangenehmen Aufenthalt in Erfurt sowie einer damit verbundenen wenig befriedigenden militärischen Laufbahn bestimmt gewesen sein. Beuys war ohne Schulabschluss geblieben, der ihm ein Studium oder eine Offizierslaufbahn ermöglicht hätte. Nun war er mit seinem Vorhaben gescheitert, Pilot zu werden.

Als hilfloser Mitflieger quälte er sich durch körperlich und nervlich äussert belastende Sturzflugübungen, an anderen Tagen durch langatmige Funkerlehrgänge. Der Berufssoldat musste sich auf lange Jahre in solchem Dienst einrichten. Angesichts dieser nicht allzu erfreulichen Perspektiven inmitten des tobenden Krieges wäre es nur allzu verständlich, wenn sich Beuys in einer emotional labilen Verfassung befunden hätte, als er das frühlingshaft leuchtende Weimar besuchte.

Das Weimar der frühen vierziger Jahre war nicht nur eine der schönsten deutschen Städte, es war auch die vom NS-Regime aufpolierte Weihestätte deutscher Hochkultur: Das Nationaltheater, die

Herzogin Anna Amalia Bibliothek, Liszt-Haus, Herder, Wieland, Goethe, Schiller, Nietzsche, die Uraufführung von Wagners Lohengrin fand hier statt. Als Demonstration ihres Triumphes über die nach der Stadt benannte demokratische Republik hatten die Nationalsozialisten Weimar zur „deutschen Kulturstadt" bestimmt. Nicht unterlassen hatten sie, vom Stadtzentrum nur wenige Kilometer entfernt, das Konzentrationslager Buchenwald zu errichten.

Nach Besichtigung der Stadt wird sich Beuys über die Belvederer Allee, unter Rosskastanien und Linden vorbei an prachtvollen Villen, zu dem etwa vier Kilometer außerhalb des Stadtzentrums auf einer Anhöhe gelegenen Schloss Belvedere begeben haben. In dessen weitläufigem Landschaftspark blühte die Pflanzenwelt.

Beuys habe sich „der Gefühle kaum erwehren" können und sich niedergesetzt, um diese „in schlichten, naiven Sätzen" zu bannen. „Joseph Beuys hält zunächst das Erlebte und die Stimmung des Tages fest, um dann eine Theorie des künstlerischen Schaffens zu entwerfen", räsoniert der Beuys-Experte Franz-Joachim Verspohl.[158]

Die Rede ist hier von dreißig Zeilen in Gedichtform, verfasst auf der Rückseite eines unbeschriebenen Formulars der militärischen Fernmeldestelle, die als "Belvedere Blatt" bekannt werden sollten. Obschon dessen literarische Qualität diskutabel ist, verdient die Mutmaßung verschiedener Beuys-Autoren Aufmerksamkeit, der Text sei Beleg der früh angelegten Entwicklung von Beuys' künstlerischer Theorie.[159]

Abseits der eigentümlichen Vorstellung, der junge Beuys, der nach eigenem Bekunden von Kunst bist dato vollkommen unberührte Soldat, habe eine künstlerische Theorie entworfen, finden sich allenfalls Ansätze in dem Gedicht, die vermuten lassen, Beuys habe sich damals mit Goethe und vor allem Nietzsche beschäftigt.

Als Beleg wurde von Verspohl zitiert: „Der Mensch [...] wandelt durch sein Genie und seinen faustischen Willen das dionysische ins apollinische." In dieser Zeile sah Verspohl ein Dokument für Beuys' Auseinandersetzung mit Friedrich Nietzsches zwei „Kunsttrieben der Natur" aus „Die Geburt der Tragödie", „deren apollinischen [Trieb] der junge Soldat gegen die Auffassung des Philosophen zum Modell des künstlerischen Denkens und Handelns erhebt, ja sogar für geeignet hält, einen ‚nordischen Frühling' zu inaugurieren."[160]

„Drüben fließt der Bach - Silberhell klingt es wenn die kleinen Wellen lieblich über die bunten Kiesel plätschern -[...] Und gleich neben dem Rinnsal das kräftige Drängen <u>in den</u> strebenden Pflanzen.

Alles strebt gegen die herrlichen frühen Sonnenfenster über mir, Dort kommt es rot und drüben opalenes Blau."[161]

Wenn Verspohl solche Zeilen zum Zeugnis für Beuys' Kenntnis der Metamorphosen-Lehre Goethes erhob, vom dort beschriebenen „dynamischen Wechselprozess der Ausdehnung und Zusammenziehung in der Natur", wirkt dies bemüht.[162] Zwar waren Werke von Goethe und Nietzsche unabdingbare Lerninhalte an höheren Schulen, jedoch mehr in Bezug auf ihre literarischen und kaum hinsichtlich ihrer wissenschaftliche Aspekte. Die überdies naheliegende Frage, ob sich Beuys von soeben erst in Weimar erstandener Lektüre inspirieren ließ, wurde nicht gestellt. Auch sind weder in Beuys' Briefen an die Eltern noch anderen Ortes Hinweise zu entdecken, die Rückschlüsse auf das unterstellte wissenschaftlich intellektuelle Interesse oder gar die frühe Anlage von „künstlerischem Denken und Handeln" erlauben.

Wurden einerseits Bildungsbeflissenheit, Intellekt und „künstlerisches Denken" des jungen Beuys' ohne jeden Beleg prononciert, fanden andererseits seine Anleihen an den Germanen-Kult des Nationalsozialismus wenig Aufmerksamkeit, der sich bereits mit dem Titel „Nordischer Frühling" andeutete oder in Wendungen wie „Ostara wandelt über allen Matten" offenbarte. Mit solchem Verweis auf die germanische, für das „Nazi-Deutschland" reanimierte Frühlingsgöttin Ostara" folgerte Beuys-Biograph Ermen immerhin, sei Beuys „ganz Kind dieser donnernden Zeiten" gewesen.[163]

In dem im Jahr 2000 von Eva Beuys herausgegebenen, umfangreichen Prachtband „Das Geheimnis der Knospe zarter Hülle", in dem Faksimiles von Beuys schriftlichen Äußerungen, so auch verschiedener Gedichte abgedruckt sind, fehlt „Nordischer Frühling". Vielleicht führten Zweifel an der Qualität zu dieser Entscheidung. Möglich auch, dass Beuys' Germanen-Kult, doch ein wenig zu offensichtlich war. [164]

Kurz nach dem Besuch von Weimar, soll Beuys auf die Krim verlegt worden sein. „1942 Sewastopol Ausstellung während des Abfangens einer JU 87", lautet die entsprechende Eintragung in "Lebenslauf Werklauf". Damit wurde biographisch festgeschrieben, Beuys sei im Sommer dieses Jahres auf der Krim stationiert gewesen und habe an den Kämpfen zur Eroberung der Festung Sewastopol teilgenommen.[165] Auch in der Biographie von 1973 findet sich eine entsprechende Darstellung.[166] Die Kampfteilnahme ist unmöglich nachzuweisen, denn Beuys konnte zu dieser Zeit überhaupt noch nicht für den Fronteinsatz ausgebildet gewesen sein.[167]

Diese Ausbildung begann erst im Dezember 1942, im böhmischen Königgrätz. Kurz zuvor hatte Beuys seinen Eltern geschrieben, er sei glücklich, dass man ihn aus Erfurt abberufen habe. Die Reise von Erfurt nach Königgrätz führte über Prag, von dem Beuys schrieb, es sei die schönste Stadt, die er jemals gesehen habe. Zugleich beklagte er den kurzen Aufenthalt. Er war zum Unteroffizier befördert worden und berichtete ein „Gehalt von anfangs 150 RM (gesamt) im Monat", zu erhalten, welches aus „95 RM Gehalt, 30 RM Wehrsold und 25 RM kleine Fliegerzulage" bestünde).[168]

Am 20. Dezember 1942 bekundete er sein Bedauern, schon das zweite Weihnachtsfest nicht zu Hause verbringen zu können, verband dies jedoch mit dem Appell, dass „wir alle, wie es ja selbstverständlich ist, unsere Pflicht tun, ohne Angst und mit voller Kraft dem Schicksal ins Auge sehen". Beuys erklärte darüber hinaus, die Bordfunker-Ausbildung sei nun in Königgrätz von mehrmonatigen Lehrgängen abgelöst, bei denen er zum Fliegerschützen ausgebildet werde.[169]

Den Jahreswechsel erlebte Beuys bei einem kurzen Urlaub im Riesengebirge, mit Kameraden in einer Hütte auf dem Reifträger. Er beschrieb seinen Eltern Wanderungen im tiefen Schnee und ein Fest an Sylvester, räumte allerdings ein, zu kurz gekommen zu sein, weil er nicht tanzen konnte.[170]

Anfang Februar 1943 wurde Beuys unerwartet an die süditalienische Adria nach Foggia versetzt, einem deutschen Stützpunkt, der als Sturzkampfschule und Waffenerprobungsplatz der Luftwaffe diente. Er gehörte dem "Sturzkampfgeschwader 102" an, der „Schülerstaffel" des "Sturzkampfgeschwaders 2", dessen II. Gruppe in Foggia stationiert war. Hier muss Beuys' eigentliche Ausbildung zum Fliegerschützen erfolgt sein.[171]

Ein weiterer Brief mit Datum vom 8. Februar wurde publiziert, in dem sich Beuys seinen Eltern gegenüber begeistert von einer Reise durch das „wunderbare Land Italien"zeigte, die über Verona, Florenz, Rom und Neapel verlief.[172]

Später erinnerte sich Beuys allerdings nur daran, nach „Süditalien" gemusst zu haben, „unten in Foggia, und weil dort auch ein Übungsplatz war, wo neue Waffen erprobt wurden usw. So war ich also aus den Ostgebieten öfters einmal nach Italien gekommen, zwar nicht für längere Zeit, aber diese kurzen Perioden haben mir bestätigt, empfindungsmäßig bestätigt eben dieses gute Verhältnis, dieses tiefe Verhältnis zu solchen Kräften, wie sie in Italien da sind".[173]

Woher „dieses tiefe Verhältnis" rührte, ist nicht nachvollziehbar. In seiner Korrespondenz fehlen Hinweise auf zwischenmenschliche Begegnungen, auf konkrete landschaftliche Eindrücke, wie Getreidefelder des „Tavoliere", das Kerngebiet Apuliens um Foggia oder den nahen „Gargano", eine der schönsten Küstenlandschaften Italiens. Dass Foggia Residenz des Staufers Friedrich dem II., Kaiser des Heiligen Römischen Reiches war, ging an Beuys ebenso unbemerkt vorüber. Friedrich II. war hochgebildet, sprach mehrere Sprachen, interessierte sich für Naturwissenschaft, Kunst, Philosophie und Theologie. Man nannte ihn „stupor mundi", das „Staunen der Welt".

Beuys wusste im Februar 1943 allein von einer „furchtbar öden Gegend" zu berichten, in der während des Sommers „70 Grad Hitze" herrsche. Weiterhin beklagte er, der „lehrgangsmässige" Dienst sei „ganz und gar nicht" schön und dass es für ihn immer noch nicht an die Front ging: „...der Einsatz liegt schon wieder einmal in weiter Ferne."[174]

Als er 1979 eine Ausstellung über seine „Spuren in Italien" einrichtete, erzählte Beuys, dass er, der zum fliegenden Personal gehörte, wie ein Infanterist „ins Garganogebirge" geschickt worden sei, wo er mit Maschinengewehren „ein bisschen üben" sollte. Obschon er „fast nie geschossen" und sich stattdessen „immer so drum rum gedrückt und in die Büsche geschlagen" habe.[175]

Im Jahr 2000 wurde ein Brief veröffentlicht, demnach Beuys mit Datum vom 18. Mai 1943 an seine Eltern geschrieben haben soll, dass er sich entschieden habe, „nach dem Kriege den Bildhauerberuf zu erlernen. Es ist mein vorläufiger Entschluss in Hinsicht auf ein baldiges Kriegsende."[176]

In einem Brief der zehn Tage später datiert ist: „Habt Ihr schon meinen Brief erhalten wegen meines Studiums. Ich habe an die ‚Preußische Academie für bildende Künste' in Berlin geschrieben, mit dem Inhalt, dass ich Euch mit der Beibringung der Unterlagen beauftragt hätte. Besorgt doch bitte die Unterlagen."[177]

Weshalb sich Beuys ausgerechnet im Mai 1943 „entschlossen" haben will, den „Bildhauerberuf" zu erlernen, was er schon im nächsten Satz als „vorläufigen Entschluss" relativierte, ist der Spekulation überlassen.

Die genannten Briefe wurden bis heute nicht wissenschaftlich unabhängig untersucht, weshalb Zweifel an deren Authentizität beziehungsweise ihrer Datierung zulässig sind. Die Korrespondenz wirkt hier wie an diversen Stellen seltsam, beinahe konstruiert, da es keine anderen

Belege für Beuys' Intentionen dieser Jahre gibt, für den Wandel des Berufssoldaten, zum kunstbeflissenen Intellektuellen etwa.

Er hatte sich für zwölf Jahre dem Militär verpflichtet. Unter den Verhältnissen des NS-Regimes wäre er wohl kaum aus dieser Verpflichtung entlassen worden, um anschliessend an der „Preußischen Academie für bildende Künste den Bildhauerberuf zu erlernen". 1943 hatte er mindestens noch 9 Dienstjahre vor sich.

Auch wenn Beuys schließlich, von der „Hinsicht auf ein baldiges Kriegsende" schrieb, überrascht diese Einschätzung. Trotz der Katastrophe von Stalingrad Anfang Februar und der Niederlage in Nordafrika im Mai glaubte seinerzeit kaum jemand an ein schnelles Ende des Kriegs, siegreich oder nicht.

Die Stimmungslage der deutschen Streitkräfte, vor allem derer, die nicht unmittelbar in die Kämpfe der Ostfront involviert waren, war seinerzeit eher von Revanche-Gelüsten geprägt als von Resignation. Nicht wenige bejahten, was Joseph Goebbels am 18. Februar 1943 während seiner berühmten Rede im Berliner Sportpalast ausrief: „Wollt ihr den totalen Krieg?!"

In diesen Monaten befand sich Beuys noch weitab der Front. Er war im Juni 1943 nach Agram, dem heutigen Zagreb, zum Sturzkampfgeschwader 151 verlegt worden.[178] Am 23. Juni schilderte Beuys seinen Eltern Eindrücke von dort, wusste von türkischen Moslems und deren Gebetsteppich zu berichten, von einer modernen Moschee, einer gleichwohl durchaus westlich ausgerichteten Stadt. Nicht unerwähnt ließ er die Bedrohung durch Partisanen, wegen der sich man nur bewaffnet und zu dritt „in all diesen Schönheiten" ergehen dürfe. [179]

Der Kampfflieger

Bis zum 8. November 1943 war Beuys bei seiner inzwischen in "Schlachtgeschwader 151" umbenannten Einheit in dessen II. Gruppe stationiert - eine Ergänzungseinheit, die keine Fronteinsätze flog.[180] 1940 hatte er große Eile gezeigt, wollte unbedingt dabei sein, bei dem „Krach". Mit jedem neuen Lehrgang, mit den endlosen Tagen und Wochen in der Etappe, musste seine Hoffnung auf das Kriegsabenteuer schwinden. Erst am 27. Dezember 1943 begann für Beuys der ungeduldig erwartete Fronteinsatz.

Inzwischen jedoch, nach der Katastrophe von Stalingrad, der demütigenden Vertreibung aus Nordafrika, der Landung der Alliierten in Italien, den pausenlosen Bombardements deutscher Städte, hatte sich der Krieg vom Eroberungsfeldzug zur Vaterlandsverteidigung gewendet. Beuys durfte nicht, wie erhofft, an gloriosen Siegen des Blitzkrieges teilhaben, sondern konnte eine Kriegsteilnahme an der Front jetzt nur noch als Niederlage erleben.

Er gelangte aus dem milden Klima Kroatiens, aus einem noch nicht vom Krieg überzogenen Land, in die Eiseskälte des Ostens, inmitten eines gigantischen militärischen Desasters. Beuys wurde auf die Krim geflogen, zu den dort eingekesselten deutschen Einheiten, die nach erbitterten Rückzugsgefechten aus dem Kaukasus auf die Halbinsel im Schwarzen Meer geflohen waren.

Der einzige Landweg auf die Krim, im Norden der Halbinsel, war von den Russen am 23. Oktober beim so genannten "Tatarengraben" abgeriegelt worden. Im November bereits landete die Rote Armee im Südosten der Krim und errichtete bei Kertsch einen starken Brückenkopf sowie einen weiteren im Norden, am Südufer des Sywasch. Sewastopol wurde von der russischen Flotte bedrängt.

470 000 Soldaten, 6000 Geschützen, 560 Panzern und 1250 Flugzeugen auf russischer Seite standen auf deutscher Seite lediglich 250 000 Soldaten, 3600 Geschütze, 200 Panzer und 150 Flugzeuge gegenüber. Trotz der dramatischen Unterlegenheit der deutschen Streitkräfte verlangte Hitler, die Krim um jeden Preis zu halten.

Es regnete unaufhörlich, die Temperaturen lagen um den Gefrierpunkt, als Beuys am 27. Dezember 1943 auf dem Feldflughafen Karankut (heute Vil´ne) im Norden der Krim, etwa fünfzehn Kilometer südlich der Bezirkshauptstadt Dshankoi (heute Dzhankoi) stationiert wurde.[181]

Der Norden der Krim war eine endlos scheinende Ödnis ohne Bäume oder andere Punkte, an denen sich das Auge hätte festhalten können. Es gab nur wenige asphaltierte Straßen. Die überwiegende Zahl der Verbindungen zwischen den Dörfern waren mehr und minder breite Feldwege. In diesem Winter schwankte das Klima zwischen Frost und Tauwetter. Weichte der Boden auf, war das Fortkommen eine Tortur. Soldaten, Pferde und Fahrzeuge versanken im Schlamm.

Im Januar und Februar 1944 wurden in den von der Zivilbevölkerung nahezu vollständig verlassenen Dörfern um den Feldflughafen Karankut tausende Soldaten zusammengezogen und in Einheiten neu geordnet, die sich gegen die zu erwartende russische Frühjahrsoffensive im Norden der Krim stemmen sollten. Viele dieser Soldaten hatten sich gerade erst aus den Winterschlachten des Kaukasus retten konnten.

Beuys war Mitglied der 7. Staffel des "Schlachtgeschwaders 3". Die Schlachtgeschwader waren aus den Resten aufgeriebener Einheiten sowie den noch verfügbaren Beständen von Sturzkampfbombern und Jagdflugzeugen gebildet worden. Sie waren der letzte Versuch der Luftwaffe, die drohende Niederlage im Osten abzuwenden. Aufgabe der Geschwader war, den Bodenkampf mit offensiven Aktionen gegen die feindlichen Linien zu unterstützen. Angesichts der numerischen Unterlegenheit an Maschinen von nahezu 1:10 wie dem Mangel an Flugbenzin eine unlösbare Aufgabe.

Auf dem Feldflughafen Karankut waren rund 30 Maschinen und deren Besatzungen aus deutschen, rumänischen und kroatischen Staffeln zusammengezogen worden. Sie hausten in zugigen Holzbaracken, wobei sich Beuys als Konstrukteur eines „Plumpsklos", hervor- tat. „Das war eine wirklich tolle und auch sinnvolle Schöpfung", erinnerte sich sein ehemaliger Staffelkapitän.[182]

Der zweiundzwanzigjährige Bordfunker Beuys wurde dem gleichaltrigen Piloten, Unteroffizier Hans Laurinck, zugeteilt. Laurinck war wie Beuys ohne Fronterfahrung.[183] In der Endphase des Krieges wurden die jungen Piloten nach einer Ausbildung von 100 Flugstunden in den Kampf geworfen. Notwendig gewesen wären 400 Stunden und mehr. Die Verlustrate war entsprechend hoch.

Bei den Angriffen war der Pilot für den zielgenauen Bombenabwurf verantwortlich. Darüber hinaus standen ihm zwei Bordkanonen in den Tragflächen zur Verfügung, mit denen er im Sturzflug gleichzeitig feuerte. Die Koordination des höchst riskanten Flugmanövers mit den

Angriffsaufgaben erforderte von dem Piloten Können und Konzentration. Währenddessen saß der Bordfunker mit dem Rücken zu seinem Flugzeugführer, also in umgekehrter Flugrichtung.

Als Bordfunker war Beuys für die Navigation zuständig. Zudem hielt er Kontakt mit der Basis und den anderen Maschinen der Staffel. Die Technik, die er zu bedienen hatte, war mit heutigem Standard verglichen primitiv. Funksignale wurden gemorst, nach deren Intervallen, sowie nach Kompass und Karte navigiert. Beuys war gleichzeitig Bordschütze und hatte ein schwenkbares Maschinengewehr, mit dem er die gegenüber Jagdflugzeugen erheblich zu langsame "Stuka" verteidigte oder Bodenziele attackierte.

Im Moment des Angriffs musste er sich vollkommen dem Piloten überlassen und hoffen, dass dieser beim Abfangen der Maschine nicht ohnmächtig wurde. Wenn die Maschine auf das anvisierte Ziel stürzte, betrug der Winkel bis zu 90 Grad. Beim Abbruch des Sturzfluges wirkten auf die Besatzungsmitglieder Kräfte bis zum Vierfachen der Erdanziehung. Das Blut wurde aus Netzhaut und Gehirn gepresst, was zu kurzzeitiger Erblindung oder Ohnmacht führen konnte.

Der Einsatz in einer "Stuka" erforderte zweifellos Mut oder anders gesagt, die Überwindung von Angst. Beim Angriff steuerten die Piloten ihre Maschinen direkt in das Sperrfeuer der Verteidiger am Boden. In der Regel erhielten sie Treffer. Nicht selten kamen die Maschinen mit durchlöcherten Tragflächen zurück. Wurde der teilweise gepanzerte Rumpf getroffen oder der Motor, konnte sich die Besatzung vielleicht noch retten. Traf es allerdings den in der großen Kanzel exponiert sitzenden Piloten, war dies fast immer auch das Ende seines hilflosen Funkers.

Als würde er rückwärts eine Achterbahn hinunterfahren, sah Beuys im Sturzflug nur noch den Himmel und vorbei zischende Geschosse. Nach dem Abfangen der Maschine in einer Höhe von etwa 500 Metern oder wenn sie in geringerer Höhe angeflogen waren, blickte er unmittelbar auf das Ergebnis des Angriffs. Er sah die Trümmer von Gebäuden, Wracks von Fahrzeugen, selbst menschliche Körper waren gut zu erkennen.

In einem Interview von 1980 zu seinen Erlebnissen als Sturzkampfflieger befragt, erklärte Beuys, dass es „nicht zu vermeiden" war, Bomben zu werfen. Hinsichtlich der Folgen bemühte er sich indessen um Distanz. Er habe nicht „wie die Amerikaner oder die Engländer" Städte angegriffen, sondern nur „taktische Ziele, Flakstellungen,

Kriegsschiffe, Brückenköpfe". Dem Eingeständnis, Menschen getötet zu haben, wich Beuys aus, „ dass es da Tote gegeben hat, ist wohl wahrscheinlich" und bekannte dennoch: „Schuldgefühle hatte ich keine."[184]

„Trotzdem möchte ich hier betonen", ergänzte er, „in die Zivilbevölkerung oder marschierende Truppen haben wir niemals hineingeschossen. Wenn wir einzelne Russen gesehen haben, sind wir mit der Maschine hinaufgegangen. Man hätte ja sehr leicht einen Tiefangriff machen können auf marschierende Russen. Wir haben sie manchmal so nahe gesehen, dass wir sie von der Toilette, also vom Donnerbalken, hätten wegschießen können." Ihn habe das ungeschriebene Gesetz einer „Moral" innerhalb seiner Waffengattung vor derartiger Kriegsgräuel bewahrt, führte Beuys weiterhin an.[185]

Mit dieser Darstellung verschleierte Beuys die Kiegsrealität an der Ostfront. Wieviele „Tiefangriffe" Beuys auch immer geflogen sein mag, er war den Gesetzmäßigkeiten einer Kriegsführung unterworfen, die sich an der Ostfront fern von moralischen Skrupeln, von Ritterlichkeit und Humanität bewegte. Marschierende Kolonnen oder Zivilisten anzugreifen, zählte auf beiden Seiten der Front zur alltäglichen Routine.

Wegen Munitionsmangels wurden in der letzten Kriegsphase an der Ostfront von "Stuka" -Besatzungen bis zu fünfhundert Kilo schwere "Abwurfbehälter" eingesetzt, die neben Sprengstoff mit Eisenschrott und Nägeln gefüllt waren. „Die blutigen Verluste des Feindes waren häufig sehr hoch, daneben steht die moralische Wirkung (lt. Gefangenen war der Abwurf der Abwurfbehälter gefürchteter als der anderer Bomben)", so der Bericht eines Offiziers eines Schlachtgeschwaders".[186] Es ist kaum anzunehmen, dass sich allein Beuys solcher Bedingungen entziehen konnte. Letztlich ging es um sein eigenes Überleben.

Tatarenlegende

Am Morgen des 16. März 1944, um 7.15 Uhr startete Pilot Laurinck mit seinem Funker Beuys, auf dem Feldflughafen Karankut zu einem Angriff. In ihrer "Stuka" mit der Funkkennung „Anton" ging es in Richtung "Tatarengraben", dem Sywasch, einer Landschaft aus flachen Meeresbuchten zwischen der Krim und dem Festland, die wegen der geruchsintensiven Verdunstung des Salzwassers auch "Faules Meer" genannt wird. Dort befanden sich die russischen Stellungen in Vorbereitung zur Rückeroberung der Krim.

Es war erst ihr zweiter gemeinsamer Flug. Zuvor waren sie nur am 25. Januar zusammen im Einsatz. Nach ihrer Rückkehr um 8.35 Uhr, hoben sie um 11.05 Uhr zu einem weiteren Feindflug ab. Auf dem Rückflug von diesem Angriff gerieten sie in eine Zone mit schlechtem Wetters. Um 11.05 Uhr wurde die Havarie der JU 87D von Laurinck und Beuys registriert.[187]

„Während des Abfangens über einer feindlichen Flakstellung wurde unser Flugzeug von einem russischen Geschütz getroffen. Es gelang, die Maschine hinter die deutschen Linien zu bringen, doch bei einem plötzlich einsetzenden Schneesturm versagte der Höhenmesser, so dass das Flugzeug nicht mehr zu halten war und ich beim Aufprall herausgeschleudert wurde", wurde Beuys 1994 in seiner Biographie zitiert. 1973 war noch vermerkt, „es gelang ihm", als Pilot demnach, das Flugzeug hinter die eigenen Linien zu retten.[188]

Beuys erzählte die Havarie in verschiedenen Varianten die sich jedoch im Kern decken. Zusammengefasst berichtete Beuys, sie seien mit ihrer durch Beschuss beschädigten Maschine in einem Schneesturm geraten, der ihren Absturz verursachte. Sein Kamerad sei durch den Aufprall „zerstäubt" worden, während er selbst durch die Scheiben der Kanzel hinausgeschleudert überlebte, obwohl er nach eigenem Bekunden „am Schädel und am Kiefer schlimme Verletzungen hatte". Bald habe ihn „komplett der Schnee bedeckt".[189]

Am 30. Juli 1944 schilderte Beuys in einem Kondolenzbrief an Laurinks Familie die Umstände anders. Demnach habe die Staffel wegen eines aufziehenden Schneesturms unverrichteter Dinge abgedreht. Von Beschuss ist keine Rede. Sie hätten den Anschluss an die Einheit verloren, weil ihre Maschine zu langsam war berichtet Beuys.[190]

Sturmartiges Schneetreiben kann auf Flughöhe vorkommen, während wenig Schnee auf den Boden gelangt. Auf einer in der Beuys-Literatur als Beleg des Absturzes verbreiteten Fotografie, welche eine verunglückte Maschine bei deren Bergung durch ein Bergungskommando zeigen soll, ist jedenfalls kein Schnee zu entdecken. Wenn Beuys Schnee auf der Krim erlebt hatte, dann zu einer Zeit deutlich nach seiner Bruchlandung. Erst am 28. März ereignete sich ein Wintereinbruch. Zuvor hatte es während des gesamten Winters hauptsächlich geregnet.[191]

Staffelkapitän Heinz Georg Kempken wollte sich etwas anders als Beuys an die Vorkommnisse erinnern: „Wir hatten unsere Bomben über Sewastopol abgeworfen und als wir zurückkamen war eine Wolkenbank aufgezogen." Die Maschine in der Beuys als Bordfunker saß, sei nicht beschossen worden. Allein fliegerisches Unvermögen war laut Kempken Ursache der Havarie gewesen.[192]

Allerdings ist die Aussage Kempkens insofern zu hinterfragen, dass Beuys selbst vom „Siwasch" als Flugziel sprach, was angesichts der seinerzeitigen Feindlage logischer ist. Gleichfalls nannte Beuys in seinem Brief einen Oberfeldwebel Meyer als Staffelführer. Allerdings ist dies nachvollziehbar, da Kempkens, tatsächlich oberster Verantwortlicher der Einheit war und nicht zwangsläufig bei den Einsatz mitgewirkt haben muss. Sie blieben auch nach dem Krieg bei Kameradschaftstreffen in Kontakt, so Kempkens, der später Beuys' Zahnarzt wurde.[193]

Wer aus einem Flugzeugfenster in das milchige, konturlose Nichts der Wolken blickt, kann sich in etwa die Orientierungslosigkeit vorstellen, wie sie Beuys und sein Pilot in dieser Situation erlebten. Bei Sichtflug-Bedingungen konnte sich Beuys als Navigator an dem Verlauf von Straßen oder Bahnlinien sowie Karten und Kompass orientieren. Beuys räumte jedoch ein, dafür „bestraft worden" zu sein, keine Karte mitgeführt zu haben. Erst seit wenigen Wochen auf der Krim stationiert, führte Beuys an, er habe „gespürt, die Gegend besser zu kennen als irgendeine Karte".[194]

Laurinck wie Beuys waren höchst unerfahrene Flieger und beide vor ihrem Krim-Einsatz nur bei Ausbildungs- beziehungsweise Ersatzeinheiten stationiert. Beide werden deshalb kaum über Blindflug-Praxis verfügt haben. Nun mussten sie sich auf Instrumente und Erfahrung verlassen. Bei Schlechtwetter-Bedingungen stand dem Navigator das Funkpeilverfahren zur Verfügung, um die heimatliche Basis aufzufinden. Der Pilot wiederum hatte einen Zielfluganzeiger, mit dem er den Signalen des Peilsenders folgend, den Kurs auch im Blindflug halten konnte. Doch diese Sender wurden von Partisanen gestört und waren durch die schlechte Wartung der Maschinen unter Frontbedingungen, keineswegs zuverlässig. Zudem gibt Beuys in seinem Brief an, nur der Staffelführer habe einen Zielfluganzeiger in seiner Maschine gehabt.[195]

Der Höhenmesser der "Stuka", dessen Messungen barometrisch funktionierten, war per se wegen der wetterbedingten Druckschwankungen für Blindlandungen selbst bei optimaler Wartung viel zu ungenau und laut Beuys eigenen Angaben ausgefallen.[196]

Mehrere Faktoren führten demnach zu ungünstigen Voraussetzungen für den Blindflug der beiden unerfahrenen Flieger. Fehlerhafte Instrumente sowie die Abdrift durch Seitenwind werden verursacht haben, dass sie ohne es zu bemerken vom Kurs abkamen und in falscher Höhe flogen. In seinem Kondolenzbrief erläutert Beuys sie seien im Blindflug nur den Instrumente folgend geflogen. Womit seine späteren Aussagen in Frage stehen, denen folgend der Höhenmesser ausgefallen sei.[197]

Die Absturzstelle lag seitlich versetzt in etwa 3,5 Kilometer Entfernung zum Flugfeld ihrer Heimatbasis und wurde mit „200 Meter ostwärts von Freifeld" angegeben. Der Ort wurde bei späteren Untersuchungen unter der Bezeichnung "Snamenka", heute "Znamyanka", identifiziert. Ein Ort namens Freifeld existierte auf der Krim nicht. „Freifeld" war wohl ein Übertragungsfehler, der sich aus dem Niedergang der Maschine auf „freiem Feld" ergab.[198]

Wahrscheinlich glaubte Beuys, dass sie sich im Einflugbereich des Flugfeldes befanden, weshalb er dem Piloten signalisierte, Höhe verlieren zu können, obgleich sie bereits zu tief flogen und sich tatsächlich um Kilometer seitlich versetzt zur Achse des Flugfeldes über einem Acker befanden. Wie das Eingeständnis seines Fehlers wirkt ein nachträglich konstruierter Dialog zwischen ihm und Laurinck, wie Beuys ihn in dem Kondolenzbrief verfasste. Beuys: „Hanne, geh' lieber etwas höher, damit wir keine Bodenberührung bekommen". Laurick: Ja, ist gut ... geht in Ordnung."[199]

So schlug die Maschine unvermittelt auf. Denn als das Fahrwerk Kontakt mit dem Boden hatte, war es zu spät für ein rettendes Manöver. Das Unglück erfolgte laut militärischem Bericht „in Folge von Bodenberührung", war damit im eigentlichen Sinn eine Bruchlandung.[200]

Es war ein typischer "Stuka"-Unfall, die wegen ihres starren Fahrwerks in aufgeweichtem oder unebenem Boden stecken blieb, mit laufendem Motor nach vorne kippte und sich regelrecht in das Erdreich bohrte. Die von dem vorgeblichen Unglücksort durch Beuys publizierte Fotografie, spräche für diesen Hergang. Im Vordergrund der Aufnahme ist ein Mann im Fliegeroverall zu sehen, dessen Kopf sich allerdings jenseits des Bildausschnittes befindet. Es könnte Beuys sein, der die Bergung seiner Maschine beobachtet.

Beuys sei aus der Maschine geschleudert worden, weil seine Gurte rissen. Noch am Tag des Unfalls habe er Beuys in einem nahen Feldlazarett aufgesucht. Beuys klagte über Kopfschmerzen, im Übrigen jedoch sei er wohlauf gewesen, so Staffelführer Kempken.[201]

Beuys' Aufnahme in das wenige Kilometer von Karankut entfernte Feldlazarett 179, Kurman-Kemeltschi, wurde am darauf folgenden Tag, dem 17. März in das Krankenbuch eingetragen. Seine Verwundungen wurden mit Gehirnerschütterung und einer Platzwunde über dem Auge angegeben. Die gebrochene Nase wurde in der Krankenakte nicht vermerkt, obgleich sich Beuys Staffelkapitän Kempken hieran erinnert haben will.[202]

Es ist möglich, dass der Nasenbeinbruch Resultat einer bei Strafe verbotenen Schlägerei unter Kameraden war und Beuys es deshalb nicht richten ließ. Der gelegentlich hitzköpfige Beuys liebte bekanntlich das Boxen.

Hans Laurincks sterbliche Überreste wurden auf dem "Heldenfriedhof" Kurman-Kemeltschi, Einzelgrab Nr. 258 beigesetzt.[203]

In dem Brief an die Familie Laurinck schilderte Beuys: „Das nächste was mir wieder klar bewusst wurde, war, dass Russ. Arbeiter u. Frauen (auf unserem Gebiet) die mich wohl aus den Trümmern geborgen hatten, sich mit mir abgaben, das Blut aus dem Gesicht spülten und mir auf eine fragende Bewegung hin zu verstehen gaben, dass Hanne, mein lieber Hanne seinen Flug in die Ewigkeit bereits getan hatte."[204]

Von Tataren oder einem Absturz hinter feindlichen Linien keine Rede. Gleichwohl verbreitete der bei der Havarie nur leicht verletzte Beuys ab den frühen siebziger Jahren die Legende seiner wundersamen Rettung nach fast zwei Wochen, die er hinter den feindlichen Linien verbracht haben will. Nomadisierende Tataren hätten ihn schwer verwundet, halb erfroren, aus Kälte und Schnee gerettet. Biograph Stachelhaus und mit ihm viele andere Autoren gaben sich überzeugt, dass Beuys ohne die Hilfe der Tataren nicht überlebt hätte.[205]

Er sei unter Schnee und den Trümmern seiner Maschine begraben, durch die Tataren entdeckt worden, „als die deutschen Suchtrupps schon aufgegeben hatten", so Beuys. „Ich war noch bewusstlos und kam erst wieder zu mir nach ungefähr 12 Tagen."[206] Weil „hoher Schneefall war" sei es nur dem Zufall zu danken, dass sie ihn „hinter der Front" gefunden hätten, „in der Steppe beim Schafhüten oder beim Pferdeaustreiben [...] als sie da im Blech am Kramen waren".[207].

Beuys erzählte Märchen. Dennoch wurde die so genannte "Tatarenlegende" zur Triebfeder für die Deutungsmechanik seines Werks. Diese an Münchhausen erinnernde Lügengeschichte ist von besonderem Gewicht, weil sie bis heute als das zentrale Moment seiner Künstlerbiographie sowie seiner Materialästhetik aus Fett und Filz rezipiert wird, weil sie noch immer in Schulen und Museen verbreitet, wie von den zahlreichen Beuys-Verehrern geglaubt und nacherzählt wird.

Hinzu kommt die Mär des Schwerverletzten, mit der sich die Inauguration des "Schmerzensmanns" vollzieht, einem in späteren Jahren geläufigen Beuys-Stereotyp. Eine Metallplatte habe Beuys im Schädel, wegen der er den Hut tragen müsse. Die Mär wurde von diversen Autoren verbreitet und ist immer noch eine der hartnäckigsten Beuys-Legenden.

Von ihm selbst genährte Legende wohlgemerkt, wenn er beispielsweise erzählte: „Im Krieg war ich Flieger, und da hatte ich einen Schädelbasisbruch und ich hatte eine eingedrückte Schädelplatte. Seit der Zeit war ich immer ein bisschen empfindlich am Kopf."[208] Oder wenn er etwa in einem Fernsehinterview behauptete, man habe ihn „zurecht geschossen" und dass er den Hut trage, weil an seinem Kopf „schon einige Macken dran" sein.[209]

Als Beuys 1976 von Georg Jappe zu seinen Schlüsselerlebnissen und in diesem Zusammenhang zu seiner "Tatarenlegende" befragt wurde, antwortete Beuys auf dessen Frage, ob er nicht zu Filz und Fett durch die Tataren die ihn pflegten, inspiriert wurde: „Ja - selbstverständlich! [...] Das ist ja nun auch eine reale Sache gewesen. Ohne die Tataren wäre ich heute nicht mehr am Leben."[210]

Weiter fabulierte er: „Ich erinnere mich an den Filz, aus dem ihre Zelte gemacht waren. [...] Sie rieben meinen Köper mit Fett ein, damit die Wärme zurückkehrt und wickelten mich in Filz ein, weil Filz die Wärme hält [...] wahrscheinlich wäre ich nie wieder auf den Filz gekommen, ohne dieses Schlüsselerlebnis. Also auf das Material, auf Fett und Filz".[211]

Weil diese mythologische Erzählung sich so gut eignete, dem eigentlich unverstandenen Werk dieses Künstlers eine heroische und damit insbesondere für sie Kriegsgeneration akzeptable Genese zuzubilligen, liefert die "Tatarenlegende" wie keine andere seiner vielen Erzählungen Aufschluss über die Wirkmechanik des Beuys-Mythos.

Sie ist exemplarisch für eine leichtgläubige, willfährige Protektion des Phänomens Beuys durch Journalisten, durch die Wissenschaft, die Kunstkritik und vor allem für das schlecht informierte Publikum. Beispielhaft äusserte die Kunstwissenschaftlerin Corinna Tomberger zur "Tatarenlegende": „Der Behandlung mit den Materialien Fett und Filz ist in der retrospektiven Deutung dieser Ereignisse der Charakter eines magischen, schamanistischen Heilrituals zugeschrieben worden. Als ein „Erlebnis der Ursprünglichkeit", als Begegnung mit dem „Rätsel einer Ganzheit", in der ihm „Magie statt Methode, Weisheit statt Wissen" zuteil wurden, [...] scheint Beuys' Rettung durch die Tataren zugleich dessen späteres Selbstverständnis als Künstler zu begründen."[212]

Ein weiterer Aspekt der "Tatarenlegende", war die angebliche Verbundenheit von Beuys mit dieser Volksgruppe, die ihn, wie er sagte, „in ihre Familie aufnehmen" wollten.[213]

Tatsächlich kam Beuys am 27. Dezember 1943 auf die Krim und konnte nach vorliegenden Fakten nur bis zum 13. Mai 1944, demnach bestenfalls viereinhalb Monate lang dort verblieben sein. Gleichwohl ist seiner Biographie zu entnehmen: „Die Eindrücke, die Beuys während dieser Zeit in einer fremden Landschaft mit deren Bewohnern und ihrer mongolisch-slawischen Mentalität sammelt, wirken nachhaltig. [...] Was Beuys besonders fasziniert, ist der nomadische Charakter der Landschaftsbewohner, die praktisch ständig zwischen den Fronten leben".[214] Eine weitere, vollkommen absurde Darstellung.

Neben dem Umstand, dass zu dieser Zeit ein allgemeines Mobilitätsverbot für die Zivilbevölkerung erlassen war, dessen Übertretung die standrechtliche Erschießung zur Folge hatte, gab es seit den dreißiger Jahren bereits keine Tataren mehr auf der Krim.

Die Krimtataren lebten ursprünglich von Raubzügen und Sklavenhandel und waren im Übrigen sesshafte Viehbauern. Zu allen Zeiten bewegte sich nur eine Minderheit der Tataren mit Herden über das Land. Die letzten von ihnen waren während der stalinistischen Zwangskollektivierungen der dreißiger Jahre verschwunden. Die einzigen Tataren, die Beuys allenfalls getroffen haben könnte, wären tatarische Hilfskräfte der Wehrmacht, Dolmetscher und V-Leute gewesen. Zum Ende des Krieges jedoch, waren sie geflohen oder von Deutschen exekutiert worden.[215]

Als Beuys im Dezember 1943 auf dem Fliegerhorst Karankut stationiert wurde, soll in diesem Gebiet nur noch ein einziger Tatar, ein

Tierarzt gelebt haben. Zudem waren die Dörfer um Karankut bereits weitgehend entvölkert. Die meisten Bauernkaten dienten deutschen Einheiten als Unterkunft.[216] Indessen rühmte sich Beuys seines guten Verhältnisses zu den Tataren, welche die Gegend besiedelt hätten. Er sei „öfters hingegangen" und habe „in den Häusern gesessen".[217]

In einem anderen Gespräch brachte Beuys eine Variante vor, die das „nomadische" seiner Geschichte stärker akzentuierte: „Sie waren mir schon vertraut, denn ich war oft zu ihren Lagerplätzen hinausgegangen und hatte bei ihnen gegessen. „Du nix njemecky", sagten sie, „du Tatar", um mich zu überzeugen, mich ihrem Klan anzuschliessen." [218]

Wenn er im Umkreis seines Stützpunkts überhaupt noch Einwohner fand, sich von dort zu entfernen, allein, um mit Einheimischen beim Tee zu sitzen, war nicht nur als Fraternisierung mit der Zivilbevölkerung verboten, es war am Beginn des Jahres 1944 wegen der allgegenwärtigen Partisanen schlicht lebensgefährlich.

Trotzdem gilt Beuys' Krim-Aufenthalt als biographischer Humus seines Werks, als Herleitung seines Themenfeldes der „nomadischen Kultur", daraus abgeleitet unter anderem die zahlreichen "Dschingis Khan"-Arbeiten, der gesamte "EURASIA"-Komplex, ebenso seine Selbstinszenierungen des Schmerzensmanns und des Schamanen.

Wie in auch im Fall anderer Werke beziehungsweise gesamter Werkkomplexe, fußen die Interpretationen dieser Arbeiten auf fiktionalen, jedoch als realitätsnah rezipierten Erzählungen von Beuys und damit von Anbeginn auf untauglichen Prämissen.

Zu Lebzeiten wurde die "Tatarenlegende" nie ernsthaft hinterfragt und zählt weiterhin zum Beuys betreffenden Bildungskanon. Und bis heute sind viele Beuys-Interpreten gewillt, den von Beuys vorgetragenen Erzählungen einen wahren Kern zuzugestehen.

So beharrt der oft zitierte „Beuys-Experte" Franz Josef van der Grinten noch in dem 2017 veröffentlichten Film "Beuys", sowohl auf der "Tatarenlegende", wie auch darauf, Beuys habe eine Metallplatte im Kopf gehabt. Der als solcher bezeichnete „Dokumentarfilm" des Regisseurs Andreas Veiel widerspricht derartigen Überzeugung, wie allen anderen der vielen, frei erfundenen Beuys-Erzählungen in keinem Moment. Womit sich auch Veiel in die Phalanx distanzloser Beuys-Propagandisten einreiht. [219]

Dem Umstand Rechnung tragend, dass die Erzählungen von Beuys um seine Havarie, um seine Errettung durch Tataren und um seine vorgeblich schweren Verletzungen heute faktisch widerlegt sind, neigen inzwischen mit Beuys sympathisierende Kunstwissenschaftler zu neuer Interpretation. Die erzählerische Erfindung wird nicht mehr bestritten, stattdessen nochmals überhöht, um von der Transformation seiner traumatisierenden Erfahrungen zu sprechen, die erst eine spezifische Sicht von Beuys auf die Verheerungen der NS-Zeit möglich gemacht hätte. Es gelte etwa die "Tatarenlegende" oder seine Verwundungen, als von Beuys bewusst gesetzte Metaphern zu werten.

Beispielhaft sei der Kunstwissenschaftler und Wahrnehmungspsychologe Friedrich Wolfram Heubach zitiert: „Diese Beuys'sche Erzählung ist so durchsichtig eine Metapher seiner - und nicht nur seiner - Erfahrung des historischen Sturzes dieses - wie so viele gemeint hatten - zu hohem tausendjährigen Flug sich aufschwingenden Deutschland und des Zurückgeworfenseins in die primitiven Lebensverhältnisse der Nachkriegszeit, aus deren Not so trivialem wie Filz, Fett Altmetall et certera diese elementare Bedeutung zuwuchs, dass man sich nur sehr wundern kann [...]"[220]

Er wundere sich, so Heubach weiter, dass die Geschichte von vielen der Beuys Exegeten für wahr gehalten, wie sie von den Beuys-Kritikern „so buchstäblich missverstanden" wurde, dass sie „einen Triumph der Ratio feiern konnten, diese empirisch widerlegt" zu haben. Indessen blendet Heubach aus, wie sehr Beuys selbst darum bemüht war, seine Erzählungen als wahrhaft darzustellen.[221]

Weiterhin unterschlägt Heubach, dass von Beuys selbst keine einzige nachgelassene Äußerung, hinsichtlich einer ursprünglichen künstlerischen Idee in Sinn einer metaphorischen Thematisierung eigener Erfahrung des Nationalsozialismus und des Krieges existiert. Beuys hatte nicht die Intention, seine Legenden mit Inhalten aufzuladen, wie das Heubach und mit ihm andere Beuys-Interpreten heute sehen wollen.

Vielmehr entstanden solche Thematisierungen erst durch Zuschreibungen und Interpretationen Dritter, durch Journalisten und Kunsthistoriker. Wie sich zeigen wird, war es nur ein Zufall, der Beuys 1969 bewog, die "Tatarenlegende" und mit ihr seine anderen Kriegserzählungen in die Welt zu setzen.[222]

Legenden die erst danach, im Laufe ihrer Verbreitung, zunehmend ausgeschmückt wurden, von ihm selbst wie von gutgläubigen, fehlgeleiteten „Kunst-Experten", wie von den ihm kritiklos ergebenen Hagiographen.

Der Fußsoldat

Die 4. Ukrainische Front der Sowjetarmee griff am 8. April 1944 die deutschen Stellungen beim "Tatarengraben" an. Nach zwei Tagen waren deren Verteidigungsstellungen durchbrochen. Angesichts ihrer hoffnungslosen Unterlegenheit blieb den deutschen Einheiten und ihren Verbündeten nur noch der Rückzug.

Beuys wurde am 7. April aus dem Feldlazarett Kurman-Kemeltschi entlassen.[223] Am 10. April wurde der Flughafen Karankut geräumt und Beuys' Einheit in den Süden der Insel, nach Kap Chersonnes bei Sewastopol verlegt Kurman-Kemeltschi wurde am 11. April von den Russen eingenommen.[224]

Nachdem die Russen die deutschen Stellungen im Norden in immer kürzeren Zeitabständen überrollten, war aus dem Rückzug eine ungeordnete Flucht geworden. Russische Tiefflieger trieben die deutschen Kolonnen auseinander, die sich ohne jede militärische Ordnung durch knietiefen Schlamm in den Süden der Halbinsel kämpfen mussten. Die Felder links und rechts der Hauptverbindungsachse waren übersät von Toten und zurückgelassenem Material. Beuys war noch nicht flugtauglich und damit seiner Einheit unnütz, die nur noch über eine Hand voll Maschinen verfügte. So gelangte er mit diesem Elendszug demoralisierter Soldaten in den Süden.

Viel zu spät, am 12. April erst, begann die geordnete Evakuierung der deutschen Verbände. Von Sarabus und Simferopol aus, wo sich größere Flughäfen befanden, wurden jedoch nur noch wenige Einheiten und Verwundete ausgeflogen. Simferopol wurde allerdings schon am 13. April erobert, womit sich die gesamte Nordhälfte der Krim unter russischer Kontrolle befand. Irgendwie erreichte Beuys Sarabus oder Simferopol vor den Russen und konnte von dort ausgeflogen werden.

Am 12. Mai war die gesamte Krim von den Russen zurückerobert. Beuys erreichte um den 15. Mai Pardubitz im Protektorat Böhmen und Mähren. Von hier aus schrieb er am 19. Mai an seine Eltern. Bis Ende Juli blieb er in Pardubitz.[225] Dort wurden die Piloten seiner Einheit auf das einsitzige Jagdflugzeug "Focke Wulf 190" umgeschult. Soweit jedenfalls noch Flugzeuge zur Verfügung standen. Für den Bordfunker Beuys hingegen gab es keine weitere Verwendung.

Mindestens bis zum 30. August verblieb Beuys in Pardubitz und wurde dann zum "Fallschirmjäger-Regiment Menzel" abkommandiert, welches im Elsass, in der Garnison Bitsch, neu aufgestellt wurde. Das

Regiment bestand aus Rekruten, ergänzt mit nicht für den Flugbetrieb notwendigen Luftwaffensoldaten. Sie trugen zwar die Uniform der Fallschirmjäger, wurden jedoch nur im Bodenkampf eingesetzt.[226]

Die Alliierten waren am 6. Juni 1944 in der Normandie gelandet. Paris wurde am 25. August befreit, am 3. September Brüssel und am Tag darauf Antwerpen. Dann stockte der alliierte Vorstoß im Westen auf Grund von Nachschubproblemen. An der Ostfront erreichten die ersten russischen Verbände im Oktober die Grenzen des Deutschen Reichs.

Am 20. Juli hatte sich das Attentat auf Hitler, ereignet, verbunden mit dem Putschversuch von Offizieren. Nicht wenige sahen Hitlers nahezu unversehrtes Überleben als göttliche Fügung und waren trotz der ausweglosen Situation an allen Fronten überzeugt, dass sich jetzt alles zum Besseren wenden würde.

Die Front erreichte Beuys' Heimatregion, als am 17. September rund 35000 Fallschirmspringer über der holländischen Provinz Gelderland absprangen. Die Alliierten wollten von dort aus mit der Operation "Market Garden" ins Ruhrgebiet vordringen, um den Krieg zu verkürzen. Nach verbissenem deutschen Widerstand musste der gewagte Vorstoß jedoch am 27. September unter erheblichen Verlusten der Alliierten abgebrochen werden. Hiernach wandten sich dem Versuch zu, bei Wesel den Rhein zu überqueren.

Kleve lag im Zentrum des Aufmarschgebiets und war als einzige nennenswerte Anhöhe des Niederrheins ein strategisch wichtiger Punkt. Daher wurde die Stadt am 7. Oktober, einem Samstag, mittags um 13.30 Uhr von 335 englischen Bombern angegriffen. Bei diesem Bombardement wurde Kleve in nicht einmal einer halben Stunde in weiten Teilen zerstört. Nur wenige Häuser überstanden den Angriff. Mehr als dreihundert Zivilisten kamen um.

Beuys' Eltern mussten Kleve am 8. Oktober verlassen, nachdem auch ihr Wohnhaus zerstört worden war und Kleve evakuiert wurde. Mit dem 15. Oktober wurde Kleve wie das umliegende Gebiet zur Kampfzone erklärt.[227]

Das "Fallschirmjäger-Regiment 19", in dem Beuys nun diente, war am 9. Oktober bei Venlo aus Einheiten des "Fallschirmjäger-Regiments Menzel" sowie der "Fallschirmjäger-Division Erdmann" zur neuen "7. Fallschirmjäger-Division" unter Generalleutnant Wolfgang Erdmann zusammengezogen worden. Bald wurde diese Division von den Landsern „Gespenster-Division Erdmann" genannt, da in ihr neben jungen „Milchgesichtern" vor allem ausgemergelte Veteranen kämpften.[228]

Mit seiner Division wurde Beuys Anfang Dezember nahe Kleve, in einem Frontabschnitt südlich von Arnheim zwischen Rhein und Waal eingesetzt. Am 21. Januar 1945 war die Mitte Dezember begonnene "Ardennenoffensive" der Deutschen gescheitert. Innerhalb von zwei Wochen konnten die Alliierten anschliessend ihre Verluste an Menschen und Material ausgleichen. Die Wehrmacht hingegen hatte ihre letzten Reserven verbraucht. Damit war der eigentlich längst feststehende militärische Zusammenbruch Deutschlands besiegelt. Nur Hitler und nationalsozialistische Fanatiker glaubten noch an eine Rettung im „Endsieg". Alles was nun geschah, war ein sinnloses Sterben von Soldaten und die völlige Zerrüttung des zivilen Lebens.

Kleve war am 7. Februar ein weiteres Mal Ziel eines massiven Bombenangriffs und wurde praktisch eingeebnet. Spätestens in diesen Tagen sah Beuys seine Heimatstadt wieder, da seine Einheit in den Reichswald, der Kleve westlich umschließt, verlegt wurde.

Der britische Historiker und damalige Augenzeuge George Blake beschrieb das Ausmaß der Zerstörung: „Als alles vorüber war, waren die deutschen und holländischen Städtchen westlich des Rheins - Kleve, Kalkar, Goch, Uedem, Gennep, Afferden und die übrigen - nur noch abstoßende Schutthaufen, der Hausrat der Bewohner war im Staub der allgemeinen Auflösung zerstreut."[229]

Im Reichswald begann am 8. Februar 1945 die finale Offensive der Alliierten im Westen. 90 000 bestens ausgerüsteten britischen und kanadischen Einheiten, mit mehr als 600 Panzern und 1000 Jagdflugzeugen, standen auf deutscher Seite nur noch rund 12 000 unzulänglich bewaffnete Soldaten ohne Luftunterstützung mit Restbeständen von Panzern und Artillerie gegenüber. Beuys zählte zu diesen Soldaten.[230]

Ende Januar hatte Tauwetter eingesetzt. Es regnete seit Tagen bei Temperaturen wenig über dem Gefrierpunkt. Die deutschen Einheiten hatten sich im Wald eingegraben. Als Angriffsvorbereitung deckten mehr als 1000 Geschütze und Raketenwerfer der Alliierten die deutschen Stellungen über fünf Stunden mit einem Feuerhagel ein.

Die Erde erzitterte und hob sich, wenn die Granaten einschlugen. Ohne Unterlass explodierten Geschosse, wurde Dreck und mit ihm messerscharfe Metallsplitter umher geschleudert. Der Lärm war infernalisch. Über allem ein undurchdringlicher, von chemischen Substanzen in den Sprengstoffen genährter, beissender Rauch, unter dem Beuys mit seinen Kameraden in einem kalten, feuchten Erdloch, in einem Graben oder Unterstand, um sein Leben fürchtete.

Nachdem das Trommelfeuer geendet hatte, bereiteten sich die Überlebenden auf den Angriff der gegnerischen Infanteristen vor. Mit seinen eng stehenden Laubbäumen glich der Reichswald einem Irrgarten. Artillerie, Panzer und Luftwaffe waren in dieser Angriffsphase nutzlos, weil ihre Attacken in dem Gewirr die eigenen Soldaten treffen konnten. Solchermaßen entwickelte sich im Reichswald ein archaischer Kampf um jeden Graben, Mann gegen Mann, mit Handgranaten, Gewehren, Messern und Spaten. Diejenigen, die dabei waren, erinnerten sich an ein Gemetzel.

Vier Tage hatten die Alliierten für die Kämpfe geplant. Tatsächlich benötigten sie zwei Wochen, um die deutschen Verteidiger im Reichswald niederzuringen. In der Schlacht starben auf beiden Seiten mehr als 10 000 Soldaten.[231]

Trotz erbitterter Gegenwehr vermochten die deutschen Soldaten, mit ihnen auch Beuys', den Vormarsch der Briten und Kanadier nicht aufzuhalten. Diese verfügten praktisch unbegrenzt über über Treibstoff sowie überlegene Waffen und konnten ihre erschöpften Einheiten nach zwei bis drei Kampftagen austauschen.

Demgegenüber kämpften die deutschen Soldaten ohne Unterlass. Ihre physische und psychische Belastung ist kaum beschreibbar. Truppenärzte mussten nicht allein körperliche Verwundungen behandeln. Zu den Verbandsplätzen und Lazaretten wurden Männer in Schockzuständen gebracht. Psychotisch, schreiend, weinend, apathisch mitunter, unfähig zu sprechen oder Nahrung aufzunehmen.[232]

Als die deutschen Truppen immer mehr gegen den Rhein zurückgedrängt wurden, befahl Hitler, diese Front um jeden Preis zu halten, die Rheinüberquerung der Alliierten zu verhindern. In der Folge suchten Feldjäger, die wegen ihrer Brustschilde „Kettenhunde" genannt wurden sowie eigens zusammengestellte Kommandos Häuser und Ruinen nach Soldaten ab, die sich dort versteckt hielten. Standgerichte erschossen oder erhängten jeden, der aufgefunden wurde. Bei Fähren und Brücken wurden „Hängekommissionen" gebildet, die jeden Versuch auf die andere Rheinseite zu gelangen, mit dem Tod durch den Strick ahndeten.[233]

Dennoch blieb den deutschen Verbänden zuletzt keine Wahl, als die linksrheinischen Gebiete aufzugeben und sich über den Rhein zurückzuziehen. Hinter diesem natürlichen Hindernis sollte eine erneute Verteidigungslinie aufgebaut werden. Wesel im Zentrum dieser Linie war von alliierten Bombern bereits in eine apokalyptische Trümmerwüste verwandelt worden. Das Bild der pulverisierten Stadt ging um die Welt. Allein die Eisenbahnbrücke hatte den Angriffen standgehalten. Am 10. März wurde auch dieser letzte intakte Rheinübergang gesprengt.

Das Regiment, dem Beuys unterstellt war, wurde in einem Abschnitt nördlich von Wesel eingesetzt. Bei frühlingshaftem Wetter bereiteten auf der anderen Seite des Flusses mehr als 300 000 alliierte Soldaten die Rheinüberquerung vor. Noch einmal mussten die übrig gebliebenen 20 000 deutschen Soldaten ein Trommelfeuer aus tausenden Geschützrohren sowie die Attacken der Jagdbomber erdulden. Als der Sturm der Briten und Kanadier am 23. März begann, war der Widerstand der demoralisierten deutschen Einheiten nach wenigen Stunden gebrochen. Die anschließenden Rückzugsoperationen waren nur noch Scharmützel, bei denen die Umsichtigeren unter den Kommandeuren größeres Blutvergießen zu vermeiden suchten.

Beuys' Einheit zog sich nach Norddeutschland in Richtung Oldenburg zurück. Bislang war Beuys bei den Bodenkämpfen von Verletzungen verschont geblieben. Nun wurde er im letzten Moment noch, am 27. April, bei Edewecht am linken Unterschenkel von einem Granatsplitter getroffen. Die Wunde war jedoch nicht gravierend, weshalb er nach wenigen Stunden vom Verbandsplatz entlassen wurde. Am nächsten Tag war der Krieg für Beuys beendet. Sein Regiment ergab sich beim Edewechter Moor den Briten.[234]

Heldenlied

Zeitlebens rühmte sich Beuys nicht nur als verwegener Flieger, sondern auch diverser, hochrangiger Orden, die er als Soldat erhalten haben will: „Als Stukaflieger an der Ostfront und gegen Ende des Krieges als Fallschirmjäger an der Westfront erreichte ich den Dienstgrad des Feldwebels. Außer mehreren Kriegsauszeichnungen wurde mir das Eiserne Kreuz 1. Klasse und mit fünf Verwundungen das Goldene Verwundetenabzeichen verliehen", notierte Beuys in seinem Lebenslauf, den er 1961 für seine Bewerbung um die Professur an der Düsseldorfer Kunstakademie verfasste.[235]

Dieser Text ist in seiner autorisierten Biographie von 1994 abgedruckt. Wenige Zeilen später ist nochmals vermerkt: „Während dieses letzten Einsatzes vor Kriegsende wird Beuys noch viermal verwundet. Bei seiner letzten schweren Verwundung erhielt er das Verwundetenabzeichen in Gold."[236]

Indessen mögen sich die Autoren ihrer Darstellungen nicht allzu sicher gewesen sein, schränkten sie doch mit einer Fußnote ein, das „Verwundetenabzeichen in Gold" befände sich zwar im Besitz der Beuys-Erben, eine entsprechende Urkunde sei jedoch nicht vorhanden. Weiterhin fügten sie an, „im Hinblick auf den Erhalt des Erdkampfabzeichens der Luftwaffe" sei festzustellen, „dass der Eintrag im Soldbuch (8.5.1945) nicht mit dem Urkundendatum (7.5.1945) übereinstimmt."[237]

Weshalb Beuys das "Goldene Verwundetenabzeichen" erhalten haben sollte, ist offen. Entsprechend amtlicher Auskunft sind insgesamt lediglich zwei Verwundungen von Beuys registriert: am 16.3.1944 „Gehirnerschütterung und Platzwunde" sowie am 27.4.1944 „Granatsplitter linker Unterschenkel".[238]

Weitere Verwundungen sind nicht bekannt. Für ein- oder zweimalige Verwundung wurde das "Verwundetenabzeichen" in Schwarz verliehen, Silber für drei- oder viermalige Verwundung, Gold für mehr als viermalige Verwundung.[239]

Beuys' letzter bekannter Dienstgrad war kurz vor Ende des Krieges, am 27. April 1945, Oberjäger, also Unteroffizier, nicht jedoch Feldwebel.[240]

Die vorgenannten Auszeichnungen sowie die Beförderung hätte Beuys erhalten müssen, nachdem sich seine Einheit am 28. April bereits ergeben hatte.[241] Schließlich wäre er den angeführten Datierungen folgend, bereits in Gefangenschaft, noch am Tag der deutschen Kapitulation, am 8. Mai 1945, mit dem "Erdkampfabzeichen" ausgezeichnet worden.

Weiterhin ist Beuys' Biographie zu entnehmen, er sei nicht zuletzt wegen des „Absturzes in der russischen Steppe [...] am 24.3.1944 mit dem Abzeichen für Fliegerschützen" ausgezeichnet worden.[242] Das "Fliegerschützen-Abzeichen" erhielt tatsächlich derjenige, der im Einsatz verwundet wurde. Allerdings wurde es auch schon an den vergeben, der wie Beuys Bordfunker war und eine Bordschützenausbildung absolviert hatte.[243]

Schlussendlich wurde nicht nur in seinen eigenen, sondern auch anderen biographischen Publikationen über Beuys herausgestellt, er habe das „Eiserne Kreuz 1. Klasse" erhalten. Darüber hinaus ist in seiner Biographie aufgeführt, er sei „am 12.4.1944 […] mit dem Eisernen Kreuz 2. Klasse und am 2.5.1944 mit dem Eisernen Kreuz 1. Klasse" ausgezeichnet worden. Zwar ist dort vermerkt, „sämtliche Auszeichnungen" befänden sich „im Nachlass Josef Beuys". Indessen fehlt ein Verweis auf die Existenz von entsprechenden Urkunden oder Soldbucheintragungen. Amtliche Dokumente liegen nicht vor.[244]

Womöglich hatte Beuys Orden gefunden, die in den letzte Kriegstagen und insbesondere vor der Gefangennahme von Offizieren weggeworfen wurden, weil sie Sanktionen fürchteten. Wussten doch die Gegner nur allzu gut, dass Träger der eisernen Kreuze viele ihrer Kameraden auf dem Gewissen hatten.

Der Gesetzestext des Führererlasses zum " Eisernen Kreuz" lautete: „(1) Das Eiserne Kreuz wird ausschließlich für besondere Tapferkeit vor dem Feind und für hervorragende Verdienste in der Truppenführung verliehen. (2) Die Verleihung einer höheren Klasse setzt den Besitz der niedrigeren Klasse voraus."[245]

Truppenführer war, wer selbstständig eine Abteilung verschiedener Waffen befehligte, dies waren in der Regel Truppenführer vom Divisionskommandeuren aufwärts und die Führer gemischter Verbände mit selbstständigem Auftrag. Zudem kamen Gehilfen der Truppenführung in Frage, in der Regel Stabsoffiziere.[246]

Als Unteroffizier war Beuys weit entfernt von den Offiziersrängen. Zudem war er nach bislang vorliegenden Dokumenten nur zweieinhalb Monate, vom 27. Dezember 1943 bis zum 16. März 1944, dem Tag seiner Havarie, als Flieger im Fronteinsatz. Die eine mögliche Bedingung der „Truppenführung" konnte er nicht erfüllen.

Die andere Bedingung für das "Eiserne Kreuz 2. Klasse", „besondere Tapferkeit", erforderte den Usancen entsprechend, dass Beuys zum Beispiel einige russische Panzer eliminiert oder im Alleingang einen Sturmangriff zurückgeschlagen oder die abgeschossen Besatzung einer anderen Maschine gerettet hätte. Ob Beuys in der kurzen Zeit seines Einsatzes diese Taten vollbrachte und am 12.4.1944 während des auf der Krim herrschenden Chaos noch ausgezeichnet wurde oder woanders und wofür ist nirgends aufgeführt.

Im Bodenkampf als Fallschirmjäger hätte er für die weitere Stufe, für das "Eiserne Kreuzes 1. Klasse" nochmals Vergleichbares vollbringen müssen. Ein Bericht von den Kämpfen am Niederrhein verdeutlicht, worum es hier ging: „Die Fallschirmjäger des 7. Regiments waren wie die Besessenen von allen Seiten auf die Panzer losgestürmt. [...] Mit Pistolen, Gewehren, Panzerfäusten und Handgranaten gingen die Deutschen gegen die Ungetüme los [...] Es war ein brutales Töten."[247]

Schon zur Erlangung des "Eisernen Kreuzes 2. Klasse" hätte Beuys eine Reihe gegnerischer Soldaten erschießen oder auf andere Weise eliminieren müssen, erneut für das "Eiserne Kreuz 1. Klasse". Oder vollbrachte er andere Heldentaten? Und wenn ja, warum wurden diese nicht bekannt? Weder in seinen diversen Curricula Vitae noch in seinen vielfältigen biographischen Schilderungen nannte er, nannten seine Autoren überprüfbare Fakten oder hinreichende Indizien.

Während eines Podiumsgesprächs 1980 in Rotterdam, einer im Krieg von deutschen Bomben nahezu vollständig zerstörten Stadt, sagte Beuys, seine Veranlassung, Künstler geworden zu sein, sei „die humane Grundfrage" gewesen, „die gewachsen war, auch auf Grund dieses Kriegserlebnisses."[248]

Sein wiederholt gezeigtes Bedürfnis, sich Kriegs-Auszeichnungen zu rühmen deren Erlangung mehrfaches Töten voraussetzte, steht in Widerspruch zu solchen Aussagen. Ebenso seine geringe Distanz, wenn er etwa Schuldgefühle negierte und stattdessen betonte, der Krieg habe für ihn „Leben" bedeutet, wenn er seine Kriegsteilnahme eine „moralisch richtige", „vernünftige Entscheidung" nannte, wenn er „siegen" wollte, von „Abenteuerlust" und von „Erlebniskategorien" sprach.[249]

Beuys, der noch in den siebziger Jahren an Treffen mit seinen Kriegskameraden teilnahmen, bekannte 1980 in einem Interview, er sei Kriegsfreiwilliger gewesen, weil er „nicht so eine feige, pazifistische Haltung einnehmen" wollte. Zur gleichen Zeit kandidierte er für die pazifistischen "Grünen".[250]

Widersprüchlichkeit und Unglaubwürdigkeit seiner Erzählungen, seine vorgeblichen gleichwohl höchst unwahrscheinlichen Auszeichnungen, lassen einerseits an dem Pazifisten, andererseits an dem "Kriegshelden" Beuys zweifeln. Warum jedoch sprach er nie von den letzten Wochen auf der Krim oder den Kämpfen im Reichswald? Vom Sterben und Töten, von Furcht und Entsetzen? Hinderte ihn das somit geäußerte Eingeständnis ein Verlierer gewesen zu sein, damit seines persönlichen Debakels als ehemaliger Kriegsfreiwilliger? War es die Unausprechlichkeit des traumatisierenden Erlebens, die ihn mit anderen Kriegsteilnehmern verband?

Was nötigte Beuys dazu, sich als Kampfflieger und Kriegsheld zu gerieren, obwohl seine Orden wohl ebenso Fiktion waren wie seine Erlebnisberichte? War es nur ein überbordendes Geltungsbedürfnis? Oder nötigte ihn die Scham über seine mediokre Soldatenlaufbahn, über den unglücklich verlaufenen Einsatz als Bordfunker, zu den Phantastereien?

Vielleicht war er schlussendlich nur ein einfacher Soldat, der nichts anderes wollte, als das Inferno „unbedingt überleben - wie der raffinierte, wache, egoistische Beuys", als den ihn ein Journalist einmal schilderte, nachdem er ihn zu seinen Kriegserfahrungen befragt hatte.[251]

„Im Krieg hat man sich am allerwenigsten mit dem Tod beschäftigt. Überhaupt nicht! Da musste man überleben, das war die Aufgabe. Ich wäre längst tot, wenn ich nicht ans Überleben gedacht hätte", bekannte Beuys einmal.[252] So mag ihm, dem einfachen Soldaten, jede Ackerfurche recht gewesen sein, in deren Mulde er sich kauern konnte, wenn der Angriff über ihn hereinbrach.

Vor allem anderen lernen Rekruten, die Beine gestreckt zu halten, wenn sie sich vor Schüssen oder Geschossen in Deckung werfen müssen. Die Unterschenkel schnellen beim Aufprall des Körpers auf den Boden reflexartig hoch. Der Granatsplitter in Beuys Wade war eine typische Verletzung, die geschah, wenn die Unterschenkel für einen Moment ungeschützt waren. Nach panikartigem Niederwerfen. Aus Angst.

Teil 2 / 1945 bis 1964

Rückkehr

In den ersten Wochen nach Kriegsende hatten Amerikaner und Briten hunderttausende deutscher Soldaten der westlichen Front unter freiem Himmel, auf eingezäunten Feldern und Wiesen festgesetzt. Unter ihnen Beuys, in einem britischen Kriegsgfangenenlager bei Cuxhaven. Wegen der zerstörten Infrastruktur war die Versorgungslage katastrophal. Tagelang blieben die Gefangenen ohne Verpflegung und ohne ärztliche Versorgung. Soldaten, die den Krieg überlebt hatten, starben an Infektionen und Durchfallerkrankungen.

Am 5. August 1945 wurde Beuys von den Briten aus der Kriegsgefangenschaft entlassen. Die Strapazen der letzten Kriegsmonate und die anschließende Gefangenschaft hatte er in leidlich guter Verfassung überstanden. Franz Joseph van der Grinten vermerkte, die Kriegserlebnisse hätten „wenig Spuren" bei ihm hinterlassen.

Auch Pierre Theunissen, ein Freund aus Kleve, erinnerte sich an einen gesunden Beuys: „Wir waren alle mitgenommen, auch durch den Hunger der ersten Nachkriegsjahre. Aber dass Jupp irgendwie kriegsversehrt wirkte, hätte man nicht sagen können. Über Verwundungen, über den Krieg oder Kriegserlebnisse hat er nie gesprochen."[253] Dies bestätigte gleichfalls Wilhelm van den Boom, der Beuys 1946 wieder traf und sich nicht erinnerte, dass Beuys über Kriegsverletzungen oder über kriegsbedingte Gesundheitsprobleme geklagt hätte.[254]

Obgleich Beuys' körperlich nahezu unversehrt geblieben war, zeichnete Stachelhaus in für ihn üblich hagiographischer Manier das Bild des „Schmerzensmanns": „Krieg und Kriegsgefangenschaft hatten Beuys zwar belastet und ihm bleibenden Schaden an seiner Gesundheit zugefügt, aber er hat dies alles klaglos ertragen."[255]

„1945 Kleve Ausstellung von Kälte" schrieb Beuys in seinem „Lebenslauf Werklauf", womit er seine Rückkehr in die zerstörte Heimatstadt beschrieb. Obschon die Vokabel Heimat zu viel Wärme birgt angesichts der Verheerungen, denen er gegenüberstand. Kleve war nur noch ein Ungefähr der früheren Stadt unter einem Berg von Schutt. Noch 3000 der einstmals 22 000 Einwohner Kleves hausten in den Überresten ihrer Häuser, in feuchten Kellern zwischen Ungeziefer und Ratten.

Auch das Haus am Karlplatz war zerstört. Beuys' Eltern zählten jedoch zu den Glücklichen, die ein festes Dach über dem Kopf fanden. Sie konnten in ihre frühere Wohnung an der Tiergartenstraße 187 zurückkehren, wo sie bereits von 1935 bis 1940 gelebt hatten. Dennoch werden Beuys und seine Eltern kaum weniger unter Entbehrungen gelitten haben als die anderen Klever.

Die Ernährung bestand aus einem Brot je Familie und Woche, ein wenig Fett, Brennnesselsuppe, Steckrüben, Rübenkraut, hin und wieder eine Hand voll Kartoffeln.

Im Sommer 1945 hatten die Siegermächte beschlossen, die Versorgung der deutschen Bevölkerung auf den geringsten, zum Überleben notwendigen möglichen Umfang zu beschränken. Die Alliierten lehnten Hilfslieferungen des Roten Kreuzes sowie Nahrungsmittelspenden anderer Länder ab. In der Folge verhungerten bis zu einhunderttausend Menschen.

„Ich war traumatisiert, dass wir den Krieg so verloren hatten, dass wir nach den ganzen Jahren, wo wir an der Front waren, jetzt vor einer absoluten Trümmerlandschaft, vor einem absoluten Nichtwissen darüber standen, was jetzt passieren sollte", erinnerte sich Beuys' Schulfreund Wilhelm van der Boom.[256]

Ungeachtet der katastrophalen Lebensumstände schien Beuys entschlossen, den zu diesen Zeiten mehr denn je „brotlosen" Künstlerberuf zu ergreifen. Er nahm Kontakt mit Hanns Lamers auf, einem in Kleve bedeutenden Maler, der einer ortsansässigen Künstlerfamilie entstammte. Lamers wohnte im „Belvedere", einem Atelierhaus, welches 1847 für den niederländischen Landschaftsmaler Barend Cornelis Koekkoek erbaut worden war.

Das „Belvedere" befand sich am Karlsplatz, unmittelbar dem Haus gegenüber, in das Beuys 1940 mit seinen Eltern gezogen war. Von dort aus blickte Beuys auf Lamers' Atelier mit seinen hohen Sprossenfenstern. Das für Kleve exotisch wirkende Gebäude weckte vermutlich Beuys' Interesse, wie ihm auch Lamers aufgefallen sein musste. Ein großer freundlicher Mann, mit seiner weltoffenen Lebensweise, eine Ausnahmeerscheinung in der provinziellen Kleinstadt. Obschon Beuys nur wenige Monate bis zu seinem Kriegseinsatz blieben, wird er vermutlich in dieser Zeit Lamers begegnet sein.

In dieser Begegnung, nur wenige Schritte vor der eigenen Tür, konnte der nach Orientierung suchende, aus kleinbürgerlichem Milieu entstammende Beuys ein attraktives Lebensmodell finden: Das schöne Haus, das Atelier, Bilder und Bücher, Lamers Persönlichkeit, Wanderjahre, die ihn nach München, Berlin und Paris geführt hatten, ein Künstlerdasein, für Kleve das Höchstmaß an Boheme. „Op de Botter" zu gehen, eine Lehre in der Margarinefabrik, was sein Vater wünschte, muss ihm demgegenüber wie ein Alptraum erschienen sein.

„Wir fanden im Atelierturm einen aufrechten und unbeugsamen, freien Geist", erinnerte sich Pierre Theunissen an die Zeit bei Lamers, wie auch der Galerist René Block von der Tür sprach, die Hanns Lamers für junge Menschen öffnete: „Ein Treffpunkt für alle, die stets ein offenes Ohr gefunden haben bei einem Weltmenschen."[257]

Beuys allerdings interessierte sich in seiner Jugend kaum für Kunst. Weder sein soziales Umfeld noch die Schule boten ihm entsprechende Anreize. Er selbst gestand die mangelnde künstlerische Neigung ein, wie auch sein immer wieder bekundetes Faible für Naturwissenschaft oder seine zwölfjährige Verpflichtung zum Militär, alles andere vermuten lassen, als die Absicht einer künstlerischen Laufbahn.

Erleuchtungen bei der Betrachtung von Lehmbruck-Skulpturen oder an einer Straßenbahnhaltestelle sind nachträgliche Mythologisierungen, die mit der tatsächlichen Lebenswelt des jugendlichen Beuys nicht in Einklang stehen. Die von Beuys am Beginn der sechziger Jahre entfachte, dann von unzähligen Autoren fortgeschriebene Legendenbildung des „Frühberufenen" scheitert bereits an der Inkonsistenz von Beuys' eigenen Darstellungen.

Von der Begegnung mit Lamers konnte immerhin ein plausibler Impuls ausgehen, der Beuys letztlich zur Kunst führte. Die sich mit dem „spiritus loci" des „Belvedere" entfaltende Vision des Künstlerdaseins könnte in Beuys über die Kriegsjahre hinweg lebendig geblieben sein. Diese anfangs vielleicht nur vage Idee könnte schließlich auch durch die Ferne des biederen Elternhauses in den Kriegsjahren zu einem konkreten Lebensentwurf gereift sein. Nicht von ungefähr sprach Beuys davon, durch den Krieg „ins Leben" gegangen zu sein.

Aus dieser Blickrichtung mag Beuys tatsächlich 1942 beim Weimarer „Belvedere" zur Gewissheit gelangt sein, sich nach dem Kriegsende der Kunst zuzuwenden. Der zuvor im Klever „Belvedere" gesetzte Keim könnte während seiner „Bildungsreise" genährt worden sein. Beuys selbst schilderte, in dieser Zeit habe er begonnen über die Möglichkeit des Künstlerberufs nachzudenken, um sich bis zum Ende des Krieges zu entscheiden „für Kunst oder Wissenschaft."[258] Eine bekanntlich völlig abseitige Darstellung.

Dennoch versuchte Beuys immer wieder den Eindruck zu erwecken, er habe zunächst naturwissenschaftliche Fächer studiert und sich dann für die Kunst entschieden. Er log ohne Scham, wenn er etwa 1974 erklärte: „Als der Krieg 1945 endete, kam ich aus der Gefangenschaft, ich studierte dann Naturwissenschaften, Mathematik, Physik und Biologie, und so auf die rude Welt von Wissenschaft sehend, entschloss ich mich, mein Vorgehen zu ändern, und mehr versuchsweise begann ich mit Kunst."[259]

1985 noch, in einem Gespräch kurz vor seinem Tod befragt, weshalb er nach dem Krieg nicht weiterhin Naturwissenschaften studiert hätte, antwortete Beuys: „Ich habe dann rein experimentell die Disziplinen gewechselt. Ich habe gesagt, hier raus und mal in die Kunst rein, das ist ein offeneres System."[260]

Zu keiner Zeit konnte Beuys ernsthaft erwogen haben, ein universitäres Studium aufzunehmen und naturwissenschaftliches Fach zu studieren. Dass er im Herbst 1945, in einem eigentlich völlig abseitigen Moment, als es nur um das nackte Überleben gehen konnte, Lamers aufsuchte, ist ein gewichtiges Indiz für die eigene, nüchterne Erkenntnis seiner Möglichkeiten. Beuys war ein Schulversager ohne Abschluss. Kunst war eine der wenigen anspruchsvolleren beruflichen Perspektiven für den Kriegsheimkehrer.

Gerade unter diesen Voraussetzungen konnte Lamers zur wichtigsten Bezugsperson in der ersten Nachkriegszeit für Beuys werden. Aus reiner Humanität zunächst wird Lamers versucht haben, Beuys, als der ihn aufsuchte, so gut wie möglich zu helfen. Denn wie sollte er erkennen, ob Beuys Talent besaß? Beuys hatte künstlerisch nichts vorzuweisen, nicht einmal Schulzeichnungen wahrscheinlich. Zumindest wird Lamers sehr bald die Entschlossenheit seines Schützlings gespürt haben, die Lamers dazu führte, Beuys zu sagen, Kunst sei für ihn „das einzig mögliche".[261]

„Er hat Hanns viel zu verdanken. Sie kannten sich, soweit mir bekannt ist, schon vor dem Krieg. Jedenfalls sah man die beiden in der ersten Nachkriegszeit immer zusammen. Hanns war eine Art Vaterfigur für Jupp. Ohne die Hilfe von Hanns hätte er es schwer gehabt, in die Kunstwelt einzusteigen. Hanns hat ihn ja mit Brüx zusammengebracht und hat ihm zumindest in Kleve alle Türen geöffnet", erinnerte sich Pierre Theunissen, der damals als angehender Bildhauer selbst zum Kreis der Klever Künstler zählte.[262] Auch Erwin Heerich sah Lamers als für Beuys' „väterlichen Freund".[263]

Zunächst war Lamers außer Stande, Beuys einen Ausbildungsplatz anzubieten, da ihn der Wiederaufbau seines Atelierturms beschäftigte.

Also brachte er Beuys bei dem Klever Bildhauer Walther Brüx in dessen halbwegs intakter Werkstatt bei den „Galleien" unter, wo er ein Praktikum absolvieren konnte. Zeitgleich bemühte sich Lamers allerdings, Beuys mit zeitgenössischen Kunstströmungen bekannt zu machen.

Brüx bewegte sich zwischen Naturalismus und Expressionismus, worin eine gewisse Verwandtschaft zu Lehmbrucks Auffassung lag. Es ist nicht unwahrscheinlich, dass Beuys Werke Lehmbrucks erst bei Brüx kennenlernte. Brüx jedenfalls unterwies Beuys in künstlerischen Grundbegriffen. Mit Hilfe der beiden Klever Künstler, zugleich mit einem angesichts der damaligen Lebensumstände notwendigen starken Willen erwarb sich Beuys das Rüstzeug für ein Studium an der Düsseldorfer Akademie. Im Frühjahr 1946 war es Brüx, der Beuys an die Düsseldorfer Akademie vermittelte.[264]

Beuys erinnerte sich: „Ich wusste ja gar nicht, welche Fähigkeiten ich als Künstler habe. Ich hatte ja fast nichts gemacht." Er habe seine Mentoren gefragt, „wie macht man sowas, wie kommt man da rein?" Eine Mappe müsse er vorweisen, habe er so erfahren. „Da bin ich zu einem Bildhauer gegangen, [...] zu Walter Brüx. Da habe ich dann angefangen, Sachen zusammenzustellen, Zeichnungen und Skulpturen. Damit bin ich dann zur Akademie gegangen."[265]

Kurz vor seinem 25. Geburtstag wurde Beuys am 15. April 1946 an der Staatlichen Kunstakademie Düsseldorf in die Bildhauerklasse von Professor Enseling aufgenommen.

Allerdings schrieb sich Beuys ausweislich seiner Karteikarte der Studierendenkartei mit der Angabe „Charakter der Reifeprüfung: Abitur, Abiturjahrgang Ostern 1941" an die Kunstakademie Düsseldorf ein. Beuys hatte kein Abitur nicht einmal einen regulären Schulabschluss. Ohne Abitur hätte er keine Chance gehabt, an die Kunstakademie aufgenommen zu werden. Vor seinem ersten Schritt in die künstlerische Karriere stand eine vorsätzliche Täuschung.[266]

Der Student

Beuys zählte zu den ersten Studenten der wiedereröffneten, jedoch vom Krieg schwer beschädigten Akademie. Die Außenmauern des gewaltigen Renaissance-Baus hatten den Bomben zwar getrotzt, dennoch waren Decken eingestürzt, Teile des Gebäudes ausgebrannt. Aula und Ostflügel lagen in Schutt und Asche.

Schon im Herbst 1945 hatten die ersten Kriegsheimkehrer der letzten Studienjahrgänge mit Räumungs- und Wiederaufbauarbeiten begonnen. Aus Trümmerschutt wurde Beton gemahlen, Dächer aus Blechteilen und Teerpappe improvisiert. In Ermangelung einer geeigneten Räumlichkeit fand die Wiedereröffnung der Akademie am 31. Januar 1946 in der Luisenschule statt.

Günter Grass, der wie Beuys in den Nachkriegsjahren an der Düsseldorfer Akademie studierte, erinnerte sich, wie er sich durch das zerstörte, von Kälte erstarrte Düsseldorf fragte, um zur Akademie zu gelangen, „den düsteren Kasten am Rand der Altstadt". Ihm sei dort ein Mann begegnet, Mitte fünfzig, schwarz gekleidet mit schwarzem Schlapphut, womit er Professor Enseling beschrieb.

Auf dessen Frage, was er denn suche, antwortete Grass: „Bildhauer will ich werden." Enselings lapidare Antwort: „Wir haben wegen Kohlemangel geschlossen." Enseling empfahl Grass, zum gegenüberliegenden Arbeitsamt zu gehen und sich eine Praktikantenstelle als Steinbildhauer zu suchen. Grabsteine seien derzeit gefragt. „Wenn Sie damit fertig sind, junger Mann, bewerben Sie sich bei uns. Bestimmt haben wir dann wieder Kohlen."[267]

Von Hunger gepeinigt, in blanker materieller Not, nahm Beuys sein Studium in den ungeheizten, von Brandrauch geschwärzten Räumen der Akademie auf. Wilhelm van den Boom erinnert sich: „Ich wohnte bei meinem Onkel in Düsseldorf, weil unser Haus in Kleve schwer beschädigt war. Jupp, schmal und bleich wie wir alle damals, war auf Wohnungssuche. Wir haben uns bei meinem Onkel, der Konditor war, erst einmal satt essen können. Als wir uns trafen, trugen wir noch gefärbte Soldatenuniformen. Was anderes hatte man noch nicht."[268]

Angesichts der misslichen Umstände begann sich Beuys zu engagieren. Er war als einer von neun Vertretern der Klassen in die konstituierende Versammlung der Studentenvertretung gewählt worden, die am 28. November 1946 stattfand. Früh zeigte Beuys' einen gewissen Widerstandswillen. Auch siegte ein latentes Bedürfnis nach

Selbstdarstellung über die eigene Scheu. Für den introvertierten Einzelgänger muss es eines Herausforderung gewesen sein, sich gegenüber einer Gruppe zu artikulieren. Dennoch blieb er auch in den folgenden Jahren Sprecher seiner Klasse und wurde 1948 Mitbegründer des „Allgemeinen Studentenausschusses (AStA)" der Düsseldorfer Kunstakademie.

Die erste Sitzung der Studentenvertretung im November 1946 war rudimentären Fragen gewidmet. Man beschloss, mittels Annonce ein Aktmodell zu suchen, Schuhe und Schuhsohlen für die Studenten zu beschaffen sowie in „höflichem Ton" an die Akademieleitung zu schreiben. Zwei Tage später schilderten die Studenten in einem Schreiben an den Direktor der Akademie ihre Hauptaufgaben in der Unterstützung der Studierenden „bei der Wohnungssuche, Zusatzverpflegung, Kranken- und Bedürftigenfürsorge".[269]

Fürsorge schien vonnöten. Der nun folgende Winter ging als "Hungerwinter" in die Geschichte ein, als der bis dahin kälteste Winter des Jahrhunderts. Zwischen November 1946 und März 1947 blieben die Temperaturen unter dem Gefrierpunkt. Die Versorgung brach zusammen. Der Rhein war zugefroren und die Schienen der Bahn vereist, weder Nahrungsmittel noch Kohle konnten geliefert werden.

Im darauffolgenden Jahr wurde im Juni die D-Mark eingeführt, die Berlin-Blockade begann. In Bonn wurde im September der „Parlamentarische Rat" einberufen und traf Vorbereitungen zur Gründung der Bundesrepublik. Die Lebensmittelversorgung blieb bis zur Währungsreform jedoch schwierig, viele Güter waren noch immer rationiert.

Obwohl das Reisen in dieser Zeit äußerst beschwerlich war, machte sich Beuys im Frühjahr 1948 auf den Weg nach Norddeutschland. Wohl durch einen Wochenschau-Bericht hatte Beuys in Erfahrung gebracht, dass sein ehemaliger Feldwebel Heinz Sielmann sich zu Aufnahmen des Films "Lied der Wildbahn" in der Nähe von Papenburg im Emsland aufhielt.

„Mit einem Male" sei der Jupp dagestanden, erzählte Sielmann später. Beuys bot sich als „Hilfsarbeiter" an, trug die Kamera, baute Verstecke und lockte mit entsprechenden Rufen die Tiere an. „Sie wohnten im Hause des Bürgermeisters", rauchten wie in Posen „ungeheuer viel, jeder 60 bis 80 Zigaretten am Tag", sprachen „über Gott und die Welt". Sielmann habe Beuys, seinen ehemaligen Kriegskameraden, seinerzeit als „hypersensibel" erlebt, berichtete Stachelhaus, der Sielmann interviewte.[270]

Heinz Sielmann notierte in seiner Biographie: „Auch Joseph Beuys besuchte uns in den Wildbahnen. Ohne Skizzenbuch streifte er mit uns durch die Natur und ließ sich vor allem von der weiten Landschaft des küstennahen Wiesenlandes beeindrucken. Beuys war ein eigenwilliger Mann. Ich habe die Gestaltung seiner Impressionen und Gefühle nie recht verstanden."[271]

Später erzählte Beuys, er habe Sielmann mehrfach an einem Institut im westfälischen Buldern besucht, an dem Sielmann mit Konrad Lorenz zusammenarbeitete. Durch Vermittlung Sielmanns habe er dort Konrad Lorenz kennen gelernt. Auch Franz Joseph van der Grinten erwähnte, dass ihm Beuys über Gespräche mit Konrad Lorenz berichtete, den er im Max-Planck-Institut besucht habe. Beuys selbst erwähnte seine Bekanntschaft zu Lorenz noch 1986.[272]

Sielmann der, wenn überhaupt, höchst oberflächlich an Beuys interessiert war, wird ihn kaum nach Buldern eingeladen haben. Und so wusste Sielmann nur noch von einer einzigen weiteren Begegnung mit Beuys in diese Zeit zu berichten. 1959 habe sich Beuys nochmals „als Helfer" bei Dreharbeiten „nützlich machen" können.[273]

An Beuys' Besuche in Buldern oder an eine Begegnung mit Konrad Lorenz konnte er sich jedoch nicht erinnern. Wie auch Lorenz, der Beuys immerhin um drei Jahre überlebte, nie von ihm sprach. Obschon sich kein einziger Zeuge, kein Beleg für die heute oft zitierte, Begegnung findet, hat diese Eingang in der Beuys-Literatur gefunden. Sie wurde 1994 in die Neuauflage der offiziellen Beuys Biographie, aufgenommen und wurde sogar literarisch mit dem Roman "Kaltenburg" veredelt.[274]

Die Lorenz-Begegnung passte allzu gut in die Fama des „Naturforschers", des „Wissenschaftlers" Beuys, so dass ihm selbst wie seinen Biographen noch 1994 wohl gleichgültig war, die Nähe zu einem Mann zu postulieren, dessen NS-Karriere seit den siebziger Jahren bekannt war, der sich mit Rassenforschung und Erbbiologie befasste, der noch in seinen letzten Lebensjahren völkische Thesen vertrat, die darauf hinaus liefen, dass eine biologische Auslese von Menschen nötig ist.[275]

Mataré

Bei seiner Immatrikulation gab Beuys als Berufsziel „freier Beruf" an.[276] Professor Joseph Enseling, in dessen Klasse Beuys ohne eigenes Zutun geschickt wurde, war ein akademischer Traditionalist, für den nichts ferner lag als eine „freie" Kunstausübung. Nach seiner Ausbildung bei Peter Behrens und Aristide Maillol hatte sich Enseling mit Auftragsarbeiten, mit Kunst am Bau und Bergarbeiterdenkmälern beschieden. Sein Vermittlungsstil war am Naturstudium sowie den handwerklich formalen Aspekten der Bildhauerei ausgerichtet.

Beuys benannte Enseling später beispielhaft für eine überkommene, akademische Kunstauffassung. In seinen Augen bildete Enseling ein Pendant zu jenem Professor in Posen, der ihn mit einem Vortrag über Amöben erschreckt habe. Enseling „trat mir dann entgegen praktisch als Chirurg. Der kam mit einem weißen Kittel an, statt wie Ärzte so Stethoskope, hatte er hier so ein paar Modellierhölzer. [...] Dies Erlebnis: wieder einen Spezialisten in der Kunst zu finden. Bei dem war es der reine Akademismus, den Menschen immer auf den Muskel hin zu zeichnen", so Beuys.[277] Günter Grass schilderte Enseling als „Kunstprofessor bestallt mit Anspruch auf lebenslange Pension", in dessen Atelier „lebensgroß und entsetzlich weiße nackte Gipsfiguren beiderlei Geschlechts froren".[278]

„Jupp war kein Bildhauer im traditionellen Sinn. Er konnte nicht exakt nach der Natur zeichnen oder modellieren oder wollte das auch nicht können. Deshalb hatte er schon mit Brüx gewisse Probleme", so sah Pierre Theunissen Beuys' Abwehr gegen Enselings Schule begründet.[279]

Auf Grund seines Widerwillens gegen die traditionelle Bildhauerausbildung bemühte sich Beuys schon bald, in die Klasse von Ewald Mataré zu wechseln, dem damals profiliertesten Lehrer der Akademie. Möglicherweise erhoffte er sich von dessen Kunstauffassung einen angenehmeren Einstieg in den Künstlerberuf. „Plastik muss eben sein wie ein Fußabdruck im Sande. Ich will kein ästhetisches Kunstwerk mehr, ich mache mir einen Fetisch", formulierte Mataré sein künstlerisches Credo.[280]

Mataré war bereits 1932 als Professor an die Düsseldorfer Akademie berufen worden. Nach nur sieben Monaten jedoch, im Frühjahr 1933, entfernten ihn Nationalsozialisten wieder aus seinem Lehramt. Wohl in Unkenntnis dieses Vorgangs wie auch der Kunst, die Mataré vertrat, hatte ihm die Klever Parteileitung 1933 noch den Auftrag erteilt, die Plastik „Aufbahrung des Helden" für das Krieger-Ehrenmal in Kleve zu gestalten. Erst 1938 besannen sich die Nationalsozialisten anders, entfernten und zerstörten die Figur des Kriegers. 1937 wurde Mataré schließlich als „entarteter Künstler" eingestuft und erhielt Berufsverbot. Während des Nationalsozialismus konnte er sich mit kirchlichen Aufträgen über Wasser halten, die auch nach dem Krieg sein Haupterwerb bleiben sollten.

Anfang Dezember 1945 wurde Mataré zum kommissarischen Leiter der Düsseldorfer Kunstakademie ernannt. Ein Amt, das ihm wegen seiner unbelasteten Vergangenheit angetragen wurde, welches er allerdings nur ungern ausübte: „Man hat mich mit Lob und Versprechungen geholt, und nun ist niemand da, der mir sekundiert, im Gegenteil, man will anstelle von notwendiger Revolution Ruhe", schrieb Mataré am 7. Dezember 1945 in sein Tagebuch.[281]

Mataré wollte die kunstakademische Ausbildung reformieren. Er entwickelte hierzu ein Konzept, das vorsah, schon Vierzehnjährige an die Akademie aufzunehmen und diese in einer Verbindung von schulischer und handwerklicher Ausbildung bis zur Reife der Kunstausübung zu führen. Mataré scheiterte mit diesem Konzept, dem man nicht ohne Polemik eine Nähe zur Idee der mittelalterlichen Bauhütte nachsagte.

Bitter notierte er in sein Tagebuch, seine Forderung, Schüler schon mit 14 Jahren aufzunehmen, um möglichst früh eine Gesamtbildung zu erreichen, sei „mit so lächerlichen Argumenten widerlegt, dass man es nicht begreifen kann, mit erwachsenen Menschen zu tun zu haben!"[282]

Nach nur zwei Monaten legte Mataré sein Amt nieder. Eine wesentliche Ursache hierfür war auch der laxe Umgang von Besatzungsbehörden und deutscher Verwaltung mit nationalsozialistisch belasteten Professoren. „So kommt es, dass nun bisher zehn Lehrkräfte wieder Erlaubnis bekommen haben, zu unterrichten, von denen fünf - also 50 Prozent - der Partei angehörten oder ihr nahestanden! […] Da sitzen also nun Existenzen, die mit einer wahren Gier ihre Bilder nach München in die Ausstellungen sandten", empörte sich Mataré.[283]

Trotz Unwillen und Enttäuschung erklärte sich Mataré aus wirtschaftlichen Überlegungen bereit, eine Bildhauerklasse zu übernehmen. Mataré wollte seinen Aufwand allerdings so gering wie möglich halten. Weil die Brücken zerstört waren, hätte jeder Besuch vom zehn Kilometer entfernten Büderich zur Akademie auf der anderen Rheinseite eine mehrstündige Reise für ihn bedeutet. Deswegen stellte er die Bedingung, in seinem Atelier unterrichten zu dürfen. Dort allerdings konnte er lediglich sieben oder acht Schüler betreuen. Schon aus diesem Grund gelang es Beuys erst nach mehrfachen Anläufen zum Wintersemester 1947 von Mataré aufgenommen zu werden.

Beuys gestand rückblickend, sich „ungeheuer" bemüht zu haben, in die Mataré-Klasse zu kommen.[284] Entscheidenden Anteil daran, dass ihm die Aufnahme durch Mataré gelang, hatte Erwin Heerich. Beuys und Heerich waren sich schon am Tag ihrer Immatrikulation begegnet. Heerich erhielt damals einen Studienplatz bei Mataré und wurde bald dessen bevorzugter Schüler. Heerich warb bei Mataré für Beuys. Im Laufe der Jahre wurde er zu Beuys' engstem Wegbegleiter an der Akademie, zu einem engen Freund.

Aus der Zeit bei Enseling konnte Beuys nichts Überzeugendes vorlegen. Es fanden sich in seiner Mappe jedoch einzelne Tierdarstellungen, die auch in Matarés Œuvre eine wichtige Rolle spielten. Ihnen hatte es Beuys letztlich zu verdanken, dass ihm Mataré eine Chance gab. in Zeichnungen und Tuschearbeiten wollte Mataré dessen „kreatürliches, elementares Verhältnis zum Tier", erkennen. Wegen deren malerischem Impetus allerdings, sah er Beuys zunächst nicht als Bildhauer: „Sie sind eigentlich Maler. Sie haben ein feines Verhältnis zur Farbe und malerische Impulse, die Welt zu betrachten."[285]

Diese Einschätzung Matarés wirft Licht auf die Frühzeit von Beuys' künstlerischer Entwicklung, die tatsächlich von Malerei und nicht Bildhauerei geprägt war. So zeigte er im Januar 1947 bei seiner ersten Beteiligung an einer Gruppenausstellung in Düsseldorf, die man "Junge Ernte" betitelt hatte,drei Aquarelle, die im Katalogheft mit "Landschaften" bezeichnet wurden.[286]

Als er sich im gleichen Jahr an der Weihnachtsausstellung des Niederrheinischen Künstlerbundes in Kleve beteiligte, zeigte Beuys malerische Arbeiten und erlangte damit erstmals die Aufmerksamkeit eines Rezensenten: „Die Arbeiten der beiden jüngsten Aussteller, der Akademieschüler Beuys und Schönzeler, zeugen von starkem künstlerischen Temperament und überdurchschnittlicher Begabung. Beuys bewegt sich stimmungsmäßig in der Sphäre Paul Klees, was gefährlich werden kann, wenn er in bloßen Stimmungsphantasien verharrt [...] Zwei unbetitelte Zeichnungen lassen einen stärkeren Willen zur Komposition erkennen und dürften am Beginn einer neuen Phase seiner Entwicklung stehen."[287]

Verwirrend erscheint, dass Beuys, der noch 1943 in dem Brief an seine Eltern davon sprach, den „Bildhauerberuf erlernen" zu wollen, nun mit malerischen Arbeiten hervortrat. Sofern der Brief authentisch ist, handelte Beuys wenige Jahre später vielleicht in Erkenntnis technischer Limitierungen. Seine bekundete Abscheu gegen den „reinen Akademismus", gegen das Arbeiten nach der Natur deutet dies an. Wie auch seine heute bekannten frühen Zeichnungen einen Zeichenstil weit abseits präziser Naturstudie ausweisen. Somit suchte er in der freien Malerei wohl einen Weg, dem Bildhauerberuf „auszuweichen", dessen Ausbildung in den ersten Nachkriegsjahren noch vom Naturalismus bestimmt war.

Bei Mataré fand Beuys einen alternativen Zugang zur Kunst, zur Bildhauerei dann auch, jenseits traditioneller Anforderungen. Mataré selbst kam ursprünglich von der Malerei und entwickelte sich über Holzschnitt und Relief hin zur Skulptur. Statt der idealisierenden Abbildung von Natur suchte Mataré, die Dinge aus ihrem Wesen heraus zu erfassen. Grundlage seiner Schule, „die einzige Wahrheit auf der man aufbauen kann", war, Körper auf ihre „kristallinische Form" zurückzuführen, die Plastik aus einem geometrischen Gitternetz zu entwickeln.[288]

Von seinen Schülern verlangte Mataré Disziplin und Lernwillen. Zu Matarés Konzept zählte, dass sie in der Gruppe an Werkstücken arbeiteten. Zudem band Mataré seine Klasse in die Realisierung seiner eigenen Aufträge ein. „Als Mataré-Schüler wusste sich Beuys in jungen Jahren dem Lehrer völlig anzupassen. Er war kein Revoluzzer, kein aufsässiger Student", erinnerte sich die Beuys-Freundin Anna Klapheck.[289]

Beuys erwies sich als engagiert und handwerklich geschickt, so dass er von Mataré schon nach relativ kurzer Zeit mit Ausführungsarbeiten betraut wurde. Unter Anleitung von Mataré arbeitete er am Westfenster des Aachener Doms sowie dem neuen Südportal für den Kölner Dom.

Hier war Beuys für das Einfügen von Glassteinen verantwortlich, wobei er sich erlaubte, einen Rasierspiegel zu applizieren: „Ich hatte auf einmal das Bedürfnis, da müsste etwas rein, was Licht wirft. Also habe ich einen richtigen Spiegel, ein Objekt reingesetzt, und Mataré war damit sehr zufrieden."[290] „Mein Schüler Beuys bewährte sich auf das Beste und war auch beim Setzen der Felder äußerst gewandt und brauchbar", lobte dann auch Mataré im Juli 1948.[291]

Nach etwa zwei Jahren wurde Beuys mit der selbständigen Ausführung von Aufträgen nach Matarés Entwurf betraut, so im Herbst

1950 mit dem Grabmal für den Maler Ophey. „Meine Schüler Beuys und Franke haben mir gut geholfen, besonders der erste, der mal ein sehr guter Bildhauer werden wird. Er hat ein ausgesprochen rhythmisches Gespür und dabei bewundernswerte Ausdauer, beides unerlässliche Vorbedingungen", notierte Mataré. Später dachte Mataré daran, Ausführungsaufträge vollends an Beuys weiterzugeben, der im Kreise seiner Schüler über „ein besonders ausgeprägtes künstlerisches Gefühl" verfüge.[292]

Neben der Ausbildung suchte er Matarés Nähe auch im Privatleben. Wie schon Lamers verkörperte der souveräne Mataré das Gegenbild zum eigenen, als kleingeistig empfundenen Vater. Beuys kam nahezu jeden Tag in Matarés Atelier, in dessen Nähe er ein Zimmer gefunden hatte. Atelier und Wohnung Matarés befanden sich in einer umgebauten Scheune, die er 1933 nach seiner Berufung an die Düsseldorfer Akademie mit seiner Frau Hanna und Tochter Sonja bezogen hatte.

„Er gehörte ganz zur Familie, half, tätig wie er ist, bei der Gartenarbeit, besorgte Samen und Stecklinge und war um Frau Mataré liebevoll bemüht. In freien Stunden spielte man Boccia", so Anna Klapheck.[293] Beuys erwies sich als gewieft in der Beschaffung von Material und Lebensmitteln, wie Sonja Mataré berichtete: „Er hatte seine Quellen. Einmal brachte er 20 Pfund ungeputzte Muscheln mit."[294]

Die schöne Sonja Mataré und Beuys pflegten eine enge Freundschaft, eine Liebesbeziehung vielleicht, die in ihrer Vertrautheit besondere Ausprägungen hatte: „Ich musste ihm die Haare schneiden, angeblich konnte das niemand anderes. Er wollte niemanden da ranlassen, das musste ganz persönlich sein", erzählte Sonja Mataré, die von Beuys auch mit dem Kauf von Hüten beauftragt wurde.[295]

Trotz gegenseitiger Sympathie entwickelte sich das Verhältnis zwischen Beuys und seinem Lehrer Mataré nicht spannungsfrei, was sich zunächst in einer unterschwelligen Renitenz des Schülers gegen den Meister andeutete.

Heerich erinnerte sich an eine typische Situation: „Beuys legte eines Tages einen Holzschnitt vor, außerhalb des Programms, was Mataré nicht mochte. Erstaunlicherweise sagte er: ‚Sehr schön! Aber - wenn Sie sich vorstellen, dieser Holzschnitt wäre jetzt aus Glas, und das fiele hin - dann glaube ich nicht, dass Sie es wieder hinkriegten. Und deswegen, sage ich, ist dieser Holzschnitt nicht gut'." Beuys antworte hierauf: „Erstens ist der Holzschnitt nicht aus Glas. Und zweitens würde er mir nie hinfallen."[296]

Hinsichtlich der technischen Ausführung war Matarés Wissen nicht über jeden Zweifel erhaben. Oft musste er sich auf das Können seiner begabtesten Schüler verlassen. Dennoch verhielt er sich autoritär, war in seiner Kritik hart, nicht selten zynisch, konnte von einem Schüler mühevoll Erarbeitetes mit wenigen Worten zunichte machen. Mataré dozierte gern, war indessen unwillig, sich mit einem Schüler auf eine Diskussion einzulassen.

Manches Mal machte er sich über Beuys lustig, etwa wenn dieser Margarine auf sein Brot strich, was Mataré, der Butter vorzog, verächtlich kommentierte. Den Genuss von Wein zelebrierte er Beuys gegenüber auf eine Art, die diesen zu der Bemerkung veranlasste: „Ich trinke auch Wein, aber Leitungswasser ist mir genauso lieb."[297] Aus solchen Zurückweisungen und Verletzungen durch seinen Lehrer flüchtete sich Beuys in Frechheiten, indem er beispielsweise Mataré parodierte.

Provokativ sei Beuys von Anfang an gewesen, bemerkte Heerich. Das Verhältnis der Schüler untereinander habe sich verändert, als Beuys hinzukam. Nach wenigen Monaten löste Beuys seinen Freund Heerich als Sprecher der Mataré-Klasse ab, nahm mit der Zeit die Rolle eines Tutors an und begann, andere Studenten der Klasse zu kritisieren. „Das ist alles Mist, was ihr macht", kanzelte er nicht selten seine Kommilitonen ab, wie sich Sonja Mataré erinnerte.[298]

Heerich äußerte sich freimütig über Beuys' problematische Charakterzüge. Beuys habe einen Sinn für groteske und makabere Einfälle gehabt. „Seine Angewohnheit, die ‚sprachlichen Kuriositäten' des Meisters in kalauerartige Sprüche abzuwandeln und oft zu wiederholen", sei von vielen als Zynismus gefürchtet gewesen, so Heerich, der sich gleichfalls erinnerte: „Auch sagte er oft nicht die Wahrheit; wenn es z. B. um Geld ging. Wurde er beim Hakenschlagen ertappt, setzte er sein entwaffnendes Lächeln ein."[299]

Die Jahre bei Mataré markieren die wichtigste Weichenstellung für Beuys' künstlerische und intellektuelle Entwicklung. In seinen Arbeiten der fünfziger Jahre ist Matarés Schule überdeutlich, bis in die Nähe der Kopie. Beuys' sakrale Themen, Tierdarstellungen in den für Mataré typischen geometrischen Strukturen, die überstreckten Körper, aus allem spricht die Inspiration durch Mataré.

Beuys selbst bekannte dann auch: „Ich habe mich ja damit auseinandergesetzt, mit dieser [...] Ornamenttheorie oder Maßwerktheorie von Mataré. Es ist ja auch das ein oder andere von großer Bedeutung insofern als [...] er überhaupt ein Mensch war, der eine Theorie hatte. Während ich vorher bei Akademikern auf der Akademie ja war, die eigentlich nur von Beobachtungen ausgingen und mehr auf reine Nachahmung des vorgegebenen Objektes abzielten [...]."[300]

Matarés Auffassungen, deren Spuren sich in Beuys' Wirken weit reichend nachweisen lassen, war mit den Ideen des Weimarer Bauhauses verbunden, wo der künstlerische Beruf auf handwerklichem Können basierend, vermittelt wurde. Bauhaus-Gründer Walter Gropius formulierte diese Haltung: „Der Künstler ist eine Steigerung des Handwerkers!"[301] Diese Betonung des Handwerklichen resultierte aus einem Reformanspruch, der die Kunst als Triebfeder gesellschaftlicher Entwicklungen sehen wollte. Die Arbeit der Künstler sollte sich Gropius folgend, zu einer großen „geistigreligiösen Idee" verdichten, „die in einem großen Gesamtkunstwerk schließlich ihren kristallischen Ausdruck finden muss".[302]

Schließlich kam Mataré auch eine literarische Vorbildfunktion für Beuys zu. Mataré las Hamsun, beschäftigte sich mit Nietzsche und Goethe. Beuys nannte die gleichen Namen. Auch indirekt könnte Beuys seinem Lehrer eine literarische Inspiration verdankt haben, die später in seinem Werk durchscheinen sollte.

In "Lebenslauf Werklauf" notierte er: „1950 Beuys liest im Haus Wylermeer Finnegans Wake."[303] Diese Notiz bezog sich auf das Haus Wylerberg in Wyler bei Nimwegen, das der Mataré-Sammlerin Marie Schuster gehört hatte und von deren Tochter, der Sängerin Alice Schuster, und deren Lebensgefährtin, der Pianistin Else C. Kraus, als kulturelle Begegnungsstätte gepflegt wurde.

Mataré arbeitete im Auftrag von Alice Schuster 1950 am Grabmal für ihre Mutter. Alice Schuster war eine Joyce-Kennerin, die viele Jahre der vergeblichen Absicht einer Übersetzung von "Finnegans Wake" nachhing. Ob Beuys, wie in seiner Biographie von 1994 angedeutet, mit der Sängerin Kontakt pflegte, die überwiegend in Berlin lebte, ist nicht nachzuweisen.[304]

Tiefgreifend für Beuys' Entwicklung war vor allem anderen Matarés Weltsicht. Wenn Beuys 1976 von der Notwendigkeit sprach, „die Dinge auch gedanklich durchzuarbeiten und nicht einfach nur Kunst zu machen [...] die Notwendigkeit, die Dinge in einen theoretischen Zusammenhang zu bringen; der im Ganzen wieder aussieht wie ein Weltgebäude",[305] war er ganz bei seinem Lehrer, der bereits 1947 gefordert hatte, „Kunst solle sich nicht allein ‚in der Anklage' gefallen".

Sie müsse „zur Realität des sich ins Bewusstseinrufens von Grundelementen steigen und so ihre Aufgabe besser erfüllen, denn sie wird Mithelferin zur Erkenntnis des Grundsätzlichen".[306]

An anderer Stelle schrieb Mataré: „Die sichtbare Welt ist nur ein kleiner Teil der unsichtbaren, und alles steht in einem Zusammenhang und will als solcher vor allem begriffen werden."[307] Es waren Gedanken dieser Art, mit denen Mataré seinem Schüler Beuys den Zugang zur einer ganzheitlichen künstlerischen Auffassung öffnete, die laut Beuys „alles was man Transzendentales nennt, Metaphysisches, Übersinnliches nennen kann" einbeziehe.[308]

Die Ausbildung bei Mataré wurde zu einer wesentlichen Grundlage für Beuys' spätere eigene Lehrtätigkeit, ebenso für seine Idee einer alternativen Hochschule. Obschon andere wichtige Einflüsse hinzukommen sollten, der Ursprungsimpuls hierzu ging von Mataré, von dessen Entwurf einer „reformierten" Kunstakademie aus, den er zusammen mit seinem ehemaligen Schüler und damaligen Kollegen Georg Meistermann im Januar 1946 entwickelt hatte.[309]

Neben der künstlerischen Ausbildung sah dieser allgemeine und ethische Bildung vor, mit Fächern wie Deutsch, Geometrie und Biologie, mit „naturkundlichem Unterricht" sowie „Religiösen Betrachtungen".[310] Beuys forderte später: „Das künstlerische Element ist generell in alle Fächer hineinzutragen."[311] Als Beuys 1973 einen Trägerverein zur Gründung einer „Freien Internationalen Hochschule für Kreativität und interdisziplinäre Forschung" ins Leben rief, war Georg Meisterman neben Beuys einer der vier Gründer.[312]

Hinwendung

„Mataré griff auch Fragen zum Zusammenhang von Kunst und Leben auf und gab Antworten, im Beispiel seiner Person, seiner Gedankenwelt", erinnerte sich Heerich.³¹³ Damit verwies er auf die Gefühlslage seiner traumatisierten Generation und deren Suche nach verlässlichen Werten. Vor diesem Hintergrund entfaltete sich in Matarés Klasse eine weit greifende Auseinandersetzung mit Rudolf Steiner und dessen Lehre der Anthroposophie. Sie hätten untereinander wenig über Kunst oder Kultur gesprochen, nie über Politik, so Heerich. Stattdessen begeisterten sie sich für „die Anthroposophen, die nach ihrem Verbot in der Nazizeit ihre Elite zu Vorträgen ausschickten".³¹⁴

Insgesamt beschäftigten sich sieben von neun Schülern der Mataré-Klasse mit Anthroposophie. Mit Heerich ging Beuys zu Vortragsveranstaltungen der Anthroposophischen Gesellschaft. Seine Mitstudenten Antonia Berning und Günther Mancke führten Beuys in anthroposophische Zirkel ein. Günter Grass erinnerte sich, dass es in Matarés Klasse „asketisch, christlich bis anthroposophisch zuging".³¹⁵

Beuys bediente sich jedoch anderer Legenden, als er seine Hinwendung zu Steiner offenbarte. In „Lebenslauf Werklauf" hatte er vermerkt: „1943 Oranienburg Interimsausstellung (zusammen mit Fritz Rolf Rothenburg und Heinz Sielmann)." Hierzu fand sich in seiner Biographie von 1973 die Erläuterung: „Die Erwähnung Oranienburgs bezieht sich auf den Tod des Freundes Fritz Rolf Rothenburg im Konzentrationslager Sachsenhausen [...]. Der Freund Fritz Rolf Rothenburg, ein Verehrer des George-Kreises, empfahl Beuys 1941, sich mit Rudolf Steiners anthroposophischen Ideen vertraut zu machen."³¹⁶

Dieser „Freund" ist rätselhaft. In Kleve oder andernorts in der Umgebung lebte nie eine Familie Rothenburg oder ähnlichen Namens. Ebenfalls konnte durch Recherchen kein Schulkamerad Fritz Rolf Rothenburg oder ein Rothenburg ausfindig gemacht werden, der im KZ Sachsenhausen (Oranienburg) oder einem anderen Konzentrationslager umgekommen wäre.³¹⁷

1973, zu einer Zeit, als in den Medien immer wieder nationalsozialistische Verstrickungen von Prominenten enthüllt wurden, geschah die Verwendung des Namens Rothenburg eventuell aus der Ambition, die persönliche Nähe von Beuys zu einem Juden, einem NS-Opfer gar, zu suggerieren. Seinerzeit war es in Mode gekommen, sich an Juden zu erinnern, die man während der NS-Zeit irgendwo auf dem Dachboden versteckt hatte. Auch einen jüdischen Freund gehabt zu haben, war durchaus schicklich.

Beuys unterlag vermutlich dem Irrtum, Rothenburg sei ein jüdischer Name. Denn eigentlich ist Rothenburg ein deutscher Name, den unter anderem ein schlesisches Adelsgeschlecht trägt, dem der preußische General Friedrich Rudolf (Fritz Rolf) von Rothenburg entstammte.

Der Name Rothenburg in Beuys' Darstellungen ist vermutlich aus dessen Kriegserlebnissen herzuleiten. Als er 1944 zur Ausbildung im Elsass stationiert war, könnte Beuys einem Infanteristen begegnet sein, der dort zur gleichen Zeit Dienst tat: Fritz Rothenburg, geboren in Oranienburg.[318]

Mit der Zeit erschien Beuys die Rothenburg-Saga offenbar heikel. Also verfiel er auf die Geschichte, er sei 1946 im Bücherschrank seiner Gastfamilie auf Schriften Steiners gestoßen: „Nach dem Kriege, als Student, wohnte ich bei einer Familie, die sich ein bisschen mit Grenzwissenschaften befasste, und da war so allerlei im Bücherschrank: Ostasiatisches, Yoga, auch ein paar Sachen von Steiner. Ich war spontan davon angerührt", wollte sich Beuys 1984 erinnern.[319]

Ungeachtet seiner divergierenden Erzählungen ist durch die Berichte seiner Kommilitonen erhärtet, dass Beuys' Interesse für Steiner in der Mataré-Klasse geweckt wurde. Schon nach den ersten Vortragserlebnissen besuchte Beuys gemeinsam mit Berning und Mancke regelmäßig Steiner-Lektürekurse bei dem anthroposophischen Architekten Max Benirschke, einem Weggefährten und glühenden Missionar Steiners. Benirschke fand nirgends Aufträge oder Anstellung und schlug sich deswegen mit Steiner-Seminaren sowie als „künstlerischer Privatgelehrter" durch. Da Benirschke die Kurse in seinen Privaträumen veranstaltete, erhielt Beuys hier Zugang zu umfangreicher Steiner-Literatur.[320]

1949 gaben Mancke und Berning das Studium auf, um die anthroposophische Künstler- und Heilpädagogensiedlung Weißenseifen in der Eifel mitzugründen. Dies war auch ein Verdienst Benirschkes, der bereits 1923 an Rudolf Steiner geschrieben hatte: „Im Laufe der Zeit habe ich eine Anzahl junger künstlerisch begabter Menschen zur Anthroposophie führen können und ihrem künstlerischen Sinn Orientierung gegeben."[321]

Weil Anthroposophie in Matarés Umfeld derart präsent war, könnte dies zur Annahme verleiten, Mataré sei selbst Anthroposoph gewesen oder hätte der Anthroposophie nahegestanden. Matarés Leidenschaft für Goethe, seine Skepsis gegenüber dem Materialismus, seine hieraus erwachsende Sinnsuche könnte durchaus auf Steiner hindeuten.

Der ehemalige Mataré-Schüler Wolf Spemann sah sich deswegen veranlasst, Matarés „Denken auf der Basis der katholischen Kirche mit Gedanken der Anthroposophie und Goethe zu einer faszinierenden Stärke" verbunden zu sehen.[322]

Heerich äußerte sich ähnlich und deutete solchermaßen auf eine Nähe Matarés zur Anthroposophie hin. Mataré verhielt sich jedoch zu Steiner und dessen Lehren indifferent bis desinteressiert. In seinen Tagebüchern bleiben Anthroposophie und Steiner unerwähnt. Letztlich verbat er gar Heerich, Benirschke-Kurse zu besuchen, fürchtete er doch den Einfluss dieser Lehren auf seinen Lieblingsschüler und langjährigen Assistenten. Auch mehrfache Einladungen von Mancke und Berning nach Weißenseifen schlug er aus.[323]

Beuys hingegen wurde regelmäßiger Gast in Weißenseifen. Im August 1951 besuchter er mit Antonia Berning sowie Irmgard und Günther Mancke den Hauptsitz der anthroposophischen Bewegung, das von Steiner entworfene Goetheanum in Dornach bei Basel.

Bereits nach kurzer Zeit war Beuys „infiziert" von Steiners Lehre und fand Zugang zu den Kreisen eingeweihter Steiner-Anhänger. „Anderthalb Jahre begleitete Beuys den anthroposophischen Ingenieur Stephanik auf Vortragsreisen quer durch Deutschland", erinnerte sich Heerich.[324]

Steiner

Sinnsuche, der Zufall sozialer Konstellationen, eine gewisse Affinität zu vorbildhaften, charismatischen Persönlichkeiten, Beuys entflammte nicht durch ein einzelnes Motiv für Steiner. Schlussendlich war es seine ebenso extravagante wie unreife Gedankenwelt, mit der sich Beuys in der Universalität Steiners als willkommen empfinden musste.

Auch wenn Beuys in seinen frühen Arbeiten die Natur- und Sakralmotivik seines Lehrers Mataré adaptierte, ergab sich letztlich nur eine formale Verwandtschaft. Noch während des Studiums hatte Beuys seine Arbeiten dem christlich humanistischen Wertekanon entbunden, um sie nach den Gesetzmäßigkeiten des Steiner-Kosmos zu determinieren. Der Christus-Begriff und dessen Symbolik, etwa das Kreuz, unterliegen hier andersartigen, esoterischen Deutungen, weshalb die christlichen Kirchen die Anthroposophie überaus kritisch betrachten und als Häresie einstufen.

Beuys' Werkentwicklung ebenso wie sein persönlicher Werdegang lassen sich nahtlos mit Steiner verknüpfen. Die Inspiration Steiners deutete sich in seinem Werk ab etwa 1948 an, ab Mitte der fünfziger Jahre ist sie zweifelsfrei nachzuweisen. Der Kunsthistoriker und Kurator Tobia Bezzola urteilte: „Beuys' theoretischer Überbau gründet integral auf Rudolf Steiner. Die direkten Referenzen in Werken und Werktiteln sind ohne Zahl." Hans-Peter Thurn notierte in seiner „Soziologie der Kunst": „Mehr als allem anderen verdankt Joseph Beuys die Entwicklung seiner Ansichten seiner Auseinandersetzung mit dem Denken Rudolf Steiners. Übereinstimmungen ließen sich bis in Einzelheiten hinein verfolgen."[325]

Obgleich solche Stimmen den Anschein vermitteln könnten, die Verbindung von Beuys zu Steiner sei erforscht, finden sich in der Beuys-Literatur bislang nur relativ oberflächliche Verweise auf den Einfluss Steiners. Allenfalls die dementsprechend in Beuys' Wirken überdeutlichen Handlungen und Werke werden besprochen. Wobei vor allem Beuys' Aktivitäten in Zusammenhang mit Steiners gesellschaftstheoretischem Werk" Die Dreigliederung des sozialen Organismus" in den Vordergrund gestellt werden. stehen.

Wenngleich sich anthroposophische Autoren wie beispielsweise Volker Harlan als Werkdeuter und „Beuys-Versteher" hervortun, bleibt eine verbreitete, wissenschaftliche Auseinandersetzung mit dem Einfluss Steiners auf Beuys' künstlerisches Werk weiterhin aus.

Ursache hierfür ist einerseits eine fast reflexartige Ablehnung der Wissenschaft, sich mit der abstrusen, esoterischen Geisteswelt Steiners zu befassen. Andererseits wird von Beuys nahestehenden Kreisen bis heute, die weit über gesellschaftstheoretische Aspekte hinaus reichende, für Beuys existentielle persönliche Bedeutung des umstrittenen Esoterikers Steiner marginalisiert oder gar verleugnet. Wie sich auch Beuys selbst erst am Beginn der siebziger Jahr öffentlich zu Steiner bekannte.

Was zur Folge hat, dass weiterhin kunstwissenschaftliche und journalistische Texte über Beuys publiziert werden, die trotz eindeutig anderer Sachlage allenfalls mit Randnotizen zu Steiner verbleiben. Viele Autoren übersehen den Zusammenhang oder verwenden Mühe darauf, eine gefälligere Quellenlage zu konstruieren.[326]

Der nachfolgende, zwangsläufig fragmentarische Blick auf grundlegende Aspekte des umfassenden Werkes von Steiner soll erkennen lassen, weshalb bis heute die allumfassende Bedeutung Steiners für Leben und Werk von Beuys verdrängt wird.

Die Äußerungen Steiners mögen in Abgleich mit entsprechenden Beuys-Zitaten eine Vorstellung davon vermitteln, welches Gedankengut sich Beuys aneignete, als er um 1947 begann, sich in dessen Schriften zu vertiefen, die er bald in einer eigenen, umfangreichen Steiner-Bibliothek zusammenführte.[327]

Hierbei standen für Beuys zunächst nicht Themen im Vordergrund, die zumeist mit Steiner verbunden werden, wie "Waldorf"-Pädagogik, die so genannte "Dreigliederung", biologisch-dynamische Landwirtschaft oder anthroposophische Medizin. Für Beuys waren die esoterischen, die „okkulten", nur den anthroposophischen Insidern bekannten Lehren Steiners ausschlaggebend. Sie sollten der Humus werden, auf dem sich Beuys' künstlerisches Schaffen entwickelte.

Rudolf Steiner, 1861 in bescheidenen Verhältnissen im äußersten Winkel der österreichischen Monarchie in dem Dorf Kraljevec, im heutigen Kroatien, zur Welt gekommen, war ein aufgeweckter, begabter Schüler, dann jedoch ein nur mittelmäßiger Akademiker. Nur mit Mühe und der schlechtesten Note (Rite) gelangte er an der Universität Rostock zu einem Doktor-Titel.

In der akademischen Welt scheiterte er mit seinen philologischen und philosophischen Arbeiten über Goethe und Nietzsche. Auch als Autor und Verleger blieb Steiner erfolglos und musste sich in Berlin als Fortbildungs-Lehrer für Arbeiter durchschlagen.

Aus Geldnot wandte sich Steiner gegen Ende des 19. Jahrhunderts wohlhabenden Kreisen zu, in denen der okkultistischen "Theosophie" gehuldigt wurde. Mit der Zeit entwickelte sich Steiner hier zu einem gut bezahlten Vortragsredner. Er wurde Funktionär der theosophischen Weltorganisation, wurde deren deutscher Vorsitzender.

Steiner war in verschiedenen okkultistischen Verbindungen aktiv und wurde zum General-Großmeister der "Mystica Aeterna" ernannt, einem irregulären freimaurerischen Hochgradsystem. Die komplexe Organisation bestand aus diversen Orden, in denen Morallehren, Philosophie, Symbolismus und Mythologie erörtert aber auch okkultistische Rituale vollzogen wurden.[328]

Okkultisten galt Steiner als höchstrangiger "Eingeweihter", wurde als "Meister der weißen Loge der Menschheit", als "Meister Jesus" bezeichnet. Die Meister waren Gesandte, welche Beschlüsse der übersinnlichen "Weißen Loge" auf der Erde vertraten. Kurt Tucholsky, ein Freimaurer, nannte Steiner vielleicht nicht von ungefähr, den „Jesus Christus des kleinen Mannes".[329]

Seine Lehre der Anthroposophie entwickelte Steiner aus Aspekten frühchristlicher Lehren der Gnosis, aus Versatzstücken der Schriften Goethes und Nietzsches sowie der Evolutionstheorien Darwins und Haeckels, nicht zuletzt jedoch aus den okkultistischen Lehren der "Theosophie" und des "Rosenkreuzertums".

Die grundlegenden Werke der Anthroposophie veröffentlichte er in den Jahren 1904 bis 1910: Zunächst "Theosophie"(1904), dann "Aus der Akasha-Chronik" (1904/05) sowie "Die Geheimwissenschaft im Umriss" (1910). Angesichts der sozialen Verheerungen infolge des Ersten Weltkriegs entwickelte er um 1917 das Konzept einer neuen, an seinem esoterischen Weltbild ausgerichteten Gesellschaftsordnung. Sein Grundlagenwerk hierzu trug den Titel: "Die Dreigliederung des sozialen Organismus."

Steiner verstand seine Lehre als "Geisteswissenschaft", die auf dem Wissen aus einer übersinnlichen „geistigen Welt" basiert. Daher sprach Steiner von „übersinnlichen Forschungsmethoden", mit denen Erkenntnisse jenseits der neuzeitlich universitären, „materialistischen" Wissenschaft zu erlangen sind. Seine Tätigkeit bezeichnete Steiner demnach als "Geistesforschung" und nannte sich selbst „Wissenschaftler". Analog hierzu wurde Beuys später nicht müde, seine vorgeblich „wissenschaftlichen Studien" anzuführen und seine Arbeit als „Forschung" zu deklarieren.

Als "Geistesforscher" schrieb sich Steiner die Fähigkeit des "höheren Schauens" zu, womit er die Grenzen der materialistischen Wissenschaft überwunden habe, die er als Gefahr für die Zukunft der Menschheit erachtete. Nur das „höhere Schauen", mit dem die „physische Welt" in Zusammenhang mit der „geistigen" Welt zu verstehen ist, befähige Menschen, „die zukünftige Erdenentwicklung zu gestalten".[330]

„Die physische Wissenschaft", so Steiner, „beruht auf den Einsichten des Verstandes, und ihre Prophetie ist daher auch nur eine verstandesgemäße, die auf Urteile, Schlüsse, Kombinationen und so weiter angewiesen ist. Die Prophetie durch geistiges Erkennen geht dagegen aus einem wirklichen höheren Schauen oder Wahrnehmen hervor."[331]

Hieran schloss Beuys an: „Es geht um die ganze Wirklichkeit. Das Ergebnis meiner Forschung zielt darauf ab, den Menschen als geistiges Wesen zu begreifen." Nachdem der Mensch sich im Materialismus „von Gott, von den alten Zusammenhängen" befreit habe, müsse er „diese Verbindungen aber auf einer höheren Ebene" wiederfinden.[332]

Steiner vollzog eine okkulte, esoterische Lehrtätigkeit, eine „Geheimschulung". Seine Methodik beschrieb er als „Erkenntnisweg" in Abfolge von Unterrichtung, Initiation, Imagination, Inspiration und Intuition. Beuys, dieser Schule verpflichtet, sagte dann auch, er wolle „ein größeres Bild vom Denken entwerfen als eben dieses rationalistische, materialistische Bild vom Denken. Denn höhere Formen von Denken sind Intuitionen und Inspirationen und Imaginationen."[333]

Einem "Geistesschüler" der Beuys war, versprach Steiner auf dem hier beschriebenen meditativen Weg, „hellsichtige" Fähigkeiten erlangen zu können, die ihn letztendlich zu „höherem Schauen" und damit zu Erkenntnissen aus der „geistigen Welt" führen sollten. Am Ende dieses Weges, der Verknüpfung von „höherem Schauen" mit „Intuition", wäre der Schüler zum "Eingeweihten" gereift und fähig, die „Tatsachen" der "Akasha-Chronik" zu „lesen".

Außenstehenden gegenüber, die diesen „Erkenntnisweg" nicht zu gehen bereit sind, ist die „geistige Welt" jedoch verborgen, sie bleibt geheim, okkult, daher die Bezeichnung seiner "Erkenntnistheorie" als "Geheimwissenschaft".[334]

Von einem Schüler, der den „Erkenntnisweg" beschreiten will, verlangt Steiner die völlige Hingabe an seine Lehre: „Gewisse Teile der Geheimkunde können allerdings auch heute nur solchen mitgeteilt werden, die sich den Prüfungen der Einweihung unterwerfen, [...] die sich die Dinge wirklich innerlich aneignen, sie zum Inhalt und zur Richtschnur ihres Lebens machen."[335]

Steiner beschrieb die Nomenklatur seines Weltbilds: „Hinter den Alltagsmenschen stehen die Erfinder, Künstler, Forscher und so weiter. Hinter diesen stehen die geheimwissenschaftlichen Eingeweihten - und hinter diesen stehen übermenschliche Wesen." Die „Eingeweihten" waren demnach die höchste Entwicklungsform des Menschen.[336]

Beuys überließ sich nahtlos diesen esoterischen Paradigmen Steiners und sagte selbst: „Auch ist in dem, was vielleicht dem einen oder anderen als die geistigen Kooperateure der Menschen bekannt ist, dass Menschen ja nicht als geistige Wesen alleine in der Welt sind, sondern dass sie ihre spirituellen Helfer und Führer finden in diesem Kosmos, in dieser Welt, was bekannt ist als Hierarchien, dass auch diese Hierarchien nichts anderes sind und darstellen in ihrem Wesen als die höheren Formen des menschlichen Denkens."[337]

In der Gegenwart sah Steiner jedoch nur sich selbst auf der Stufe des "Eingeweihten" und damit befähigt, in der "Akasha-Chronik" zu lesen, einer Art von kosmischem Weltengedächtnis, in dem alles Wissen über die Vergangenheit und die Zukunft gesammelt ist. Prinzipiell, so räumte Steiner ein, könne jedermann diesen Schulungsweg beschreiten bis hin zum „Lesen" der "Akasha-Chronik". Dem solchermaßen „Eingeweihten" würde damit die Verantwortung für die zukünftige menschliche Entwicklung zuwachsen.[338]

Der Mensch ist laut Steiner Bindeglied zwischen den Reichen der Natur und der übersinnlichen Welt und eine "dreigliedrige Wesenheit". Drei leibliche "Wesensglieder" waren dem Menschen bereits während den der Erde vorausgegangenen „planetarischen Weltentwicklungsstufen" zugewachsen. Als viertes "Wesensglied" kam auf der Erde die „Ich"-Individualität hinzu, die den Menschen mit der geistig göttlichen Welt verbindet.

Steiner benannte die Wesensglieder des Menschen: Den „Physischen Leib", der ihn mit dem Mineralreich verbindet; „Ätherleib", der ihn mit dem Pflanzenreich verbindet (in ihm vollziehen sich die grundlegenden Lebensprozesse); "Astralleib", der ihn mit dem Tierreich verbindet (in ihm sind Empfindungen und Begierden versammelt); "Ich", höchstes Wesensglied, geistiger Wesenskern, Quelle des Bewusstseins und Erlebens, Zentrum der irdischen Persönlichkeit, der Seelenkräfte des Denkens, Fühlens, Wollens.[339]

Beuys äußerte sich 1972 während der "documenta" erstmals öffentlich zu „Dr. Steiner", wie er ihn oft nannte und im Hinblick auf dessen Thesen sagte er: „Ja, das ist der Begriff des Menschenbilds, was erforscht werden muss durch Geisteswissenschaft beispielsweise, indem man zu einer anderen Vorstellung vom Menschen kommt als wie sie vorliegt in einer materialistischen Weltanschauung."340

Dass Beuys mit "Geisteswissenschaft" keineswegs den Sammelbegriff für diverse akademische Disziplinen meinte, sondern dass er sich auf die "Geisteswissenschaft" Steiners bezog, lenkte das Verständnis solcher Beuys-Äusserungen in eine falsche Richtung.

Steiner verwendete auch den Begriff "Initiationswissenschaft" weil er die Initiation, also die Einweihung in die inneren Zusammenhänge der „geistigen Welt" voraussetzt, die seinem Werk "Aus der Akasha-Chronik" ja nur äusserlich beschrieben sind und die man nur durch das "Schauen" wirklich erfahren kann.

Mit Steiners Buch "Aus der Akasha-Chronik" erfährt man neben anderem immerhin, dass sich das Leben auf der Erde in sieben Zeitaltern vollzieht. Die Gegenwart ist hiernach das 5. Erdzeitalter der „nachatlantischen Zeit", die „Germanisch-Angelsächsische Kulturepoche, die von der „arischen Wurzelrasse" geprägt ist.

Deren Genesis erstreckt sich von den indischen Rishis über die Chaldäer und Ägypter, Griechen und Römer bis zu den Germanen. Andere Völker und Kulturen spielen gemäß Steiner in der geistigen Evolution keine bedeutende Rolle.

Steiner erläuterte: „Die Menschen sind demgemäß seelisch auf verschiedene Wesenheiten zurückzuführen, welche aus anderen Welten kommend in den Leibesnachkommen der alten Lemurier sich verkörperten. Die verschiedenen Menschenrassen sind eine Folge dieser Tatsache."341 An anderer Stelle gibt Steiner eine weitere Tatsache preis: „Lemurier, Atlantier und Arier sind, nach der Benennung der Geheimwissenschaft, Wurzelrassen der Menschheit."342

„Die weiße Rasse ist die zukünftige, ist die am Geiste schaffende Rasse", verkündete Steiner, der zu wissen vorgab, dass „man eigentlich die ganze Geschichte und das ganze soziale Leben, auch das heutige soziale Leben nur versteht, wenn man auf die Rasseneigentümlichkeiten der Menschen eingehen kann. Und dann kann man ja auch erst im richtigen Sinne alles Geistige verstehen, wenn man sich zuerst damit beschäftigt, wie dieses Geistige im Menschen gerade durch die Hautfarbe hindurch wirkt."343

Eine der zentralen Steiner-Dogmen ist die Reinkarnation über verschiedene Erdzeitalter hinweg: „Die großen Erfinder unserer Rasse sind Inkarnationen von ‚Sehern' der atlantischen Rasse",[344] so Steiner, der offenbarte: „Es kommt eine Zeit, in welcher die Erden- und Menschheitsentwicklung so weit fortgeschritten sein wird, dass die Kräfte und Wesenheiten, welche sich während der lemurischen Zeit von der Erde loslösen mussten, um den weiteren Fortgang der Erdenwesen möglich zu machen, sich wieder mit der Erde vereinigen können. Der Mond wird sich dann wieder mit der Erde verbinden."[345]

Beuys verinnerlichte solche „Tatsachen". Er war überzeugt von den „Forschungsergebnissen" Steiners, wie unzählige Werktitel, wie zum Beispiel auch nachfolgende Äußerung erkennen lässt: „Der Mensch ist gar kein Erdenwesen. Er ist für diese irdischen Verhältnisse partout gar nicht gemacht. Er ist nur zu einem Teil auf dieser Erde, um etwas ganz Bestimmtes zu erarbeiten, was dann in einer weiteren Evolution darüber hinausgreift. Er wird nicht ewig auf dieser Erde leben. Er wird eines Tages vielleicht auf einem anderen Planeten leben. Unter anderen Verhältnissen, nicht mehr mit dieser Art Körper."[346]

Steiner, der mit Zeichnungen, Plastiken, Architekturentwürfen und szenischen Arbeiten einen eigenen künstlerischen Anspruch erhob, sah in der Kunst den Weg zur „Weltenrettung".

Unter dem Titel "Das Künstlerische in seiner Weltmission" postulierte Steiner, einer der Faktoren zur „Rettung der Menschheit aus dem Ungeistigen heraus" könne die Hinwendung zum Künstlerischen sein. Nur Anthroposophie jedoch vermöge Künstlerisches „in intensiverer Weise in die Zivilisation der Menschheit aufzunehmen". Steiners Fazit: „Niemals eigentlich wird aus etwas anderem als aus der Beziehung der Menschen zur geistigen Welt das Künstlerische hervorgehen können."[347]

Ein Diktum Steiners, das zu einem Leitmotiv für Beuys wurde. Es sind gerade solche Kernsätze, die erspüren lassen, weshalb sich Beuys der Ordnung einer okkulten Lehre unterwarf, deren „Erkenntnisweg" mit den Methoden der universitären Wissenschaften nicht in Einklang steht. Hier entstand Orientierung und zugleich selbstgewisse Erhabenheit. Geradezu ein Geschenk für einen nach Orientierung suchenden jungen Künstler.

„Durch die Verlagerung der ‚wahren Erkenntnisse' ins Übersinnliche und ihre Bindung an das Absolvieren eines meditativen Schulungsweges verleiht Steiner seinen Aussagen, denen er den Status überzeitlich geltender Wahrheiten zuspricht, faktisch die völlige Unantastbarkeit", so der Steiner-Biograph Heiner Ullrich.[348]

Schilderungen von Weggefährten zufolge war Beuys in den fünfziger Jahren ein introvertierter Grübler, der gleichwohl von einem heiligen Eifer ergriffen schien, der sich verpflichtet sah, seine Umgebung für Steiner zu missionieren.

Damals ließ er Dispositionen erkennen, die kennzeichnend sind für Mitglieder von Sekten, für eben jene, die sich zu den „Eingeweihten", „Wissenden" oder „Erleuchteten" zählen dürfen. Beuys selbst berichtete von kontroversen Debatten mit seinen Freunden über Steiner und von deren Unverständnis: „Ich erinnere mich noch genau an diese teilweise polemischen Diskussionen […] wir unterhielten, ja stritten uns oft über die Figur Rudolf Steiner."[349]

Günter Grass schilderte Beuys um 1950 als „seltsamen Heiligen".[350] Beuys' eigene Mutter hielt ihn für „verdreht", Pierre Theunissen wusste zu berichten, man habe in Kleve vom „verrückten Beuys" gesprochen und Franz Joseph van der Grinten sagte über Beuys, dass ihm hinsichtlich seiner Geisteshaltungen „niemand zu folgen vermochte".[351]

Anfänge

Beuys' Laufbahn als professioneller Künstler begann 1946, als er dem von Hanns Lamers und Walther Brüx ins Leben gerufenen „Niederrheinischen Künstlerbund Kleve" beitrat. Die Mitglieder dieser Vereinigung waren handwerklich solide, oftmals christlich motivierte Künstler, deren Wirkungskreis auf den oberen Niederrhein beschränkt blieb. Beuys nahm in den Folgejahren regen Anteil am Wirken des Künstlerbundes. Offenbar fühlte er sich in einem Umfeld wohl, in dem er sich schnell zu einem „Enfant terrible" entwickeln und eine gewisse regionale Aufmerksamkeit generieren konnte.

Bereits 1946 beteiligte er sich an einer ersten Gruppenausstellung des Künstlerbundes. Im Dezember 1947 stellte er an dessen Weihnachtsausstellung gemeinsam mit Ernst Schönzeler aus, dem Sohn von Beuys' früherem Englischlehrer Heinrich Schönzeler. In dessen Wohnung hatte Beuys im gleichen Jahr zwei kunstinteressierte Bauernsöhne kennen gelernt, die ebenfalls, wenn auch in einem anderem Jahrgang, Schüler von Schönzeler gewesen waren: Hans und Franz Joseph van der Grinten. Hans, der Ältere, war Landwirt auf dem elterlichen Hof, der jüngere Franz Joseph Gymnasiast und Zeichenschüler bei dem Klever Maler Johan Davidson Smith. Zunächst blieb das erste Zusammentreffen von Beuys mit seinen späteren Sammlern und Kuratoren folgenlos. Man war sich sympathisch, begegnete sich daraufhin gelegentlich bei Veranstaltungen der niederrheinischen Kunstszene.

Düsseldorf mit seiner nicht selten exaltierten Oberflächlichkeit schien dem tiefsinnigen Beuys, dem „bescheidenen und in der Stille des Ateliers wachsenden Künstler" fremd.[352] Obschon er in Düsseldorf „einen Kreis von locker an ihm interessierten Menschen" fand, ereignete sich Beuys' Sozialisierung überwiegend in den Kunstzirkeln zwischen Kleve und Krefeld.[353] Dort war er, wie Franz Joseph van der Grinten empfand, „unbekannt und bekannt zugleich. Am unteren Niederrhein hatte er den Freibrief eines exzentrischen, genialischen jungen Künstlers".[354]

Anfangs zeigte Beuys nur wenige, zeichnerische und malerische Arbeiten. „Hermetische Gebilde auf Blättern von bescheidener Größe und eher unansehnlicher Papierqualität, […] die freilich mit ihrer Rätselhaftigkeit ihren Platz im Gedächtnis behaupten konnten", so van der Grinten.[355]

Zur Herbstausstellung des Künstlerbundes 1949 im Haus von Hanns Lamers brachte Beuys erstmals eine plastische Arbeit mit, die Bronze eines gekreuzigten Christus. Der „problematischste" unter den ausstellenden Künstlern präsentiere, wie ein Rezensent der lokalen Zeitung bemerkte, damit eine Arbeit „von bemerkenswerter Gestaltungskraft [...], die nur einseitige Ablehnung oder Zustimmung finden kann". Der gleichzeitig ausgestellte Holzschnitt „Holzkühe" erinnere „stark an Steinabdrücke in Kohleflözen, während seine Zeichnungen, dem ‚Kind im Manne' entsprungen" seien.[356]

Wenig später, im Dezember, beteiligte sich Beuys an der Ausstellung „Niederrheinische Malerei und Plastik der Gegenwart" im Kaiser Wilhelm Museum in Krefeld. Diese Ausstellung, die als „weihnachtliche Verkaufsausstellung" durchfiel, beschickte Beuys mit Plastiken. Diese waren nach Urteil eines Kulturredakteurs der Rheinischen Post „kleinplastische Formversuche aus der christlichen Symbolwelt", bei denen der „bestimmende Einfluss Matarés [...] gefährlich durchzufühlen" sei.[357]

Auch bei weiteren Beteiligungen an den regionalen Gruppenausstellungen dieser Jahre zeigte Beuys ausschließlich als sakral rezipierte Motive sowie Tierdarstellungen und Landschaften mit dem stillen Gestus der Zeichnung, bar vordergründiger, nach Aufmerksamkeit heischender Expressivität. Bis 1955 nahm Beuys dergestalt an den Ausstellungen des „Niederrheinischen Künstlerbundes" teil, der im gleichen Jahr aufgelöst wurde.

Im Juni 1951 war Beuys von der Professorenkonferenz zum Meisterschüler Matarés ernannt worden. Gemeinsam mit Heerich konnte er fortan ein Meisterschüler-Atelier im Dachgeschoss der Akademie nutzen, welches die beiden mit einem Kreidestrich auf dem Boden unter sich aufteilten. Bereits während des Studiums hatte Beuys Beihilfen erhalten und wurde von Mataré bezahlt, wenn er an dessen Aufträgen mitwirkte. Mataré beschaffte seinen Schülern zudem Beschäftigung bei Krefelder Textilfabrikanten. So soll auch Beuys in den Genuss gekommen sein, Krawattenmuster zu entwerfen.[358]

Vorübergehend bewohnte Beuys ein Zimmer in Düsseldorf-Eller an der Posener Straße. Ein Viertel von nach dem Krieg eilig hochgezogenen Mietskasernen, in denen Vertriebene einquartiert wurden, weshalb die Straßennamen an die ehemaligen deutschen Ostgebiete erinnerten. Überwiegend jedoch logierte er in seiner Studienzeit bei wohlhabenden Kunstfreunden im Villenvorort Meerbusch-Büderich.

Bei Familie Niehaus zuerst am Willer 3, dann bei Familie Koch, Inhaber eines Textil-Kaufhauses, im Birkenweg 14, der heute Erlenweg heißt. Von beiden Familien erhielt er später den Auftrag, deren Grabmale zu gestalten, wobei der halbrunde Niehaus-Grabstein in Material und äußerer Form dem Formkanon der Anthroposophen entspricht und so auch dem Grabstein von Rudolf Steiner ähnlich ist, der jedoch später geschaffen wurde.

Einen ersten kleineren Erfolg konnte Beuys verzeichnen, als er im April 1952 bei einer Ausstellung im Haus des Seidenfabrikanten Steinert einen Preis für einen aus Buchsbaum geschnitzten, archaisch anmutenden, 42 Zentimeter langen Löffel erhielt und die Familie die Arbeit ankaufte. Noch im gleichen Monat nahm Beuys in der Sparte „Angewandte Kunst" an der von der Stahlindustrie gesponserten Ausstellung „Eisen und Stahl" in Düsseldorf teil. Für eine „Pietà", die Darstellung Marias mit dem Leichnam des gekreuzigten Jesus, erhielt er einen von sechs mit 1000 DM dotierten 4. Preisen, wurde neben 18 weiteren, heute vergessenen Künstlern ausgezeichnet.

Ebenfalls 1952 fertigte Beuys im Auftrag der Edelstahlwerke Krefeld einen Metall-Brunnen in „kristalliner" Formgebung. Den Auftrag hatte er Paul Wember zu verdanken, nach dem Zweiten Weltkrieg erster Direktor des Krefelder Kaiser Wilhelm Museums. Auch wenn Wember später ein eifriger Förderer von Beuys werden sollte, verlief die Präsentation des Werkes unglücklich. Auf einem Sandhaufen sei der Brunnen „wie ein gestrandetes Ufo dagelegen, das langsam auslief", erinnerte sich der Kurator Gerhard Storck. „Ewald Mataré war entsetzt von dieser Arbeit."[359]

1953 gewann Beuys gemeinsam mit Erwin Heerich einen Wettbewerb für das Emblem der Düsseldorfer Messegesellschaft mit dem Holzmodell eines Adlers. Mit Heerich führte er auch eine Kopie der Kollwitz'schen Skulptur „Trauernde Eltern" bei der Kirche St. Alban in Köln aus. Gelegentlich, wenn das Geld knapp war, verkaufte er mit Heerich Madonnen auf dem Markt des Marien-Wallfahrtsorts Kevelaer. Krippenfiguren standen gleichfalls auf seinem Programm.

Im Frühjahr des Jahres 1951 waren die Brüder van der Grinten aus der Klever Nachbargemeinde Kranenburg mit der Bitte an Beuys herangetreten, ein oder zwei Holzschnitte erwerben zu dürfen. Hans, damals 22, und der achtzehnjährige Franz Joseph hatten 1946 begonnen, mit Einsatz ihres Taschengelds, „jeden Sonntag fünf Mark, also 20 Mark im Monat", eine Sammlung von Druckgraphik anzulegen.[360]

Sie kauften Blätter von Hermann Teuber, einem Maler und Graphiker, der mit seiner Familie im Bombenkrieg von Berlin nach Kalkar geflohen war. Teuber riet ihnen „Zeitgenossen zu sammeln", so Franz Joseph van der Grinten. „Und als wir fragten, wie sollen wir das hier auf dem Land machen, verwies er uns auf Joseph Beuys, der oft in Kleve sei. Am besten sollten wir bei ihm anfangen. Und das war ja nun wohl der Jahrhunderttipp."[361]

„Er kam mit einem eleganten Lederkoffer auf unseren Hof", erinnerte sich van der Grinten. „Im Koffer waren vier oder fünf graphische Blätter. Er setzte einen Preis von 20 Mark fest. So haben wir beide für ein Monatstaschengeld jeweils ein Blatt gekauft. Und dann machte er wieder den Koffer auf und holte wunderschöne, frühe Holzschnitte von Mataré heraus und schenkte sie uns dazu."[362]

Vermutlich war diese großzügige Geste nicht allein Ausdruck der Freude über den Verkauf. Sie geschah sicherlich auch aus Beuys' Weitsicht, in den enthusiastischen Brüdern wichtige Verbündete für den Aufbau seiner Kunstkarriere gefunden zu haben. Dass er mit einem solchen Gedanken nicht falsch lag, erwies sich schon Ende 1951, als die Brüder weitere 20 Arbeiten erwarben. Zwei Jahre später, im Februar 1953, richteten sie in den Räumen des elterlichen Hofs in Kranenburg Beuys' erste Einzelausstellung aus.

Die Brüder stellten ein Spektrum aus Beuys' erster Werkphase, Zeichnungen, Holzschnitte sowie plastische Arbeiten, insgesamt 85 Arbeiten aus. Obwohl der Ausstellung nur eine sehr geringe Besucherzahl beschieden war, vermochten die Brüder dennoch, einzelne Kunstinteressierte auf die damals noch beschwerlichen Wege nach Kranenburg zu locken. So den in Paris lebenden Klever Fotografen Willy Maywald, den Kölner Bildhauer Gerhard Marcks oder die Wuppertaler Sammlerin Stella Baum, die in Begleitung von Harald Seiler kam, dem Direktor des Wuppertaler Van der Heydt-Museums.

Seiler schien angetan und übernahm einzelne Exponate in die wenig später folgende Doppelausstellung „Wolfgang Fräger - Josef Beuys". Beuys schrieb sich damals noch mit einfachem „f". Die Schau erntete kaum Resonanz und Fräger, ein Maler mit sozialer und religiöser Thematik, wurde nicht einmal regional nachhaltig bekannt. Für Beuys wiederum blieb Wuppertal bis in die sechziger Jahre die einzige Werkschau außerhalb des linken Niederrheins.

In der „Neuen Rhein Zeitung" war immerhin eine wohlwollende Besprechung der Kranenburger Ausstellung erschienen, in der Beuys' eine „versponnene Linienführung" attestiert wurde, um zu schließen: „Was man vielfach heute der Kunst zum Vorwurf macht, dass sie eine Künderin der Trostlosigkeit der Gegenwart sei, dann trifft auf diesen jungen Graphiker das nicht zu. Seine Kunst dient dem Lobe der kleinen friedlichen Welt in sich. Jeder Hang zur Monumentalität fehlt hier. Übertreibung wird in geradezu ängstlicher Weise vermieden. Heroismus und Pose sind ein unbekanntes Land. Konsequent schreitet Josef Beuys in seiner Graphik auf diesem Wege weiter."[363]

Als diese Rezension veröffentlicht wurde, konnte man Beuys tatsächlich eine konstante Werkentwicklung attestieren. Allerdings wurde diese nur im regionalen Umfeld Kleves wahrgenommen. Zudem blieb die Anzahl seiner Ausstellungen und Ausstellungsbeteiligungen gering. Der Präsentation auf dem Hof der Brüder van der Grinten sollte während weiteren acht Jahren keine erneute Einzelausstellung folgen. Letztlich wurde er nicht als Bildhauer, der er ja ursprünglich sein wollte, sondern als Zeichner und Graphiker wahrgenommen. Obgleich insbesondere die Zeichnungen in ihrer „Rätselhaftigkeit" von eigenständiger Qualität waren, verhielten sich die Galeristen desinteressiert.

Die Verve, mit der Beuys sein Künstlerdasein begonnen hatte, seine starke Position in der Mataré-Klasse, die Attitüde, mit der er sich im Umfeld seiner regionalen Kunstszene bewegte, offenbarte seinen Ehrgeiz. Hinsichtlich der mäßigen Resonanz auf seine Arbeit konnte er deshalb nicht zufrieden sein. Gleichwohl führte Beuys in einem Gespräch von 1976 rückblickend an: „Ich hatte nicht das Bedürfnis, am modernen Kunstbetrieb teilzunehmen [...] Geld hatte ich immer genug, ich habe mich nie zu beklagen gehabt."[364]

Dies ist jedoch nur die halbe Wahrheit, denn Beuys war in dieser Zeit mit seinen ebenso rätselhaften wie unscheinbaren Zeichnungen und seiner relativ konventionellen, sakral anmutenden Auftragskunst auf dem Parkett des Düsseldorfer oder Kölner Kunstbetriebs chancenlos. Mitte der fünfziger Jahre war die Szene von den Werken des Abstrakten Expressionismus elektrisiert, den Farbexplosionen eines Willem de Kooning, eines Jackson Pollock mit seinen "Action Paintings". Der Bilder wirkten wie materialisierter Cool Jazz, die Musik von Gil Evans oder Miles Davis.

Im Windschatten des amerikanischen Action Painting und dessen französischer Variante, dem Tachismus, entwickelte sich Düsseldorf zum Zentrum des Informel, der deutschen Interpretation des Abstrakten Expressionismus, und zu einem wichtigen Ort der Jazzszene.

Praktisch zeitgleich mit Beuys' Ausstellung in Kranenburg wurde in Düsseldorf die "Gruppe 53" gegründet. Mitglieder waren neben anderen Gerhard Hoehme, Albert Fürst, Rolf Sackenheim, Konrad Klapheck, Heinz Mack, Otto Piene, Friederich Werthmann und Gerhard Wind. Allesamt bald feste Werte der deutschen Nachkriegskunst.

Deren großformatigen, kraftvollen Gemälden gegenüber, wirkten Beuys' introvertierte Tier- und Sakralmotive überholt. Zudem stand Beuys kulturellen Spielarten sowie Geisteshaltungen nahe, die als geschichtlich belastet galten. Aktuellen künstlerischen Tendenzen wie auch der deutschen Nachkriegsliteratur konnte er nichts abgewinnen. Beuys bewegte sich in einer selbst gewählten intellektuellen Diaspora.

Im Sommer 1953 wurde Beuys aufgefordert, sein Meisterschüler-Atelier zu räumen, das er unentgeltlich und ursprünglich eigentlich nur für ein Jahr nutzen durfte. Im Mai 1954 exmatrikulierte er sich. Er fand ein einfaches, jedoch geräumiges Atelier auf der linken Rheinseite. Fast demonstrativ wandte er sich damit von der städtischen, rechtsrheinischen Düsseldorfer Kunstszene ab: „Ich konnte mir das Atelier mieten in Heerdt und habe da schon selbständig gearbeitet. Als ich exmatrikuliert war von der Akademie, hatte ich eher wieder das Bedürfnis, nach Kleve zu gehen", erinnerte sich Beuys.[365]

Unverdrossen befasste sich Beuys mit seiner durch Steiner determinierten, sakral anmutenden Motivik. Die Bühnen der westdeutschen Kunstmetropolen blieben ihm damit versperrt. Zeitweise erwog er, die Kunst aufzugeben, um Lehrer zu werden.[366] Sein künstlerisches Signum blieben Auftragsarbeiten, zurückhaltende, beinahe kunsthandwerkliche Sujets. So gestaltete er einen Aschenbecher für den Kunstverein der Rheinlande und Westfalens. Düsseldorfer Kunstverein als Auflagenobjekt.[367]

Im privaten Auftrag von Marie Louise von Maltzahn, der Sekretärin des Vereins fertigte Beuys 1954 Möbel an, Tische, ein Regal.[368] Leiter des "Kunstvereins der Rheinlande und Westfalens" war seinerzeit Dr. Hildebrand Gurlitt. Er wurde mit der Affäre um seinen Sohn Cornelius einer breiteren Öffentlichkeit als „Kunsthändler Hitlers" bekannt, der mit dem Verkauf „Entarteter Kunst" beauftragt war.

Mit seiner ersten Großplastik scheitertet Beuys 1955. Als Grabmal der Familie Koch hatte er ein mehr als vier Meter hohes Kreuz aus Basalt geschlagen. Mehr Kriegerdenkmal denn familiäres „memento mori". Das Kreuz wurde nie aufgestellt. Vielleicht war es der Familie unbehaglich mit dem Koloss.[369]

Depression

Im Dezember 1952 schrieb Beuys einen Brief an Mataré, mit dem er sich von seinem Lehrer lossagte, um nach „Selbstverwirklichung" zu streben. Mit diesem Brief vollendete Beuys eine erste Abkehr von Mataré, der seinerseits zunehmend irritiert war von Beuys' Verhalten. „In seinen Augen war ich ein Brütender, brütend über Menschheitsproblemen, die niemals zu lösen sind, und aus seinem Blickwinkel erschien ich ihm wie ein Besessener", räumte Beuys ein.[370]

Die Abnabelung von Mataré, endgültig im Frühjahr 1954 mit Beuys' Exmatrikulation, wird nicht ohne Emotion geblieben sein. Immerhin hatte sich Beuys rund sieben Jahre in Matarés Umfeld bewegt. „Das Verhältnis zwischen meinem Vater und Beuys war schon ein besonderes. Ich glaube, dass sie sich beide sehr mochten, ich möchte fast sagen geliebt haben. Beuys hat meinen Vater ganz bestimmt sehr verehrt und geschätzt. Und mein Vater hat ihn ebenso geschätzt und hat gefühlt, dass er ein ungewöhnlicher Mensch war. Das hat natürlich nachher zu Enttäuschungen geführt", schilderte Sonja Mataré die Entfremdung zwischen Mataré und Beuys.[371]

Abgesehen von diesen Umständen war Beuys mit dem Mataré nahen Stil in seiner Heimatregion punktuell erfolgreich gewesen und galt weiterhin als Mataré-Epigone. Weiter reichende Wahrnehmung und damit verbundene Anerkennung wurde ihm jedoch nicht zuteil. Die Wuppertaler Ausstellung war ein Fehlschlag. Gleichzeitig fand Beuys keine künstlerische Entsprechung zu seinem von Steiner bestimmten Weltbild und stieß mit diesem Thema selbst bei engen Freunden auf Unverständnis.

Vor diesem Hintergrund geriet Beuys um die Jahreswende 1955/56 in eine Lebenskrise. Deren auslösender Moment soll gewesen sein, dass ihm seine damalige Verlobte am Weihnachtsabend den Verlobungsring zurückschickte. Bis heute ist unklar, wer diese Verlobte war. Vermutlich war die Unbekannte von einfacher Herkunft. So erinnerte sich Pierre Theunissen: „Sie arbeitete bei der Post in Düsseldorf. Ein hübsches Mädchen. Feminin war sie, aber mit Jupp völlig überfordert."[372] Franz Joseph van der Grinten empfand dies ebenso: „Sie war sehr bürgerlich und ratlos gegenüber seiner Lebensweise."[373]

Dass sie nicht Beuys' eigentlichem Umfeld, etwa Künstlerkreisen entstammte, deutet auch seine eigene Darstellung an, nach der er sie aus den Augen verlor: „Wie das immer so ist, spielte eine Frau eine große

Rolle in dieser Krise. Es gibt immer einen Auslöser. Und es war wiederum eine Frau. Ich würde sie immer noch verehren, aber sie ist mir seit dieser Zeit niemals mehr begegnet."[374]

Eventuell waren es gar verschiedene, gleichzeitige Affären, die schließlich problematisch wurden. „Beuys war damals ein gut aussehender, lebensbejahender junger Mann, der von den Frauen umworben wurde", erinnerte sich Sonja Mataré. „Noch heute schwärmen die Frauen, die ihn kannten, von seinen schönen Händen", ergänzte die Biographin Christiane Hoffmans.[375]

Beuys selbst war in der Rückschau der Auffassung, mehrere Faktoren hätten zur Krise geführt. Er nannte unglückliche „Liebesgeschichten" ebenso als Ursache wie das Gefühl, „alles ganz falsch angepackt zu haben".[376] Die von Beuys' Umgebung gepflegte Saga von „materiellen Entbehrungen", von „unbeschreiblichem wirtschaftlichen Elend" als Auslöser der Krise steht jedoch in Widerspruch zu Beuys' eigenen Aussagen, der nach eigenem Bekunden „immer genug Geld hatte".[377]

Auf Fotografien aus diesen Jahren sieht man Beuys durchwegs modisch gekleidet, oft im Flanellanzug, und auch ein Accessoire wie ein „eleganter Lederkoffer" widerspricht dem Bild des armen Künstlers. Zudem hatte Beuys wohlhabende Gönner und wurde von seinem Vater unterstützt. Wie in anderen Fällen entsprang die Suggestion von Armut und Entbehrung dem offenbaren Verlangen der Beuys-Entourage nach einer gewissen Dramatisierung von dessen der Künstler-Vita.

Gleichwohl wurde die Krise ernst. Erinnerungen von Weggefährten lassen erkennen, dass er sich zunehmend manisch verhielt. Wochenlang schloss er sich in der Wohnung des Autors Adam Rainer Lynen ein, der verreist war. Freunde mussten in die Wohnung einbrechen, um ihm zu helfen. Man habe ihn dort in einem total verdunkelten Zimmer gefunden, er habe bereits Wasser in den Beinen gehabt und sagte, „er wolle sich auflösen".[378]

Beuys schilderte seinen Zustand: „Ich glaube, die Menschen, die mich damals gefunden haben, die haben festgestellt, dass man mir damals die Stücke Fleisch hätte vom Arm ziehen können, so weit war ich eigentlich schon weg aus dem Leben."[379]

Nachdem er die Wohnung von Lynen verlassen hatte, zog sich Beuys in das bewohnbare Obergeschoss seines Ateliers in Heerdt zurück. Dorthin ließ er sich eine sorgfältig glattgehobelte Holzkiste liefern, die ein Klever Schreiner für ihn angefertigt hatte. Er bestrich die

Flächen der 43 x 91 x 77 cm großen Kiste mit Teer. Er habe den Zwang gespürt, sich in diese Kiste zu setzen, nicht mehr da zu sein, einfach mit dem Leben aufzuhören. Später interpretierte er die Kiste als isolierten Raum, als einen Ort, an dem unter Ausschluss äußerer Einflüsse Untersuchungen angestellt werden könnten.

Besorgte Freunde und Verwandte besuchten Beuys in Heerdt, wollten ihn aus seiner Verlassenheit befreien. „Er stand mit einem weißen Unterhemd bekleidet oben am Fenster", erinnerte sich Marita Richter, eine Freundin aus Büderich.[380] „Aber er wollte niemanden sehen, schickte seine Freunde weg. Es wurde so dramatisch, dass er drohte, wenn sie hereinkämen, würde er das Messer nehmen", schilderte Sonja Mataré Beuys' Verfassung.[381]

Diese Vorkommnisse müssen von Anfang 1956 datieren, denn im weiteren Jahresverlauf brannte sein Atelier aus. Es soll in den Räumen eines Schuhcremefabrikanten im Erdgeschoss des gleichen Hauses zu einer Explosion gekommen sein. Das anschließende Feuer habe auf Beuys' Atelier übergegriffen.[382] Eine verkohlte Tür des Hauses blieb erhalten, die Beuys später zu dem Objekt "Tür mit Reiherschädel und Hasenohren (1954-1956)" machte. Der Zustand der Tür lässt einen erheblichen Brand vermuten.

Es existiert ein Foto des Hauses, einer Art Bauernkate, das kaum erwarten lässt, dass es neben dem Atelier und Beuys' Wohnbereich noch eine Fabrikation gegeben habe. Auch findet sich kein Firmenschild an dem Haus. In seiner Biographie von 1973 verschwieg Beuys den Brand. Dort ist lapidar vermerkt: „1954 Beuys mietet bis 1957 ein Atelier in Düsseldorf Heerdt, das wegen seiner Weitläufigkeit besonders zur Herstellung großplastischer Arbeiten geeignet ist." Dazu wurde ein Foto des bescheidenen Hauses abgedruckt.[383]

Hatte Beuys selbst den Brand verursacht? Aus seinem Zustand geschuldeter Nachlässigkeit. Oder gar vorsätzlich, in einem Anfall von Hysterie? Ein Selbstmordversuch gar? „Ich kam damals in eine Krise hinein, wo ich viel ernsthafter den Willen hatte, von der Erde zu verschwinden als damals [Anm.: während seiner Krise als Fünfjähriger]. Noch ernsthafter, noch viel krisenhafter. Eigentlich bis zur physischen Zerstörung."[384]

Beuys wurde in den psychiatrischen Kliniken von Düsseldorf und Essen behandelt. Nicht unwahrscheinlich, dass er dort hin, wie in solchen Fällen Praxis, wegen der Umstände des Brandes zwangsweise eingewiesen wurde.[385]

Im Herbst kam Beuys zurück zu seinen Eltern nach Kleve. Mindestens drei Monate habe er dort in einem verdunkelten Zimmer „hinvegetiert" und nur noch aus „Selbstbedauern und Selbstanklage" bestanden, schrieb Hanns Lamers im Dezember 1956 an Sonja Mataré.[386] „Nun haben wir uns das letzte Mal gesehen", sagte er stets am Ende des Krankenbesuchs und weinte dabei. „Es war für mich eine schreckliche Situation. Auch ich habe ihn mit aller Güte und zuletzt auch mit böser Härte behandelt. […] Man wusste wirklich nicht mehr, wie man ihn behandeln sollte, selbst die Ärzte nicht", schrieb Lamers weiter.[387]

Beuys ließ sich vom Düsseldorfer Arzt und Heilpraktiker Hans Giesen behandeln und wohnte mit Beginn des Jahres 1957 vorübergehend bei dem Sohn der Familie Niehaus, Dr. Helmut Niehaus, einem Arzt. Dort besuchte ihn Hans van der Grinten, der Beuys offenbar in weiterhin prekärem Zustand auffand. Er fragte daraufhin seine Mutter, ob Beuys ein paar Tage zu ihnen auf den Hof kommen könnte. Nur widerwillig stimmte die Mutter zu, die noch trauerte, da ihr Mann erst wenige Monate zuvor tödlich verunglückt war.

Zunächst nahm Beuys die Einladung an, scheute sich jedoch, nachdem er den Hof erreicht hatte, in das Haus der Mutter van der Grinten einzutreten und ging wieder. „Und da sagte Hans: ‚Es nützt gar nichts, dass ich das sage. Wenn du das nicht selbst sagst: er soll zu uns kommen, dann geht er wieder weg.' Und dann bin ich ihm nachgerannt und hab' ihn in Kranenburg eingeholt und hab' gesagt: ‚Herr Beuys, Sie fahren doch wohl nicht nach Kleve, ohne mir guten Tag gesagt zu haben.' ‚Nein', sagte er. Ich sagte: ‚Dann kommen Sie mit!' Und er drehte um und kam mit und ist direkt sechs Wochen hier geblieben", erinnerte sich Frau van der Grinten.[388]

Beuys bekam Franz Josephs Zimmer, der inzwischen in Köln Jura und Germanistik studierte. „Er ging mit Hans auf die Felder und war sehr geschickt, auch im Umgang mit den Tieren. Handwerklich konnte er alles", berichtete Franz Joseph van der Grinten um fortzufahren: „Bis zu seiner Genesung waren wir praktisch Tag und Nacht mit ihm zusammen. Wir führten endlose Gespräche, steckten voller Einzelheiten. Über Kunst natürlich, über Dadaismus. Merz war ein großes Thema. Er konnte wunderbar Schwitters Gedichte rezitieren. Vor allem zeichnete und las er viel. Selbst wenn wir bis in die Nacht diskutiert hatten, nahm er sich noch Bücher aus unseren Beständen mit auf sein Zimmer.

Beuys war Konrad Lorenz begegnet, darüber hat er gesprochen. Steiner war natürlich ein Thema. Er hat ihn uns aber nicht aufgedrängt, weil er spürte, dass wir ihm da nicht folgen wollten. Als er zu uns kam, war Beuys vollkommen abweisend gegenüber seiner Arbeit. Wir hatten schon ein paar hundert Zeichnungen von ihm erworben. Dann haben wir ihn mit diesen Zeichnungen konfrontiert. Irgendwann begann er, sich wieder damit zu befassen. Dann hat er nächtelang daran gearbeitet, hat sie umgeschichtet und umsortiert."[389]

Beuys fasste die Blätter in Gruppen, stellte Bezüge her. Er gab ihnen Titel, neue oder geänderte, datierte die Arbeiten. Zuvor achtlos hingeworfene Zeichnungen wurden nun der Kontinuität einer Werkentwicklung entsprechend geordnet. Eine tatsächliche, mitunter wohl auch eine erst nachträglich als schlüssig erachtete. Vermutlich nicht ohne eigenes Interesse als seine Sammler und Kuratoren begleiteten ihn die Brüder hierbei.

Obwohl sich Beuys erholte, blieben Rückschläge nicht aus. „Er schloss sich manchmal tagelang in meinem Zimmer ein, wollte nicht essen und niemanden sehen. Meine Mutter hat ihn dann, als es ihr zu viel wurde, zur Rede gestellt und ihm gesagt, er müsse die Verantwortung für sein Leben selbst tragen. Sie war am Ende ihrer Kräfte und wusste ihm nicht mehr zu helfen. Ich habe ihn dann gebeten abzureisen, weil wir genug für ihn getan hatten. Dann haben wir ihm ein Fahrrad geliehen, mit dem ist er nach Kleve gefahren. Am nächsten Tag brachte er das Fahrrad zurück und war geheilt", erinnerte sich Franz Joseph van der Grinten.[390]

Zwar deutet Beuys' überraschend schnelle Heilung auf eine gewisse Hysterie in seinem zuvor gezeigten Verhalten hin, dennoch erlitt er fraglos eine schwere Depression. In ihrem Kern war die Krise jedoch ein Reflex auf nicht verarbeitete Kriegserfahrungen, somit Ergebnis einer "Posttraumatischen Belastungsstörung" wie sie häufig bei ehemaligen Soldaten vorkommt. Auch Beuys bekundete, es hätten in seiner Krise „zweifellos Kriegereignisse" nachgewirkt.[391]

Der Traumaforscher Andreas Maercker bemerkte hierzu: „Typischerweise schweigen die allermeisten über traumatische Erlebnisse lange Jahre oder Jahrzehnte oder für immer. Unverarbeitete Traumata sind meistens dadurch gekennzeichnet, dass man sich im Stillen durchaus für etwas schämt oder Schuldvorwürfe macht (die ganz subjektiv und für andere schwer nachzuvollziehen sind), jedenfalls von Zeit zu Zeit. Beuys hat wie seine Generationsgenossen, die Frontsoldaten in der einen oder anderen Form waren, das ganze Spektrum traumatisierender Erfahrungen durchgemacht."[392]

Die Krankheitsbild der "Posttraumatischen Belastungsstörung (PTB)" wurde erst in der jüngeren Vergangenheit erforscht. "PTB" war in den fünfziger Jahren noch nicht bekannt und wurde folglich nicht behandelt. Zu deren Spätfolgen zählen Herzerkrankungen und frühe Sterblichkeit. Eine "PTB" kann sich unter Umständen erst um Jahre verzögert herausbilden. Oftmals wird sie durch ein dem ursprünglichen traumatischen Ereignis vergleichbares Erleben akut.[393]

Beuys' Trauma brach auf, als ihn das Unverständnis gegenüber seiner durch die Lehren Steiners determinierten Kunst in die Verzweiflung trieb. Seine Erfolglosigkeit war nicht ökonomisch zu werten. Geld interessierte Beuys kaum.

Er musste in eine Krise geraten, als er sich der Vergeblichkeit seines künstlerischen Wirkens im Sinne Steiners mit den bislang ergriffenen Methoden bewusst wurde. Seine Schilderungen lassen spüren, wie sich seine Perspektive dramatisch verengte und er die Krise als existentielle Bedrohung empfand, als ausweglos, ähnlich vielleicht wie auf der Krim oder in den Schützengräben des Niederrheins.

Seine Psyche muss von einer Art innerlichem Diskurs belastet gewesen sein, durch den er in eine kritische Entscheidungsnot geriet. So sehr er sich seinen Freunden gegenüber als von Steiner und dessen Lehre überzeugt gab, so sehr wird ihn die Ablehnung irritiert und verletzt haben, die er mit ebendieser Überzeugung erfuhr. Vielleicht beschäftigten ihn restliche, von weltlicher Ratio genährte Zweifel, die er nur mit einer sich selbst gegenüber ausgesprochenen, endgültigen Bekenntnis zu Steiner ausräumen konnte. Erst in diesem Moment, so ist zu vermuten, öffnete sich für Beuys ein Weg aus der Depression.

Beuys wollte in Beziehung zu der von Steiner beschriebenen „geistigen Welt" treten. Wie Steiner trug ihn die Gewissheit, als „uomo universale" hierzu befähigt zu sein. „Höheres Schauen", welches ihm Steiners Lehre versprach, konnte ihm zu neuen „Erkenntnissen" verhelfen.

Rationales, logisch abstraktes Denken, welches ihn in die „Todeszone" geführt hatte, sollte durch Intuition, die in Urzeiten verlorene archaische Beziehung der Menschen zur „geistigen Welt", ersetzt werden. Beuys erlebte die durch „Selbstheilung" überwundene Krise als „Initiation", welche ihm Gewissheit verschaffte, nunmehr Erkenntnisse jenseits von Logik und Ratio finden zu können, mit denen er zu einer gedeihlicheren Entwicklung der Menschheit beitragen würde, um „diese Kultur zu erweitern in eine zukünftige hinein".[394]

Steiner glaubte, mit Kunst wäre die Menschheit „aus dem Ungeistigen" zu retten und proklamierte das „Künstlerische" als „Weltmission". Beuys schloss sich dieser Überzeugung an: „Ich wende mich nicht gegen einen materialistischen Wissenschaftsbegriff, sondern ich erkenne ihn als einseitig an, als sektorenhaft, deswegen sage ich nicht, er muss abgeschafft werden, ich sage, er muss erweitert werden durch Kunst."[395]

Mit dem Abstand vieler Jahre, rückschauend vor dem Hintergrund des inzwischen Erreichten, stellte Beuys 1980 dar, er habe sich nach seiner Krise von 1957 in der Verantwortung gesehen, die Kunst grundsätzlich zu erneuern: „Ich musste alles auf neue Begriffe bringen. Dass ich viel intensiver, sagen wir einmal erkenntnistheoretischer, arbeiten musste, dass ich also auch Klarheit schaffen musste mit der ganzen verzweifelten Situation der modernen Kunst, die ja auch ein Grund für meine Krise gewesen war. Also, da entstehen die ersten theoretischen Strukturen zur Erweiterung des Kunstbegriffes auf den Menschen."[396]

Man mag die überdeutliche Hybris dieser Worte, als eine für ihn typische Übertreibung hinnehmen. Dennoch weist Beuys' unverholener Omnipotenz-Anspruch auf eine Verblendung hin, wie sie etwa den Mitgliedern von Sekten, wie sie "Eingeweihten" zu eigen ist.

Eine letzte mit der Krise gewonnene Erkenntnis war schließlich, mit seinen im „Kosmos Steiner" umher rasenden Gedanken auch in Zukunft sich selbst überlassen zu sein. „Er sprach über Steiner", so Franz Joseph van der Grinten, „aber er wusste, der war uns, ehrlich gesagt, zu verblasen. Dieses Messianische war uns verdächtig. Ich hatte den Eindruck, dass ihn Steiner als Person faszinierte, ebenso wie Leonardo oder Goethe. Es war das Reich, das sich Beuys aufbauen wollte, das universale Wissen, das universale Wirken."[397] Fortan, während einiger Jahre, äußerte sich Beuys nicht einmal mehr im Kreise enger Vertrauter über Steiner.

Initiation

Erstmals bekundete Beuys in seiner Biographie von 1973, er habe um 1956 eine Krise durchlebt und erläuterte: „Ich glaube, diese Phase war für mich eine der wesentlichsten insofern, als ich mich auch konstitutionell völlig umorganisiert habe. Ich hatte zu lange einen Körper mit mir herumgeschleppt. [...] Die Dinge mussten sich völlig umsetzen, es musste bis in die Physis hinein eine Umwandlung stattfinden."[398]

Auch Steiner beschrieb in seiner Autobiographie „Mein Lebensgang" eine Krise für das gleiche Alter, in dem sich Beuys 1956 befand. Wenn Beuys von einer „Umwandlung" sprach, nannte Steiner dies einen „tiefgehenden Umschwung".[399] Weiter schrieb er: „Mein Beobachtungsvermögen für Dinge, Wesen und Vorgänge der physischen Welt gestaltete sich nach der Richtung der Genauigkeit und Eindringlichkeit um."[400]

Zugleich postulierte Steiner, dass „die Befestigung des geistigen Menschen in der Geisteswelt sich ins Unermessliche steigert, wenn der physische Organismus diese Befestigung nicht beschränkt, [...] wenn der geistige Mensch diese Befestigung nicht mehr von sich aus unterhält."[401]

Analog hierzu schilderte Beuys, er habe „alte Erfahrungen und Denkvorgänge abgestoßen". Die Krise sei eine Aufforderung an ihn gewesen, „zu neuen Ergebnissen zu kommen". Anschließend habe er „eine systematische Arbeit an gewissen Grundprinzipien" aufgenommen.[402]

Im Weiteren erklärte er seine Krise zu einem „Initialvorgang", wie ihn Steiner als Teil des „Erkenntniswegs" definierte. Beuys skizzierte, seine „Initiation" habe sich in einen „Erneuerungsvorgang" umgekehrt, wie dies sein Vorbild Steiner in seiner Autobiographie aber auch in seinen Vorträgen „Von Jesus zu Christus" als „Umschwung" beschrieb.[403]

Steiner schilderte hierin einen "Bodhisattva", in der buddhistischen Lehre Begriff für ein nach höchster Erkenntnis strebendes Wesen, welches die "Buddhaschaft" in sich erkennt, um diese zum Wohle aller Lebewesen einzusetzen. Der "Bodhisattva" habe schließlich das "Christus-Ereignis" vorbereitet um dieses „immer wieder und wieder" zu verkörpern.

Für das 20. Jahrhundert sagte Steiner das erneute Erscheinen einer Wiederverkörperung dieses "Bodhisattva" voraus. Diesen hätten die Menschen in seiner Kindheit als „mehr oder weniger begabtes Kind" erlebt, „dem man es nicht anmerkt, dass es zur Vorbereitung der künftigen Menschheitsentwicklung Besonderes zu leisten hat."[404]

Steiner erklärte: „Bei dem Bodhisattva wird es so sein, dass zwar auch so etwas wie eine Auswechslung eintritt, aber die Individualität bleibt in einer gewissen Weise; [...] Diese Umwandelung tritt besonders zwischen dem dreißigsten und dreiunddreißigsten Jahre ein. [...] Ein Bringer des Guten durch das Wort, durch den Logos, wird der künftige Bodhisattva sein, der alles, was er hat, in den Dienst des Christus-Impulses stellen wird [...], und der in einer Sprache sprechen wird, die heute noch keinem Menschen eigen, die aber so heilig ist, dass er genannt werden kann ein Bringer des Guten."[405]

Aus Notizen von Beuys geht hervor [406], dass er sich spätestens 1959 mit diesen Darstellungen Steiners befasste: „Nun ja, ich kann krank sein, ich kann schwach sein, ich kann sterben, aber von meinem Ich aus kann ich mich stärker machen, kann ich etwas in meine Organisation hineinsenden, was mir Stärke, was mir Kraft gibt unmittelbar aus den geistigen Welten heraus. - Wie er es nennt, ist gleich. Wenn der Mensch zu dieser Empfindung kommt, dann ist er vom Christus-Impuls ergriffen."[407]

Mit diesen Worten beschrieb Steiner den eigentlichen, den letztendlichen Effekt des Initiationsvorgangs, wie ihn Beuys durchlebte. Steiner sah den "Christus-Impuls" als wichtigsten „Punkt in der Erdenentwicklung der Menschheit".

Laut seiner Darstellung gelangte der "Christus-Impuls" über das „Mysterium von Golgatha", über Christi Tod und Auferstehung, in die Welt. Damit konnte Christus als „Bringer des starken Ich-Bewusstseins" den Menschen frei machen und seine Seele zu einer „erhöhten Anschauung über sich selbst" befähigen. Hiermit erst, so Steiner, sei die Voraussetzung für eine zukünftige, höhere Entwicklung der Menschheit gegeben.[408]

„Atlantis: Mit dem ersten Keim des Todes, der erste Keim des Tages, [des] Ich, u. [des] Freiheitsbewusstseins sowie des intellektuellen Denkens", notierte Beuys um 1959 zu seinen Gedanken und weiter: „...im 33. Jahr der Zeitrechnung. [...] 25. Dezember Geburt Jesu [...] 6. Januar Erscheinung d. Herrn Geb. Christi [...] Wann ist eigentlich der Mensch vollauf geboren? Wann trat er ganz ins Erdendasein hinein? Im Augenblick des Todes."[409]

In einem Gespräch mit dem Theologen Horst Schwebel äußerte Beuys später: „Jesus ist für mich der Mensch, und Christus ist die Person, die Doppelfigur, wo der Mensch Gott geworden ist, also eine völlige Transformation. Wer also keinen Sinn mehr für dieses Wunder hat, das man tatsächlich Wunder nennen kann, der wird niemals hinter dieses Geheimnis steigen."[410]

Beuys zufolge könne der Mensch dieses „Wunder" nur erfassen, wenn er den „Vorgang der Kreuzigung, der vollen Inkarnation in die Stoffeswelt durch den Materialismus hindurch" selbst erleide. „Er muss selbst sterben, er muss völlig verlassen sein von Gott, wie Christus damals vom Vater in diesem Mysterium verlassen war."[411]

Der "Christus-Impuls" als der auslösende Moment des menschlichen Bewusstseins, des "Ich-Bewusstseins" wie es Steiner definiert, führte nach Beuys' Auffassung in der Menschheit zunächst zur Fehlentwicklung der modernen Wissenschaft, die sich letztlich im Materialismus manifestierte und die revidiert werden müsse. 1971 überschrieb er ein winziges Herz-Jesu-Bildchen mit "Erfinder der Dampfmaschine". Beuys erklärte: „Ich habe praktisch gesagt, Christus ist der Beförderer neuer menschlicher Qualitäten im Denken, also Christus ist auch der Erfinder des Materialismus."[412]

Den Materialismus bezeichnete Beuys als „ein Ergebnis des menschlichen Denkens, menschlicher Ich-Kraft und menschlicher Aktivität im Wissenschaftsgebiet". Zwar wollte Beuys in Errungenschaften der Wissenschaft nichts grundsätzlich Negatives erkennen, dennoch erachtete er deren Erkenntnis- und Entwicklungsmöglichkeiten als begrenzt, als bereits tot. Daher habe die Wissenschaft den Menschen „in diese ungeheure Einsamkeit hineingeführt". Der Mensch sei ein „analytisches Wesen" geworden und habe damit die Anknüpfung an die „geistig-spirituellen Zusammenhänge" verloren.[413]

Der Mensch verfüge jedoch über „so viel Ich-Kraft", dass er „die Wiederanknüpfung an den gesamten geistig-spirituellen Zusammenhang von sich aus leisten kann". Die Kirche hingegen könne den Menschen auf diesem Weg nicht helfen. „In der Kirche", so Beuys, ist „nichts geschehen in Bezug auf die Metamorphose des menschlichen Bewusstseins". Der Mensch allein habe „potentiell die Möglichkeit, die Isolation zu durchbrechen und die Wahrheit der Gesamtzusammenhänge zu finden. Aus dem Tiefpunkt, wo ihm alle spirituellen Nabelschnüre abgeschnitten sind, muss er sich und kann er sich wieder erheben."[414]

Wenn Beuys-Interpreten heute das Konzept des „Christus-Impulses" besprechen, dann nicht selten unter proaktiver Negierung der Verbindung Beuys-Steiner und der hieraus resultierenden falschen Deutung, Beuys' Wirken sei von christlichen Werten beeinflusst, er sei Schöpfer eines Werks mit christlichem Anliegen gewesen.

Beuys war Anthroposoph und damit Atheist, weshalb er die christlichen Kirchen entschieden ablehnte. Seine Idee des Christentums war von den Haltungen Steiners geprägt, die sich in ebendieser Abgrenzung zur kirchlichen christlichen Lehre befanden.

Steiner unterschied sich vom „Glauben" des Christentums an das Transzendente durch seine „Erkenntnis" des Transzendenten, welche durch „geistige Schulung" erfahrbar sei. Die „Erkenntnis" des „Wunders", so Beuys, „der Zugang zu dieser Substanz" ließe sich durch „die herrschenden Wissenschaften auf keinen Fall erreichen".[415]

Mit Annahme dieser Schule bewegte sich Beuys jenseits der Paradigmen des kirchlichen Christentums. Der anthroposophische Dozent und Autor Volker Harlan stellt fest, „dass eine Christusrezeption von Beuys ohne Berücksichtigung der Steinerrezeption unfruchtbar ist, denn die theoretischen Aussagen von Beuys lassen sich 100 Prozent auf die Aussagen von Steiner zurückführen. Als Interpret kommt man nicht zum Verständnis der von Beuys verwendeten Begrifflichkeit, wenn man nicht die entsprechende Seite der Anthroposophie zur Kenntnis nimmt."[416] Womit auch Harlan verdeutlichte, warum es Kunstwissenschaftlern schwer fällt, Beuys zu interpretieren. Es fehlt ihnen das Wissen um Steiner, um dessen andersartige Begrifflichkeit derer sich gleichfalls Beuys bediente.

Durch Abgleich der Lehrsätze Steiners mit Notizen und Äußerungen von Beuys wird spürbar, dass Beuys mit dem Initiationsvorgang seiner Krise die Überzeugung gewann eine Verkörperung des "Bodhisattva" und damit auserwählt zu sein, „zur Vorbereitung der künftigen Menschheitsentwicklung Besonderes zu leisten," wie Steiner voraussetzte.

Der "Bodhisattva" laut Steiner die einem Erzengel beseelte „Persönlichkeit". Zwölf Bodhisattvas nennt Steiner, die im Laufe der „Erdenentwicklung" eine jeweils individuelle Mission zu erfüllen haben. Die Inspiration hierzu gibt ihnen Christus, der dreizehnte Bodhisattva.

Steiner sah jedoch auch Menschen mit besonderen Fähigkeiten, in „menschlichen Persönlichkeiten" eine „Verkörperung des Bodhisattva" also von Christus und führte aus: „So kann man [...] auch andere Indivi-dualitäten, die wiederum große Lehrer sind, eine Verkörperung eines Bodhisattva nennen. Man kann von einer immer und immer wiederkehrenden Verkörperung des Bodhisattva sprechen; muss aber wissen, dass der Bodhisattva hinter all den Menschen, in denen er sich verkörpert hat, gestanden hat als Teil derjenigen Wesenheit, die selber die personifizierte Weisheit unserer Welt ist."[417]

Das häufige Zitat des „Christus-Impulses" durch Beuys, war Verweis auf die eigene Berufung, auf seine Vorstellung ein "Bodhisattva" zu sein. Wie sehr sich Beuys in solcher Berufung empfand, wird ebenfalls deutlich, wenn er sagt: „Es muss wohl etwas an meiner Person sein, das vielleicht stellvertretend für etwas steht, was noch nicht endgültig in Erscheinung getreten ist. Ich glaube, es gibt eine Erwartung, die, mir oft ganz unbewusst, etwas fordert, auch von mir selber, was vielleicht erst in ferner Zukunft in Erfüllung gehen kann."[418]

In vollkommener Adaption Steiners offenbarte Beuys Fähigkeiten zu besitzen, „die heute noch keinem Menschen eigen" seien und erst in „ferner Zukunft in Erfüllung gehen" können. Beuys beanspruchte ein Mensch zu sein, der mit „einer bestimmten Kondition" geboren wurde, befähigt „Dinge wahrzunehmen", die ein anderer Mensch nicht aufnehmen könne, „weil ein Teil der Sache gar nicht an ihn herankommt", wie er 1976 Georg Jappe erläuterte.[419]

Mit Deutlichkeit formulierte Beuys in diesem Moment die Einzigartigkeit seiner Existenz, aus der er seine missionarische Berufung, aus der er mehr noch die Fähigkeiten eines Heilers der Menschheit ableitete. Er schilderte Jappe hierzu einen Tagtraum, der ihn als Kind ereilt habe und in dem eine Figur erschien, die zweifelsohne auf Steiner hindeutete: „Ganz leere Wiese, nur der Zug am Horizont, gar nicht mal so weit, aber in dem Augenblick bildet er den Horizont als Linie. Der Zug hält an, es steigt ein Herr aus, ganz schwarz gekleidet, mit einem Zylinder auf, kommt auf mich zu - und sagt: ich habe es versucht mit meinen Mitteln, versuche du es - nur! - aus deinen Mitteln."[420]

1971 hatte Beuys einen Brief an einen Anthroposophen, den Regisseur und Schauspieler Manfred Schradi gesendet, der einleitend begann: „Sehr geehrter, lieber Herr Schradi, [...] ihre Worte haben mich tief berührt, weil Sie mir damit den Namen Rudolf Steiners zuriefen, über den ich seit meiner Kindheit immer wieder nachdenken muss, weil, wie ich weiß, gerade von ihm ein Auftrag an mich erging, <u>auf meine Weise</u> den Menschen die Entfremdung und das Misstrauen gegenüber dem Übersinnlichen nach und nach wegzuräumen."[421]

Die Krise hatte Beuys als Läuterung, als Reinigung und Befreiung von jeglicher Irritation hinsichtlich seines Weges erlebt. Endlich war er bereit seine Berufung anzunehmen.

Dass Beuys inzwischen von der Vorstellung absolut beseelt war, im „Auftrag" Steiners zu agieren, mag die Wandlung seines Schriftbildes illustrieren, die nach seiner Krise einsetzte. Bis zu diesem Zeitpunkt hatte Beuys eine aus der Schulschrift entwachsene, runde, nahezu feminine Schrift. Jetzt übernahm er Steiners altertümliche Fraktur, mit der er später die gleichen schwarzen Tafeln wie Steiner beschrieb, während er, hierin ebenso seinem Vorbild nacheifernd, unermüdlich Vorträge hielt und mit seinen Mitteln der Kunst für dessen Lehre, also für die Anthroposophie missionierte.

Ihm war aufgegeben, in der Nachfolge Steiners die Botschaft des "Christus-Impulses" zu verkünden. Er war ein "Bodhisattva", ein „Bringer des Guten". Seine „heilige Sprache" war die Kunst. [422]

Westmensch

„Ich habe zeichnend eine neue Biographie entworfen, die ich 1958 beginnen lasse", erklärte Beuys 1980.[423] Mit dieser Bemerkung bezog sich Beuys auf vier Kladden, Geschäftsbücher eigentlich, die er PROJEKT WESTMENSCH betitelte und auf 1958 datierte. Die Bücher im DIN-A4-Format haben einen Umfang von insgesamt 1168 Seiten, von denen Beuys nur rund 450 nutzte. Sie wurden 1967 erstmals öffentlich gezeigt.[424]

PROJEKT WESTMENSCH soll, wie in der Beuys-Literatur verbreitet, Ausgangspunkt der grundlegenden Erneuerung seiner Arbeit sein sein, die 1958 einsetzte. In der als „Buch I" ausgewiesenen Kladde sind jedoch Notizen vorzufinden, die sich auf seinen Sohn Wenzel beziehen, der 1961 geboren wurde, "Ställchenfluxus (Wenzel) / Radiofluxus (Wenzel: [1962/1963])" beispielsweise. Auch die weiteren Eintragungen lassen eher ein Entstehen der Kladden ab etwa 1961 vermuten.[425]

Datierungen von Beuys' Arbeiten sind generell problematisch, da Beuys einen chaotischen, fast achtlosen Umgang insbesondere mit seinen Papierarbeiten zeigte. In der Regel nahm er Betitelung, Signatur und Datierung von Arbeiten nachträglich vor, oftmals im Abstand von Jahren. Eine solche Handhabung, die auch anderen Künstlern zu eigen ist, eröffnet die Gelegenheit, ein Werk unabhängig vom tatsächlichen Entstehungsmoment in eine als wünschenswert erachtete historische Position zu ordnen. Aus diesem Grund bleibt die Datierung der Kladden fraglich.[426]

In den Kladden hatte Beuys neben oftmals privaten Notizen, neben Zeichnungen, Vorstudien zu plastischen Arbeiten, in relativ geringer Zahl Gedanken zu naturwissenschaftlichen Themen, Leitsätze und Chiffren zu formelhaften Aussagen kompiliert, die in sein Hauptwerk Eingang fanden. Wie „Plastik = Alles", um die vielleicht prominenteste zu nennen, deren Genese zu Beuys' Kernbegriff „Kunst = Kapital" führen sollte. Indessen erschien „Plastik = Alles" erst am Ende der vierten Kladde, wurde damit vermutlich erst um die Mitte der sechziger Jahre niedergeschrieben.[427]

Sowohl den Titel als auch die Inspiration zu den skizzenhaften Notationen in PROJEKT WESTMENSCH entlehnte Beuys den OST-WEST-APHORISMEN von Rudolf Steiner. Hierin sprach er vom „ahnenden Ostmenschen" und „denkenden Westmenschen".[428]

Weiter formulierte Steiner: „Der Ostmensch hatte das geistige Erlebnis als Religion, Kunst und Wissenschaft in voller Einheit. Er opferte seinen göttlich geistigen Wesenheiten. Gnadenvoll floss ihm von ihnen zu, was ihn zum wahren Menschenwesen erhob. [...] Nach Westen strömte die Welle der Weisheit, die das schöne Licht des Geistes war, und die den künstlerisch begeisterten Menschen fromm machte."[429]

„Ich war nie der Meinung, unser zivilisatorischer Stand sei negativ zu beurteilen. Ich wende mich zwar zurück, gehe zurück, suche ebenso das Existierende zu erweitern, indem ich es nach vorn durchbreche. Auf diese Weise werden alte mythische Inhalte aktuell",[430] bemerkte Beuys, der Steiner folgend, jene Inhalte im Osten erkennen wollte: „Alle Entwicklungen in der Geschichte haben ihren Ursprung im Osten; [...] Sie erinnern sich, dass man früher dachte, das Licht habe seinen Ursprung im Osten: ‚ex oriente lux'."[431]

Naturwissenschaftliche, insbesondere zoologische Studien hätten Beuys 1958 „endgültig zu erheblichen Bedenken gegen ein zu einseitiges Wissenschaftsverständnis" und zu der Einsicht geführt, „dass der Erfahrungsgrundsatz zur erkenntnistheoretischen Begründung der Naturwissenschaften nicht ausreicht".

Weiter schilderte Beuys, er sei durch „Recherchen und Analysen" zu der Erkenntnis gelangt, die Begriffe Kunst und Wissenschaft würden sich „in der Gedankenentwicklung des Abendlandes" diametral gegenüberstehen. „Auf Grund dieser Tatsache" müsse „nach einer Auflösung dieser Polarisierung" in der Hinsicht geforscht werden, „dass erweiterte Begriffe ausgebildet werden müssen."[432]

Wenn Beuys von „erweiterte Begriffen" sprach vollzog er den Schritt um die okkulte, esoterische Begrifflichkeit Steiners als eigene, quasi wissenschaftliche Schöpfung zu legitimieren und zugleich die Entwicklung seines "Erweiterten Kunstbegriffs", jener für sein Wirken zentralen Theorie, in das Jahr 1958 zu verlegen.

Indessen ist die erst 1973 vorgenommene retrospektive Einordnung vorgeblicher Gedankengänge und Schlussfolgerungen um 1958 schwer zu beurteilen. Erstens, da nur fragmentarische Notizen zu PROJEKT WESTMENSCH nachgelassen sind. Zweitens, weil keine verifizierbaren Dokumente aus diesen Jahren vorliegen, welche die von Beuys geschilderte Entwicklung glaubhaft machen könnten.

Nachzuvollziehen ist gleichwohl, dass Beuys in den sechziger Jahren aus dem Fundus des PROJEKT WESTMENSCH das Thema

EURASIA destillierte. Beuys verstand EURASIA als Metapher für einen Raum, in dem durch das Zusammentreffen von Ratio mit Intuition neue, größere Ideen entstanden. EURASIA hat eine Bedeutung in Hinsicht auf die Begriffe von Ost nach West, auf die Begriffe vom Westmenschen, die vom Kopf her gefasste Kultur, extrem formuliert bis zum Materialismus hin, während das andere doch weit gehend noch präsent ist in ‚Asia‘, also im Ostprinzip", erläuterte Beuys 1969.[433]

Zwischen 1958 und 1963 entstanden unzählige Skizzen, Zeichnungen und Aquarelle, in denen sich Beuys mit der „nomadischen" Kultur auseinandersetzte. Vor allem mit dem Mongolen-Herrscher Dschingis Khan, der die Landmasse EURASIA überwand, um das „Licht" der östlichen Kultur in den Westen zu tragen.

Die Präsenz von Dschingis Khan in Beuys' Œuvre war bereits seit Beginn der fünfziger Jahre ersichtlich, mit Titeln wie "Der mächtige Geist der Mongolen" (1954), "Grab des Dschingis" (1957) oder "Grab des großen Khan" (1958) und setzte sich in zahlreichen, ähnlich lautenden Arbeiten fort. Häufig erwähnte Beuys, wie sehr ihn als Kind schon Dschingis Khan und das „Nomadische" fasziniert hätten. In diesem Zusammenhang wurde von Beuys-Rezipienten gelegentlich eine Zeichnung zitiert, "Architektur (Mongolenpalast)", die 1937 entstanden sein soll.

Die Datierung könnte nahelegen, dass Beuys beispielsweise im Unterricht mit dem damals populären Dschingis Khan-Thema in Berührung kam. Obschon ein solcher Bezug zwischen Zeichnung und Zeitgeist plausibel erscheint, ist nicht nachweisbar, ob das genannte Blatt schon 1937 entstanden ist und seinerzeit schon diesen Titel trug oder ob dieser Titel nachträglich gewidmet wurde.

Indessen wird am Beispiel der Dschingis Khan-Thematik ein weiteres Mal deutlich, wie tiefgehend Beuys vom Gedankengut Steiners durchdrungen war. In seinen Vorträgen „Innere Entwicklungsimpulse der Menschheit" erklärte Steiner Dschingis Khan zu einer Art Retter der Menschheit, der die degenerierten Völker der Griechen und Römer im Auftrag der Atlantier mit seinem Mongolensturm hinweggefegt habe. Die Absicht sei gewesen, so Steiner, Dschingis Khan „mit den besonderen Kräften, die da aus der Atlantis herein erhalten waren" zu verbünden. Sie sollten auf eine Weise nach Westen wirken, „dass die Kultur des Westens eine visionäre Kultur geworden wäre. Dann hätte man die Seelen abtrennen und einen besonderen Kontinent, einen besonderen planetarischen Körper mit ihnen bilden können."[434]

Dieser „planetarische Körper" wurde Steiner zufolge „dadurch geschaffen, dass die westliche Welt, dass Amerika gefunden wurde mit all dem, was Amerika barg". Amerika sollte Gegengewicht sein „gegen die Tätigkeit des Dschingis Khan, um die Menschen dahin zu bringen, mit der Erde zusammenzuwachsen, materieller und materieller zu werden". Die Menschen Amerikas sollten damit eine Schwere „gegen die Spiritualisierung durch die Nachkommen des Großen Geistes" entwickeln.[435]

Es ist müßig, derartige Thesen nach akademischen Maßstäben zu werten. Beuys jedoch behandelte Steiners Ausführungen ohne erkennbaren Zweifel und zeigte sich überzeugt, „dass es eine Spaltung innerhalb der Entwicklung auf der Erde gegeben hat, dass es als ein Westprinzip sich herausgebildet hat mit einer Entwicklung des Kopfes bis in den Intellektualismus hinein".[436] Die Thematisierung des „Westprinzips" sollte für Beuys' Wirken vor allem in den siebziger Jahren bedeutsam werden, als er seine Aktivitäten auf die USA auszudehnen begann.

Die Krise hatte Beuys zu dem Bewusstsein verholfen, selbst zu lange in der "Todeszone" materialistischen Denkens verhaftet gewesen zu sein. Nun vermochte er endlich „die Wahrheit der Gesamtzusammenhänge" zu erkennen. Billigt man seinen Aussagen vom Beginn der siebziger Jahre einen mindesten Wahrheitsgehalt zu, dann mag in Beuys seinerzeit die Überzeugung gereift sein, „neue Begriffe" entwickeln zu müssen, so dass von hier der Weg zu seinem „Erweiterten Wissenschaftsbegriff", dann zum „Erweiterten Kunstbegriff" führte.

Damit verstand Beuys als seine Aufgabe, den materialistischen Wissenschaftsbegriff um Aspekte des rational nicht Fassbaren, nicht Messbaren oder Definierbaren zu erweitern und damit die Menschheit aus der "Todeszone" des Materialismus zu befreien, sie der Idee des „Christus-Impulses" folgend „frei zu machen". Die „Heil-Mittel" zur Erfüllung dieser Mission suchte Beuys in den „mythologischen und spirituellen Kontexten", im, wie er ausführte, „sibirischzentralasiatischem Schamanismus", im östlichen Kulturerbe, für das er die Figur des Dschingis Khan als stellvertretend ansah.[437]

Auftragsarbeit

Den Ausgangspunkt für die Entwicklung von Beuys' Hauptwerk mit PROJEKT WESTMENSCH einhergehend auf das Jahr 1958 zu datieren, scheint zunächst naheliegend. Indessen kristallisierte sich diese heute gültige Interpretation erst heraus, nachdem Beuys 1980 PROJEKT WESTMENSCH als Wegmarke für seinen Neubeginn genannt hatte.

Bis zu diesem Zeitpunkt waren die PROJEKT WESTMENSCH-Kladden allenfalls den intimsten Kennern des Œuvres bekannt. Eine Untersuchung, Besprechung oder Bewertung gab es zuvor nicht. Dennoch urteilte der Kunsthistoriker Franz-Joachim Verspohl 1993 im Zusammenhang mit einer höchst aufwändigen Editierung der Kladden: „Die vier Kladden halten - so darf vorab gesagt werden - den Weg zu dem großen Projekt der Erneuerung der Kunst, ihrer Erweiterung, fest."[438]

PROJEKT WESTMENSCH fand schließlich 1994 Eingang in die Neuauflage seiner „autorisierten" Biographie. 1973, in der unter seiner Mitwirkung entstandenen Erstauflage, schien PROJEKT WEST-MENSCH nicht erwähnenswert.

Diese postume Wertung des PROJEKT WESTMENSCH deutet eine Problematik an, mit der die Betrachtung der Schaffensphase ab 1958 verbunden ist. De facto ist es bestenfalls ansatzweise möglich, die Entwicklung von Beuys' Werk zwischen 1958 und 1963 nachzuzeichnen. Von Sommer 1957, dem Ende seiner Krise, bis zum Herbst 1961 stellte Beuys nicht aus, dann zwei weitere Jahre lang nicht. Öffentliche Stellungnahmen von ihm aus dieser Zeit existieren nicht. Korrespondenz ist nicht vorhanden oder nicht zugänglich. Erinnerungen von Weggefährten sind rar und lassen kaum Rückschluss auf den Fortgang seiner künstlerischen Entwicklung zu.

Viele Arbeiten wurden nachträglich datiert, die zeitliche Ordnung von Beuys' Œuvre ist auf Grund seiner nachlässigen Signatur-Praxis mit Vorbehalt zu betrachten. Hält man dem von Beuys behaupteten und danach von Kunsthistorikern bestätigten Wandel seines Werks in dieser Periode jene Arbeiten entgegen, die dem genannten Zeitraum zweifelsfrei zugeordnet werden können, bleibt das Bild einer allenfalls subtilen Zäsur.

Franz Joseph van der Grinten bemerkte wohl auch deswegen in der Biographie von 1973 über die Zeit nach Beuys' Krise: „Die Produktion setzte sich fort, es gab viel Kontinuität, viele Anknüpfungen an die alten Themen und alten Vorstellungen."[439] In der Neuauflage der Beuys-Biographie von 1994 sucht man diesen Satz vergebens.

So stellte auch die Kunstwissenschaftlerin Verena Kuni die geläufige Darstellung eines Umbruchs in Beuys' Werk nach 1958 in Frage: „So jedenfalls lautet der Tenor jener Interpretationen, die der im Lebenslauf Werklauf zwar angelegten, als solcher jedoch erst im Dialog mit der Rezeption kanonisierten ‚Legende' vom ‚schamanistisch' Initiierten folgen. Demgegenüber lässt sich, geht man von den Werken aus um Mitte der fünfziger Jahre, weder in stilistischer noch in ikonographischer Hinsicht dezidiert von einem Umbruch sprechen."[440]

In Betrachtung der Schaffensperiode gegen Ende der fünfziger Jahre könnte man von einem „Mangel an Wagnis" sprechen. Ein relativ profaner Aspekt mag Beuys zu einer gewissen Zurückhaltung bewogen haben: 1958 bemühte er sich erstmals um eine Professur für Bildhauerei an der Kunstakademie Düsseldorf. Hierzu waren, dem damaligen Verständnis von Kunstausbildung folgend, eine angemessene Zahl bekannter Werke, das handwerkliche Vermögen des Lehrers sowie ein einwandfreier Leumund erforderlich.

Auch wenn Beuys aus den Erfahrungen der letzten Jahre in Hinsicht auf Steiner vorsichtig schwieg, wusste Mataré sehr wohl um Beuys' Interessen und dessen durch die Lehren Steiners motiviertem Sendungsbewusstsein. Es ist naheliegend, dass dies ein Grund für ihn war, sich dem Streben von Beuys nach einer Professur in den Weg zu stellen.

Mataré soll gegenüber der Professorenschaft der Akademie nicht künstlerische Argumente gegen Beuys ins Feld geführt haben. Mataré habe Beuys' „Neigung zur faszinationsmäßigen Ausstrahlung" betont, wie sich Erwin Heerich erinnerte und warnend ergänzte: „[…] die wird er einsetzen und damit die Leute, mit denen er zu tun hat, abhängig machen."[441]

Gegenüber dem Galeristen Alfred Schmela soll Mataré zur gleichen Zeit über Beuys geäußert haben: „Das war mein bester Schüler. Aber leider ist er verrückt."[442] Angesichts des entschiedenen Widerstands seines ehemaligen Lehrers misslang Beuys' erster Versuch eine Professur zu erlangen.

Meilenweit entfernt von der Vorstellung Beuys habe seinerzeit die „Erneuerung der Kunst" oder ihre „Erweiterung" begonnen ist seine künstlerische Realität dieser Jahre. Nicht zuletzt aus ökonomischen Gründen musste er sich um Auftragsarbeiten bemühen, welche bis zum

Beginn der sechziger Jahre die merklichste Form seiner Kunstausübung blieben. Auftragsarbeiten erforderten jedoch Konzessionen an ein bürgerliches Kunstverständnis.

Beuys akzeptierte diesen Umstand, wie eine Aussage von Erwin Heerich andeutet: „Wenn er sowas machte, dann war das für ihn ein genau so ein wichtiger Vorgang, wie er später Dinge gemacht hat, die weit ab von dem klassischen plastischen Feld lagen. [...] Es war ihm immer alles gleich wichtig. Er hat auch immer, kann ich mich gut erinnern, zu diesen Dingen gestanden."[443]

Heerich schilderte, wie er Beuys bei der Arbeit erlebte: „Wenn man sich neben ihn stellte oder neben ihm arbeitete, geschah alles ganz in sich, umgeben von Lautlosigkeit, und war ästhetisch schön anzuschauen, wie er ein alltägliches Instrument einsetzte - ein großes Gefühl der Sicherheit durch die ganze Physis hindurch."[444]

Obwohl sich Beuys seinen Auftragsarbeiten gegenüber um einen professionellen Ethos bemühte, blieben Frustrationen nicht aus. Wie etwa in Zusammenhang mit einem Relief, das er neben zwei anderen Bildhauern Anfang 1958 als Vorschlag zur Gestaltung des Eingangsbereichs eines Erweiterungsbaus des Düsseldorfer Oberlandesgerichts eingereicht hatte. Es handelte sich um ein Flachrelief, das eine Justitia inmitten einer niederrheinischen Landschaft darstellte. Beuys betitelte diese Arbeit: „Sybille (die Gerechtigkeit)".

Einem Aktenvermerk der Findungskommission folgend, wurde Beuys' Beitrag als der entwicklungsfähigste beurteilt. Dennoch schienen Zweifel aufzukommen: „Über den Wert der Arbeit wird das Detail entscheiden. Das Können des Bildhauers in dieser Hinsicht lässt sich aus den eingereichten Skizzen nicht genügend ablesen." Man beschloss „weitere Auskünfte über Herrn Beuys einzuholen und ausgeführte Arbeiten zu besichtigen".[445]

Am 10. April 1960 endlich begutachtete der Leiter des Hochbauamtes das inzwischen als Keramik fertig gestellte Relief, befand dieses jedoch als „nicht brauchbar". Worauf die Arbeit nach zwei Jahren und mehrfachen Korrekturen endgültig abgelehnt wurde. „Herr Chefpräsident wünscht die Plakette nicht. Die Sache soll von hier nicht weiterverfolgt werden", so das Urteil.[446]

Beuys gelang es noch 1958, einen weiteren öffentlichen Auftrag zu erhalten. Für die im Bau befindliche Chirurgische Klinik der Universität Düsseldorf sollte Beuys vier keramische Reliefs gestalten. Letztendlich erfolglos, weil dem Architekten alle Ausführungen der circa 70 mal 70 Zentimeter großen Reliefs missfielen. Die Arbeit ist heute verschollen.

Ebenso wenig Fortune war Beuys mit einer weiteren Arbeit im öffentlichen Raum beschieden. Für den Neubau der Rolandschule in Düsseldorf-Golzheim hatte er 1961 eine neunteilige, liegende Figur, eine überdimensionale, abstrahierte Puppe aus Holz gestaltet, deren Glieder mit Hanfseilen verbunden waren. Auftraggeber war der renommierte Architekt Paul Schneider-Esleben, der gleichfalls die ZERO-Künstler Heinz Mack, Otto Piene und Günther Uecker mit kinetischen Skulpturen für die drei Eingänge der Schule beauftragt hatte.

Den Auftrag hatte Alfred Schmela vermittelt, der als Galerist die ZERO-Gruppe vertrat und sich gleichzeitig um Beuys bemühte. Beuys, in Düsseldorf ein noch unbeschriebenes Blatt, erschien durch diesen Auftrag erstmals im Umfeld wichtiger Protagonisten der rheinischen Kunstavant-garde.

Heinz Mack gestaltete eine „Farborgel", Otto Piene ein „Licht-Raster" und Günther Uecker ein „Schattenspiel". Eine Sicherheitsüberprüfung der Schule kam jedoch schon kurz nach deren Eröffnung zu der Erkenntnis, dass die Werke für die Kinder zu gefährlich seien. Die kinetische Kunst, welche bekanntlich der Bewegung bedarf, wurde stillgelegt.

Ein ähnliches Schicksal ereilte Beuys' Puppe, die ebenfalls als für Kinder zu gefährlich erachtet wurde. Das Hochbauamt verlangte Nachbesserungen. Diesem Umstand verdankte Beuys seine erste Erwähnung im "SPIEGEL", der über die Baumängel des Schulgebäudes berichtete und zu Beuys' Puppe notierte, „der zentnerschwere Schädel des Riesenspielzeugs könne ein Kind erschlagen."[447]

Teile der Figur wurden daraufhin fest verankert. Als die Hanfseile durchfaulten, wurde die Puppe schließlich 1963 entfernt. Beuys wehrte sich hiergegen jedoch mit Eifer, forderte Schadenersatz und drohte der Stadt mit Klagen. Letztendlich ging er leer aus.[448]

Mit einer Auftragsarbeit immerhin war Beuys' Erfolg beschieden. Am 16. Mai 1959 wurde das "Ehrenmal für die Toten der beiden Weltkriege" in Büderich eingeweiht, für das die Gemeinde Büderich neben Beuys auch Ewald Mataré, Will Hanebal und Ivo Beuker um Entwürfe gebeten hatte.

Da sein Atelier in Heerd ausgebrannt war, konnte Beuys inzwischen Räume im ehemaligen Klever Kurhaus unweit seines Elternhauses an der Tiergartenstraße nutzen. Diesen hatte ihm die Stadt Kleve auf

Intervention seines Vaters zur Verfügung gestellt, nachdem Beuys der Zuschlag für die Ausführung erteilt worden war. Die Miete betrug 26,50 Mark.

Für das in einem alten Kirchturm platzierte Denkmal schuf Beuys eine rund drei Meter hohe Figur aus Eichenholz. Eine ebenso an den gekreuzigten Jesus wie an einen Engel gemahnende, frei im Raum aufgehängte, „schwebende" Figur, die Beuys als „allgemeines Auferstehungssymbol" verstanden wissen wollte. Für den Turmeingang hatte er ein schweres zweiteiliges Holztor entworfen.

Skulptur und Torflügel entstanden jedoch nicht in Beuys' Atelier, wie Fotografien vermuten lassen, die Beuys mit den Teilen in seinem Atelier zeigen. Sie wurden in der Werkstatt des Krefelder Tischlermeisters Johannes Althoff gefertigt.[449]

Beuys ließ sie anschließend nach Kleve bringen, damit sein Vetter Norbert Hülsermann, der in Spellen, dem Geburtsort seiner Mutter, eine Schmiede betrieb, die gusseisernen Beschläge fertig stellen konnte. Allein die Namen von 222 Büdericher Kriegstoten kerbte Beuys selbst in mühevoller Arbeit auf dem rechten Flügel ein.

Das Mahnmal blieb, abgesehen von 7000 gepflanzten Eichen, Beuys' größte Arbeit im öffentlichen Raum. Seine gefällige Ausführung erregte keine Kontroversen. Beuys erhielt für die Skulptur 18 500 DM sowie 7000 DM für die Einkerbung der Namen, insgesamt also 25 500 DM.[450] Ein Arbeiter verdiente damals etwa 10 000 DM im Jahr. Es liegt nicht fern zu vermuten, dass auch dieser für ihn verlorene Auftrag mitspielte, als sich Mataré 1958 gegen eine Professur von Beuys aussprach.

Grauballemann

Gegen Ende der fünfziger Jahre waren in Beuys' Werk signifikante, neue Entwicklungen kaum ersichtlich. Dennoch vertiefte sich die thematische Durchdringung seiner Arbeiten durch die mit der Krise gewonnenen „neuen Erkenntnisse".

Diese „Erkenntnisse" erlangte Beuys primär durch die Steiner-Lektüre Seien es spirituelle, naturwissenschaftliche oder gesellschaftliche Fragen, Christus, Goethe, Nietzsche oder Leonardo, nahezu jeder Punkt in Beuys' geistiger Sphäre war mit Steiner verbunden. Die dort hinein reichenden verästelten Stränge fanden vor allen in den Zeichnungen und deren Titeln ihre Entsprechung.

Für den unbefangenen Betrachter blieben Beuys' Werke rätselhaft oder, wie Hans van Grinten schrieb, von „spirituellem Fluidum" durchdrungen.[451] Diese Rätselhaftigkeit war der Unmöglichkeit des interpretatorischen Zugangs ohne die Kenntnis von Steiners Schriften geschuldet. Somit nährte sich das Ferne, das Mystische, die Aura des Einzigartigen, die sich mit der Zeit um Beuys' Œuvre legte, ohne dass dies irgendjemand ahnte, aus der verborgenen Quelle Steiner.

Exemplarisch für die kaum zu identifizierende Verbindung mit Steiner war "Grauballemann". Eine Plastik von 1958, die später in das Jahr 1952 rückdatiert wurde, weil ein einzelnes Teil der Plastik damals bereits entstand. Mutmaßlich jedoch, weil 1952 in Jütland eine Moorleiche gefunden worden war, der so genannte "Grauballe-Mann". Diese Moorleiche war außerordentlich gut erhalten, was auf die Lagerung im eiskalten Wasser zurückgeführt werden konnte, durch die Zerfallsprozesse des Körpers extrem verlangsamt wurden.

Beuys' "Grauballemann" bestand aus einer an eine Kinderwiege erinnernde Metallkonstruktion mit hölzerner „Liegefläche", auf die Beuys ein eiförmiges Gebilde aus Metallspiralen appliziert hatte, das er bereits 1953 als Symbol für die „Große deutsche Rundfunk-, Phono- und Fernsehausstellung" im Düsseldorfer Ehrenhof gefertigt hatte.[452]

In Steiners Kosmos zeigen sich die „luziferischen Kräfte" in solcher Form: „Schaue ich ein Ei an, so verhüllt sich mir Luzifer. Er verrät sich mir nur durch die äußere Gestalt, die er abwirft, durch dasjenige, was an Materie ausgeworfen wird in gewisser Weise. […] In dem, was da abgeworfen wird, kann man noch etwas sehen von der eigentlichen Gestaltung der luziferischen Kräfte. Sie wirken eigentlich, wenn sie rein wirken, in Spiralen."[453]

Ein weiterer Verweis auf Steiner ist dem Titel der eiförmigen Figur "Semniskatenschwingungen um einen Kern, 1952/53" auszumachen. Der Titel war entweder auf einen Übermittlungsfehler oder eine beabsichtigte Irreführung zurückzuführen und müsste eigentlich "Lemniskatenschwingungen" lauten. Steiner beschrieb die Lemniskate in seinen Schriften als spirituelle Bewegungsfigur, eine in den Raum ausschwingende geistige Energiestrahlung.[454]

Versteht man letztlich die "Grauballemann"-Plastik als Analogie zu der realen Moorleiche, findet sich ebenso der Steiner-Bezug. Nach dem Tod wird Steiner zufolge der physische Leib, dessen Formgestalt unverweslich ist, durch den Zerfall seiner Organe, Sehnen und Muskeln wieder zu Erde. Er wird kristallin.[455] Der "Grauballe-Mann", die Moorleiche, war mithin ein Prototyp für Steiners Anschauung des Todes, „im Zusammenhang damit, auf die so genannte leblose Natur, auf das Reich des Mineralischen, das stets den Tod in sich trägt", wie Steiner in seiner „Geheimwissenschaft" formulierte.[456]

Beuys' Denken war nach eigenem Bekunden darauf ausgerichtet, „die Materie zu erreichen. Die Materie aber erreicht man nur, wenn man den Tod erreicht und im Tod ist das kristalline Prinzip [...]."[457] Für Beuys war laut Kunsthistoriker Klaus-Dieter Pohl das kristalline Prinzip des Todes „auch Ausdruck einer Durchgangsstation, eines Todes, aus dem wieder neues erwächst, eine Metamorphose, eine Wesensverwandlung, eine Wiederauferstehung als Teil eines Kreislaufes von Werden und Vergehen".[458]

Beuys hatte den "Grauballemann" 1958 zu der von Paul Wember veranstalteten Ausstellung „Niederrheinische Künstler" im Krefelder Haus Lange eingereicht. Anna Klapheck erinnerte sich, dass ihr damals der Name Beuys zum ersten Mal deutlicher bewusst geworden sei: „Schmela war in der Auswahlkommission und hatte es mit Mühe erreicht, drei Objekte von Beuys in die Ausstellung hineinzukriegen. Der ‚Kunstpreis der Stadt Krefeld' wurde gleichzeitig vergeben [...]. Auf der Terrasse stand eines der Objekte von Beuys, ein, wenn ich mich recht erinnere, gewundenes Eisenband mit Rollen, drohend, beunruhigend. Nach hartem Kampf kam es zur Abstimmung, Heinz Mack erhielt den Preis."[459] Immerhin wurde durch diese Arbeit der damals schon einflussreiche Düsseldorfer Galerist Alfred Schmela auf Beuys aufmerksam und begann sich für Beuys zu interessieren.

Zuvor schon hatte sich Beuys an einem Wettbewerb beteiligt, der am 2. Juli 1957 vom Internationalen Auschwitz-Komitee für ein Mahnmal in Auschwitz-Birkenau ausgelobt worden war. Beuys reichte hierzu am 15. März 1958 einen Entwurf ein, der unter der Nummer 283 registriert wurde.

Dem Entwurf gab er Erläuterungen, einen Maßstabsplan, einen Kostenvoranschlag für den späteren Bau sowie ein nicht zwingend gefordertes Modell bei. Das Modell war relativ groß, weshalb es Beuys als Bausatz einsandte und eine Anleitung zum Aufbau hinzufügte.[460]

Die Arbeit bestand aus drei Teilen. Damit folgte sie Steiners dreigegliedertem Prinzip der menschlichen Genese, aus den niedrigen Entwicklungsstufen über das „Kristallprinzip" des Todes zur Auferstehung, dem Durchschreiten der Pforte zu höherer Erkenntnis. Beuys' zentraler Gedanke für sein Denkmal schien aus diesen Gedanken „destilliert": „Transformation". So benannte er dann auch Teile des Modells später als "Transformationszeichen".

Herausragende Teile des Monuments sollten zwei in Beton ausgeführte Pforten sein, eine mit einer Höhe von 25 Metern weit über das Lagertor hinausragend, überdimensioniert. Die andere, mit 9 Metern Höhe kleinere Pforte, sollte in 375 Meter Entfernung platziert werden.

Oft bediente sich Beuys versteckter Symbolik. So mag es keine zufällige Konjunktion sein, dass im Jahr 375 der so genannte "Hunnensturm" begann, bei dem nomadische Reitervölker aus den zentralasiatischen Steppen in den Westen bis in die Mitte Frankreichs vorstießen. Aus Sicht Steiners waren die Hunnen Vorboten einer neuen Weisheit. Einer Weisheit die zur grundsätzlichen Erneuerung der westlichen Zivilisation führen würde und die Beuys nach dem Holocaust als notwendig empfand.

„Was ursprünglich vom Westen herübergekommen war, war verwandt mit dem, was mit den Hunnen vom Osten her kam. So kam etwas Verwandtes von Osten und Westen hier zusammen: mongolische und germanische Völkerstämme. Die ursprünglich vom Westen kamen, waren auch zurückgebliebene Nachkommen der Atlantier, so wie die vom Osten herkommenden Mongolen."

Weiter folgerte Steiner: „Ein Neues muß aus den Keimen, die im Osten von Europa schlummern, hervorgehen, ein Zusammenschließen mit alledem, was hier erarbeitet worden ist. Die eigentliche [zukünftige Kultur] liegt in den aufkeimenden Völkerelementen Osteuropas. Wir selber in Mitteleuropa sind die Vorposten. Es muß sich im Osten Europas das Stoffliche, das Menschenmaterial finden für das, was hier vorpostlich begründet wird."[461]

Das zentrale Element des Denkmals lag in der Mitte der beiden Pforten am Ende der Bahngleise des Vernichtungslagers, die sich zwischen den beiden Krematorien befanden. Es handelte sich um eine kristallartige, silberne Plastik mit einer Breite von etwa 6 und Höhe von 2,50 Metern. Der Entwurf entsprach einer der Bronze von Beuys aus dem Jahr 1951 mit dem Titel "Lampe".

Die Ausführung mit asymetrischen, gebrochenen Flächen erinnerte an expressionistische Plastiken aber auch an die Formgebung anthroposophischer Bauten. Im Begleitschreiben zu dem Entwurf bemerkte Beuys: „Bei dem Denkmal kam es darauf an, eine Metapher zu suchen, um der vielschichtigen Bedeutung gerecht zu werden. Die Plastik ist Leuchter, Schale, Kristall, Blume, Monstranz. Die Morgensonne soll sich darin vielfältig brechen und durch den Glanz des polierten Silbers weit ausstrahlen."[462]

Erneut findet sich der ideelle Ursprung dieser Arbeit bei Steiner: „In euch Kristallformen, in euch Bergesgebilden, in euch sprießenden und sprossenden Pflanzen schaue ich die Denkmäler des einstmals Schaffenden, Lebenserschaffenden, das ersterbend ist. Aber im Menschen selber [...] sehen wir den physischen und ätherischen Organismus durchsetzt von demjenigen, was in die Zukunft hinüber leuchtet von dem astralischen und Ichwesen".[463]

Nach Beuys' Interpretation war der Kristall „das geheime Formprinzip", ein Todessymbol, in seiner Transparenz zugleich die zu durchschreitende Pforte der Auferstehung, auf dem Weg zum „höheren Denken". „Im Grunde", so Beuys, „ist ja auch diese Ikonographie nicht bekannt, mit dem Kristall. Ja sie ist bekannt in den Märchen, in Mythologien, zum Beispiel Schneewittchen. Das Schneewittchenmotiv ist praktisch das durchsichtige Todesprinzip, das Kristallprinzip, das geheime Formprinzip, und es hat durchaus etwas mit dem Mysterium des Todes zu tun."[464]

Beuys schied mit seinem Entwurf bereits in der ersten Wettbewerbsrunde aus. Im Sommer 1960 ließ er sich das Modell zurück schicken. Anschließend verwendete er dessen Teile bei Aktionen und integrierte sie dann in den so genannten "Block Beuys" im Hessischen Landesmuseum in Darmstadt. Gleichwohl blieb Beuys' Entwurf für das Auschwitz-Denkmal lange unbekannt. [465]

Eva Wurmbach

Seit er im Sommer 1957 Düsseldorf verlassen hatte, wohnte Beuys wieder bei seinen Eltern in Kleve, die ihm während seiner Depression so gut sie es vermochten beistanden.

Am 15. Mai 1958 verstarb sein Vater im Klever Sankt-Antonius Hospital. Doch familiäre Angelegenheiten seine Eltern betreffend, Details wie die Todesdaten des Vaters oder der Mutter, auch der Umstand das ihn sein Vater finanziell unterstützte, ließ Beuys zu seinen Lebzeiten im Dunkeln.[466]

Erst nach seinem Tod wurde 1994 in der überarbeiteten Neuauflage seiner Biographie bemerkt, Beuys sei wegen der Erkrankung des Vaters nach Kleve zurückgekehrt und habe deshalb die Räume im Kurhaus angemietet. Beuys' Vater soll ein so genanntes „Raucherbein" gehabt und an den hiermit verbundenen Komplikationen gelitten haben. Er müsste demnach bereits seit längerem erkrankt gewesen sein.[467]

Indessen fand Beuys kaum wegen der Erkrankung seines Vaters in das Haus der Eltern zurück, denen er doch gar nicht nahe stand, wie er in seiner Biographie bekundete. Viel mehr kam er wegen seiner eigenen depressiven Erkrankung zurück. Letztlich wohl, weil er ein Dach über dem Kopf benötigte, da Wohnung und Atelier in Düsseldorf ausgebrannt waren.

Als Beuys von seiner Depression gesundet war, musste er wegen der Arbeit an den keramischen Reliefs für die Chirurgische Klinik gelegentlich nach Düsseldorf fahren. Während eines solchen Aufenthalts im Februar 1958 lud ihn Sonja Mataré ein, sie zum Karnevalsfest der Kunstakademie zu begleiten. Beuys willigte widerstrebend ein, da er sich noch nicht in der Lage sah, wieder unter Leute zu gehen.[468]

An diesem Abend lernte er seine zukünftige Frau Eva kennen, eine angehende Kunsterzieherin. „Sie saß mit einer Rose in der Hand, weinend in einer Ecke. Das muss ihn gerührt haben. Er ging hin und tröstete sie", schilderte Franz Joseph van der Grinten die Begegnung, wie sie ihm Beuys anvertraut hatte.

„Beuys sah wohl etwas in ihr. Wir konnten wenig mit ihr anfangen, denn sie war sehr zurückhaltend. Eva kam aus besseren Kreisen, das war zu bemerken. Sie konnte anfangs nicht einmal kochen. Schließlich half er Eva bei ihrem Examen, indem er sehr akkurate Diagramme zum Aufbau von Leonardo da Vinci-Gemälden zeichnete", erinnerte sich van der Grinten weiter.[469]

"Eva hatte kurzes schwarzes Haar. Spätzchen nennt man diesen Typ Frau im Rheinland. Sie trug eine Brille und war am Anfang sehr schüchtern, klein und zart, blass. Verhuscht würde man wohl heute sagen. Aber Jupp war eigentlich auch eher scheu, vielleicht hatte er ja gerade deswegen immer Erfolg bei den Frauen. Als er mit Eva kam, waren wir alle verwundert, weil er vorher schon ein wenig der Frauenheld war. Aber es hat ja funktioniert mit den beiden. Vielleicht wegen ihrer Beharrlichkeit. Sie konnte streng werden mit Jupp. Eva hat ihm irgendwie gut getan und er wollte ja auch eine Familie, vielleicht weil er selbst keine richtige hatte", erinnerte sich Pierre Theunissen, der zur gleichen Zeit wie Eva an der Kunstakademie studierte.[470]

Vermutlich stellte die Beziehung zu Eva für Beuys auch einen gewissen gesellschaftlichen Reiz dar. Eva Wurmbach entstammte einer Akademiker-Familie. Sie war Tochter des Bonner Zoologen Prof. Dr. Hermann Wurmbach und dessen ehemaliger Studentin Maria Küchenhoff, dann Wurmbach. Sie hatte drei Schwestern, Leonie, Mechthild und Irmgard. Letztere machte sich als Mineralogin einen Namen und heiratete Michael Abs, den Sohn des Bankiers Hermann Josef Abs.

„'Herr Beuys, wie sind denn ihre persönlichen Verhältnisse?', soll Hermann Wurmbach gefragt haben, und das ehrliche ‚Ich habe nichts und werde auch in Zukunft nichts haben' scheint den zukünftigen Schwiegervater überzeugt zu haben, denn er öffnete eine Flasche Sekt und stieß auf das Brautpaar an", so schilderte Franz Joseph van der Grinten das Szenario, wie es ihm Beuys einmal skizziert hatte.[471]

Im Sommersemester 1959 reichte Eva Wurmbach ihre Examensarbeit "Die Landschaften in den Hintergründen der Gemälde Leonardos" ein, in denen der Aufbau der Bilder analysiert wurde. Am 19. September 1959 heirateten Joseph Beuys und Eva-Maria Wurmbach in der katholischen Kirche St. Maria und Clemens in Bonn-Schwarzrheindorf.[472]

Die Hochzeitsreise führte sie nach Paris. Anschließend bezog das Paar eine bescheidene Wohnung an gleichwohl guter Adresse in einem mit rotem Backstein verkleideten, mehrstöckigen Wohnhaus in der Quirinstraße 18 in Düsseldorf-Oberkassel.[473] Eva Beuys erhielt eine Anstellung als Kunsterzieherin am Düsseldorfer Helene-Lange-Gymnasium.

Evas Vater Hermann Wurmbach war langjähriger Leiter der Abteilung für Entwicklungsgeschichte der Universität Bonn. 1965 wurde er zum Direktor des dortigen Instituts für Landwirtschaftliche Zoologie und Bienenkunde berufen. Wurmbach erlangte in wissenschaftlichen Kreisen Achtung und Bekanntheit durch sein zweibändiges "Lehrbuch der Zoologie", den so genannten „Wurmbach".⁴⁷⁴ Wenn Beuys erklärte, nach 1958 alle verfügbare „Literatur im naturwissenschaftlichen Bereich aufgearbeitet" zu haben, wenn von „zoologischen Studien" die Rede war, wird er Wurmbachs Lehrbuch im Sinn gehabt habe. Eine Ausgabe des "Wurmbach" befindet sich heute in einem Beuys-Werkblock im Kunsthaus Zürich.⁴⁷⁵

„Mit dem Vater hat sich Beuys gut verstanden. Wurmbach hat ja ein Buch über Würmer und Amöben verfasst und konnte gut zeichnen. Die Illustrationen zu seinem Buch hat er selbst gemacht", erinnerte sich Franz Joseph van der Grinten.⁴⁷⁶

In seinen Lehrbüchern finden sich dicht gedrängt komplexe wissenschaftliche Ausführungen über Zellen, Hormone oder Vitamine, Zahlenreihen und Gleichungen sowie auch Absätze über Amöben und Pantoffeltierchen. Diente also Wurmbach Beuys als Vorbild für jenen Professor, welcher ihn dereinst in Posen mit einem Vortrag über Einzeller erschreckt haben soll?

Bereits während der Zeit des Nationalsozialismus war Wurmbach Professor an der Rheinischen Friedrich-Wilhelms-Universität in Bonn. Er trat im April 1933 der NSDAP bei, Mitgliedsnummer 3 144095, war Blockwart und wurde SA-Mitglied. 1938 wurde Wurmbach zum stellvertretenden Gaudozentenführer des 1935 gegründeten Nationalsozialistischen Deutschen Dozentenbundes NSDB und 1941 gleichzeitig zum Gau-Kassenverwalter des NSDB ernannt. Wurmbach war bis zum Untergang des Dritten Reichs in seinen NS-Funktionen aktiv.⁴⁷⁷

Beuys' Schwiegervater war ein überzeugter Nazi und er war mehr als ein Mitläufer. Der NSDB war maßgeblich für Säuberung der Hochschulen von Andersdenkenden, nicht zuletzt jüdischer Dozenten verantwortlich. Auch deshalb verwiesen ihn die englischen Besatzungsbehörden 1945 von der Bonner Universität. Wurmbach wurde als wichtiger, nationalsozialistischer Funktionsträger eingestuft. Nachdem jedoch die Universität Bonn 1948 ihre Autonomie wiedererlangt hatte, gelangte Wurmbach und mit ihm viele andere ehemalige Nationalsozialisten, zurück an die Hochschule.⁴⁷⁸

Wie sehr Wurmbach von der NS-Ideologie überzeugt war erwies sich in seinen „wissenschaftlichen" Arbeiten. Neben anderen, ähnlich gelagerten Elaboraten, hatte er 1940 die Schrift „Biologische Grundlagen für die Bevölkerungspolitik" verfasst.⁴⁷⁹

Hierin erklärte er: „Die Menschenrassen sind also nicht gleichwertig, weder körperlich, noch geistig. Dabei zeigt sich im wesentlichen, dass die nordische Rasse in Bezug auf Heldenhaftigkeit, verstandesmäßige Begabung, Führereigenschaften, schöpferische Leistungen auf jedem Gebiet und ihre soziale Haltung jeder anderen Rasse überlegen ist."[480]

Weiter führte Wurmbach, der Experte für Vererbungslehre aus: „Es ist möglich, durch Ausschaltung der Einzelindividuen eines Volkes als Träger der Erbanlagen von der Fortpflanzung Zuchtwahl zu treiben, indem man die schlechten Erbanlagen zum Verschwinden bringt durch Unfruchtbarmachen ihrer Träger und indem man die Fortpflanzung der Träger guter Erbanlagen, also der Begabten, fördert."[481]

Wurmbach stellte fest, dass inzwischen „Maßnahmen getroffen sind, die den qualitativen Abstieg des deutschen Volkes verhüten sollen. Als wichtigstes ist dabei das Sterilisationsgesetz zu nennen, das durch die Sterilisation erblich Minderwertiger zum wenigsten die Durchsetzung des gesunden Erbgutes mit krankem verhindert. [...] Ferner soll die Verschlechterung der Rasse durch Zufuhr fremden Blutes durch die Nürnberger Rassegesetzgebung vermieden werden. Sie ist außerordentlich wichtig, um Erscheinungen wie im alten Rom, Frankreich und England zu vermeiden, wo sich eine jüdische Finanzclique an Stelle der herrschenden nordischen Familien zu setzen imstande war.

[...] Nicht zu vergessen ist aber in ihrer Wichtigkeit die Tätigkeit zahlreicher Parteistellen, des Rassepolitischen Amtes und besonders auch der SS zur Zurückführung des Volkes auf eine gesunde rasseerhaltende Anschauung und Grundhaltung, die auch die Werte des menschlichen Lebens wieder ins rechte Licht rücken soll."[482]

Seine in dieser Schrift niedergelegten Erkenntnisse zur Säuberung der nordischen Rasse von rassisch minderwertigen Elementen waren pure Eugenik. Auf Grundlage derartiger „wissenschaftlicher" Arbeiten führten die Nationalsozialisten Menschenversuche durch und gründeten durch die SS Menschen-Zuchtanstalten, welche sie „Lebensborn" nannten. Letztlich waren „Wissenschaftler" wie Wurmbach die Wegbereiter des Holocaust, zu den Massenmorden an behinderten, als „lebensunwert" erachteten, an „rassisch minderwertigen" Menschen, an Juden, Farbigen, Zigeunern und Homosexuellen.

Wurmbach schloss seine Ausführungen, Beitrag der Biologie sei, die Ursachen sowie die Möglichkeiten zur Beseitigung der Gefahren für die „abendländische Kultur" aufzuzeigen. Die „praktische Vollendung" läge „in den Händen des Nationalsozialismus", der den „Willen und die Macht zur Tat" habe, weshalb das deutsche Volk „hoffnungsvoll in die Zukunft" blicken könne.[483]

Der Freund

Obwohl er von Weggefährten als introvertiert und scheu geschildert wurde, betonten diese immer auch, dass Beuys ein freundlicher und durchaus geselliger Mensch war. In vertrauter Gesellschaft überwand er sich manches Mal und verstand es, die Umstehenden mit in rheinischem Idiom vorgetragenen Scherzen zu erheitern. Beuys, der rege Beziehungen nach Krefeld unterhielt, sei auf Künstlerfesten der Textilfabrikantin Steinert als „äußerst kommunikativ aufgefallen" und habe „sogar den Handstand auf dem Tisch gemacht", wusste der Kurator Johannes Cladders zu berichten.[484]

Trotz derartiger Auftritte blieb Beuys ein Einzelgänger, der nur sehr wenige tief gehende Freundschaften pflegte. Ein enger Freund war zweifelsohne Erwin Heerich, der sich jedoch von Anbegynn in Beuys' Schatten sah. Beuys sei für ihn „immer Vorbild gewesen, nicht als Bildhauer, sondern als ein Mensch, der seine Existenz mit einer Sprache versieht, die mich ungeheuer berührt hat".[485]

Ähnlich nah wie Heerich stand Beuys dem Dichter Adam Reinhard Lynen. Beuys und Lynen waren sich erstmals 1947 in besagten Krefelder Kulturkreisen begegnet. Lynen bewohnte ein Gartenhaus am „Großen Parsick", einem idyllischen See nördlich von Krefeld, der zu einer Reihe von „Kuhlen", Seen und Teichen am linken Niederrhein, zählt, die während der Eiszeit entstanden waren und umgangssprachlich „Kull" genannt wurden.

„1948 Krefeld Ausstellung ‚Kullhaus' (zusammen mit A. R. Lynen)", notierte Beuys in „Lebenslauf Werklauf".[486] Am Seeufer in der Sonne liegen, schwimmen, filterlose Zigaretten, billiger Rotwein, bescheidene Vergnügungen der Nachkriegsjahre, die Beuys mit seinem Freund Lynen teilte, auf die er mit seiner Eintragung verwies.

Lynen, Abkömmling einer wohlhabenden Krefelder Industriellen-Familie, lebte von der Apanage seiner verwitweten Mutter, weshalb er nicht genötigt war, einer beruflichen Beschäftigung nachzugehen. Man könnte in Lynen einen deutschen Vertreter der Beat-Generation sehen, einen Nonkonformisten, der wie Kerouac herumreiste, vom Leben auf der Straße, von Landstreichern, Jenischen, Trinkern und Dieben, von Nutten und Sex schrieb. Auf kleinbürgerlich katholisch geprägten Beuys musste er wie ein Reisender aus einer fremden Welt wirken.

Zeitweise bewohnte Lynen mit einer Clochard-Kommune eine abbruchreife Münchner Villa. Er hatte sich damals einen Smoking beschafft, der ihm Einlass zu den Partys der Münchner Society bot. Dort bediente er sich am Buffet und bei Frauen. Während dieser Zeit verfasste Lynen auch sein einziges Buch "Kentaurenfährte-Logbuch eines Vagabunden", das 1963 veröffentlicht wurde. Eine ungewöhnliche Mischung aus Prosa und Poesie.[487]

In seinen Erzählungen, Kurzgeschichten, Gedichten und Liedern pries Lynen eine Gegenwelt zur „Förster im Silberwald"-Bigotterie der fünfziger Jahre. An der Veröffentlichung seiner Texte hatte er jedoch kein Interesse. Nur einige Reiseberichte wurden in Zeitschriften abgedruckt. Nicht zuletzt auf Drängen von Beuys trug Lynen schließlich seine Geschichten in "Kentaurenfährte" zusammen.

„Lynen war Anarchist, weniger aufmüpfig als nicht zu vereinnahmen, und zugleich Literat, Poet der erlesensten Art in der stolzen Nachfolge des François Villon, Meister der lapidaren Form und Beiläufigkeit, der Shantys, Moritaten und ‚Keller-Stories', der lästerlichen Lieder, Bänkelgesänge, Balladen, nicht zu vergessen einer gewieften, bisweilen zum Mythos geadelten Prosa. Es soll auch Theaterstücke geben und überhaupt eine Menge nie publizierten Materials. Kostproben davon sind mir Anfang der 1970er Jahre zu Ohren gekommen, als wir für kurze Zeit gemeinsam in Gelsenkirchen wohnten", erinnerte sich Beuys' langjähriger Assistent Johannes Stüttgen.[488]

Unübersehbar in Beuys' Œuvre der fünfziger Jahre ist eine große Fülle üppiger weiblicher Akte. Darstellungen sexueller Rituale auch, wie sie Lynens Zeilen entsprungen sein könnten, so etwa: „Mim, dieses Wunder einer Nutte, Bauchfreundin und Anbeterin. Ich starre das Bild an. [...] Sie lüpfte ihr Kleid mit Messalina-Geste [...], dass die Kuh, die sie war, genau über dem stierigen Mann stand."[489]

In der gleichen unverstellten Sprache, in der er das Milieu der Dirnen, der Tramps und Fahrenden schilderte, berichtete Lynen von Schmutz und Elend des Krieges. Wenn sie sich auch in Herkunft und Haltung unterschieden, Beuys und den um zwei Jahre jüngeren Lynen verband diese Erfahrung.

Vor allem die letzten, verheerenden Rückzugsgefechte an der Ostfront waren für Lynen Gegenstand der Erzählung. Lynen kämpfte als Panzerjäger an vorderster Front. Nur mit großem Glück entkam er den vernichtenden Einkesselungen durch die Sowjetarmee. In tiefem Winter konnte er sich mit den Resten seiner Division, unter wenigen Dutzend verwundeter und zerlumpter Soldaten zu Fuß und auf Schlitten aus der Umklammerung retten.[490]

Einige Akzentuierungen von Lynens Kriegserzählungen weisen Verwandtschaft zur Diktion auf, mit der Beuys seine "Tatarenlegende" darbrachte. Wenn Lynen etwa schrieb: „Als sie uns abgeschossen hatten, Bug und Flanke verschrottet, und wir booteten aus über den Turm, auf dem einer liegen blieb: das war der Beginn unserer Schlittenreise, als die Front zusammenbrach. In dem Schlitten mit zwei Pferden davor saßen wir schneeblind tagelang im Stroh […]."[491]

Beuys klang dann so: „Ich habe noch gesagt, lass uns rausspringen, abspringen." Dann sprach er von „Schneefall" von „der Steppe" von Tataren „beim Pferdeaustreiben"[492]

Zahlreiche Details aus Lynens Erzählungen spiegeln sich in Beuys' Werk. Liest man etwa Lynens Gedicht „Die Ebene, die kein Ende nimmt", stellen sich unvermittelt Assoziationen zu Beuys' zahllosen Schlittendarstellungen ein, zu Installationen wie „Schneefall" oder der Schlitten-Kolonne von „The Pack (das Rudel)": „Wir fuhren immer und immer, Geschlagen war die Armee, Mit dem Schlitten im Morgenschimmer, Mit dem Schlitten im Abendschnee."[493]

„Lynen war in der schwierigen Phase um die Zeit, als Beuys seinen Zusammenbruch hatte, ein permanenter Gesprächspartner für Beuys. Die beiden wohnten zeitweise zusammen. Er war ein Freigeist. Vor allem in den Krisenjahren hat er damit Beuys auf einer unaussprechlichen Ebene Räume geöffnet", so Johannes Stüttgen.[494]

Nicht von ungefähr lässt sich "Kentaurenfährte" wie ein Fundus für Beuys' Motivik sowie von Regieeinfällen für sein späteres Wirken als Aktionist ausnehmen. Die nomadische Welt findet sich bei Lynen ebenso wie deren Aspekt des Schamanismus.

Der Kurator von "Feuerstätte" und Beuys-Experte Dieter Koepplin stellte fest: „Schließlich sei erwähnt, dass Beuys' Freund Adam Rainer Lynen […] auf anderer geistigen Grundlage, aber mit Nachdruck das Lied des Schamanen und künftigen Nomaden gesungen hat."[495]

Lynens Einfluss auf Beuys könnte man mit dem Begriff „Ghostwriter" umschreiben. Lynen antizipierte zukünftige künstlerische Entwicklungen von Beuys und formulierte Regieanweisungen ähnlich Szenarien, wie sie sich bald in Beuys' Wirken widerspiegeln sollten.

So schrieb Lynen: „Die europäische Bildung war ja beendet, die Philosophie bei den Kategorien und die Naturwissenschaft bei der Atombombe. Er hatte selber in der Kunst einen Durchbruch in Niemandsland versucht. Anderes Gelände, fand er, konnte man nicht mehr betreten. Er suchte das Leben im unvermessenen Raum. […]

‚Man müsste ein Buch schreiben', sagte er. Er sah mich an. ‚Eines, das überholte Tabus umwirft. Ulysses.'"[496]

Von derartigem Einfluss Lynens auf Beuys überzeugt, bemerkte Dieter Koepplin, mit einer „gewissen Zwielichtigkeit" habe Lynen Beuys den Ulysses von James Joyce sowie viele mythische Bezüge näher gebracht.[497] Dies zeichnete sich spätestens ab, als Beuys in dieser Phase seines wohl intensivsten Austauschs mit Lynen um 1958, parallel zu "PROJEKT WESTMENSCH" das so genannte "Joyce-Werket" begann, ein Konvolut aus sechs zu Skizzenbüchern umgewidmeten Schulheften.

1964, ein Jahr nach der Veröffentlichung von "Kentaurenfährte", verfasste Beuys seinen "Lebenslauf Werklauf". Hierin bezog er sich auf Lynens Anregung, „ein Buch zu schreiben" und notierte: „1961, Beuys verlängert im Auftrag von James Joyce den Ulysses um 2 weitere Kapitel." Beuys verstand das "Joyce-Werket" als diese Verlängerung.[498]

Darüber hinaus erschließt sich eine Brücke zwischen Lynens Interesse für Joyce und Beuys' eigener Joyce-Interpretation aus deren Bezugnahme auf Lynens „schamanistische"-Texte. Wenn etwa von „stammesmäßigen […] Bindungen des Dichters an seine irische Heimat" die Rede ist, wenn Beuys von dem „geheimnisvollen irischen Wasser-, Feuer- und Luftkult" spricht. Bei Joyce, so Beuys, zeige sich das „eigentliche irisch-mythologische Element; das ist fast schon etwas Übersinnliches, die spirituelle Wolke, die über Irland schwebt". Die „spirituell mythologischen" Elemente in den Arbeiten von Joyce reichten nach Beuys' Auffassung „zurück bis auf die Wesenselemente des indoarischen Zusammenhangs".[499]

Der andere Bezug auf Joyce in „Lebenslauf Werklauf", „1950 Beuys liest im Haus Wylermeer Finnegans Wake",[500] war vermutlich weniger von Lynen als von Beuys' Besuch bei der Mataré-Sammlerin und Joyce-Verehrerin Marie Schuster in Wyler inspiriert. Denn ob sich Beuys damals bereits mit Joyce befasste, ist fraglich, wie eine Untersuchung von Christa-Maria Lerm Hayes zu „James Joyce als Inspirationsquelle für Joseph Beuys" ergab.[501]

Mit seiner Frau Eva führte Beuys 1962 zum hundertjährigen Jubiläum des Helene-Lange-Gymnasiums das gemeinsam verfasste Theaterstück "Sylvester 1899-1900 - JOYCE" auf. Eventuell erfolgten einige Studien in diesem Zusammenhang.

Dass Beuys, der - wie Georg Jappe einmal bemerkte - „rudimentärstes Englisch sprach", die komplexen Werke von Joyce, insbesondere

"Finnegans Wake", bereits in den frühen fünfziger Jahren in englischer Sprache gelesen und intellektuell erfasst haben soll, ist unwahrscheinlich.

"Finnegans Wake", dessen Text eine höchst experimenteller Mix aus verschiedensten Formen und Sprachen ist, gilt als eines der unzugänglichsten Werke der Literatur. Wenn überhaupt, wird Beuys "Finnegans Wake" erst in den siebziger Jahren zur Hand genommen haben, während. In dieser Zeit reiste Beuys nach Irland und thematisierte folglich auch Joyce.[502]

An einem weiteren Punkt könnten sich Lynens und Beuys' Kreise gleichfalls berührt haben. Beuys las Rudolf Pannwitz (1881-1969), einen wenig bekannten deutschen Philosophen und Autor, dessen 1917 erschienenes Hauptwerk "Die Krisis der europäischen Kultur" auch Steiner rezipiert haben dürfte, wie ein Abgleich ihrer Werke nahelegt. Motive von Pannwitz scheinen sich ebenfalls auf Lynen zu beziehen. Pannwitz nannte seine Schriften zusammenfassend "Die Bücher des Kentauren".[503]

In "Die Krisis der europäischen Kultur" thematisierte Pannwitz unter anderem den von Beuys wie Steiner immer wieder beschworenen Blick nach Osten. Im Vorwort schrieb Pannwitz, wie für ihn üblich in Minuskeln: „wir europäer mit dem blick auf asien können uns redlicherweise nicht mehr überwerten […]. unsere völker und vaterländer sind tatsachen deren werte und sogar wert wir nicht einschätzen können ehe wir wissen wohin wir selber wollen. vielleicht nach asien?"[504]

Es ist nicht übertrieben festzustellen, dass Lynen einer der wenigen Menschen war, die Beuys rückhaltlos bewunderte. Wenngleich man die Beziehung der beiden innig nennen könnte, bot das Thema „Rudolf Steiner" immer wieder Anlass zu Auseinandersetzungen: „Wenn auch sonst zwischen beide kein Blatt ging, überwarfen sie sich regelmäßig wegen Rudolf Steiner, der für Lynen ein rotes Tuch war, wie im Übrigen alles, was auch nur aus der Ferne nach religiöser Bekehrung, Belehrung, nach Metaphysik und Kirche roch. Reiner konnte nicht begreifen, was Beuys mit oder an Steiner hatte. Alles aus dieser Ecke stank ihm gewaltig", erinnerte sich Johannes Stüttgen.[505]

Lynen kann als ein wesentlicher Impulsgeber für die literarische Bildung von Beuys sowie für dessen Motivik gesehen werden. „Zu Lynens schriftstellerischer Arbeit hatte Beuys die innigste Beziehung", so Stüttgen, „er nannte den Freund ‚Deutschlands letzten Dichter', dies mit Hochachtung und nicht ohne Wehmut und mit einem Seitenblick auf den Zustand der bundesrepublikanischen Nachkriegsliteratur unter der Wortführerschaft der Gruppe 47, für die er nur Verachtung übrig hatte. Nein, Lynen war da aus einer anderen Liga, wohl eben einer längst verwaisten und ohne Aussicht auf Systemresonanz - allerdings auch, was Beuys immer wieder beklagte, ohne den mindesten Ehrgeiz. Das Buch ‚Kentaurenfährte - Logbuch eines Vagabunden', dessen Realisation Lynens Bruder, der Schauspieler Günther Lynen, 1963 gegen mancherlei Widerstände durchgesetzt hatte, blieb die einzige Publikation. 1969 bemühte sich Beuys vergeblich um eine Professur für den Freund an der Düsseldorfer Kunstakademie."[506]

Nach der Veröffentlichung von "Kentaurenfährte", die er sich regelrecht abringen musste, entschwand Lynen aus dem Umfeld von Beuys. Jahrelang durchmaß er Südamerika und Europa mit einem klapprigen Fahrrad. Im Sommer 1971 stand Lynen wieder vor Beuys' Tür. Die Freundschaft zwischen Beuys und Lynen war von Bestand. Lynen besuchte den inzwischen zu einigem Ruhm gekommenen Freund in der Akademie und erlaubte sich in Gegenwart der Klasse Späße mit ihm. „Beuys und Lynen, das war Augenhöhe", erinnerte sich Stüttgen. „Lynen spottete auch über Beuys in dessen Gegenwart. Das hat die Leute beeindruckt, dass da einer Beuys die Stirn bot."[507]

Vorübergehend lebte Lynen bei Johannes Stüttgen in Gelsenkirchen oder bei anderen Freunden, dem Maler Adolphe Lechtenberg etwa. Zuletzt, so Lechtenberg, habe Lynen mit einer Künstlerin, einer ehemaligen Beuys-Schülerin in Süddeutschland zusammengelebt.

Konsolidierung

Erst kurz vor Anmeldeschluss bewarb sich Beuys im Februar 1961 für die durch das Ausscheiden von Sepp Mages frei gewordene Stelle für Bildhauerei an der Kunstakademie Düsseldorf. Der befreundete Fotograf Fritz Getlinger hatte im Haus von Beuys' Mutter in fünf Tagen und vier Nächten 50 Arbeiten für dessen Bewerbungsmappe fotografiert: Zeichnungen, Aquarelle sowie plastische Arbeiten.[508] Allesamt Werke, die keinen Anlass zu Kontroversen boten und in denen immer noch der Einfluss seines Lehrers Mataré durchschien. Beuys wurde auf den ersten Platz der vier Bewerber gesetzt.[509]

Akademie-Direktor Hans Schwippert schrieb am 21. März an den Kultusminister des Landes Nordrhein-Westfalen, Werner Schütz über Beuys: „Seine Entwicklung, auf seinen Lehrern fußend, weist ein künstlerisches Werk auf, welches, noch in Matarés Gesinnung begründet, sich in einer neuen und freien Weise in vorzüglichen plastischen Gestaltungen in einem sehr breiten Bereiche ausdrückt. Über das Mataré ‚klassische' bildhauerische Repertoire hinaus, hat er sich der Formung vieler Dinge in vielerlei Materialien mit hoher Begabung und ausgezeichnetem Ergebnis angenommen und sich dabei durchaus unabhängig von bildhauerischen Zeitströmungen flüchtigeren Charakters höchst beachtlich entwickelt. Eben jene Breite lässt in Verbindung mit einer sehr starken künstlerischen Ausstrahlung in ihm einen Lehrer erwarten, der Vermögen und Interesse für den vielseitigen heutigen und zukünftigen Ansatz plastischer Gestaltungen zu erwecken vermag, eingeschlossen, was von besonderer Bedeutung ist, die Bereiche von Bau und Raum wie die besonderen Interessen, welche der Ausbildung zum ‚künstlerischen Lehramte' eigen sind."[510]

Den Ausführungen Schwipperts folgend, suchte man einen Akademie-Lehrer der „unabhängig von bildhauerischen Zeitströmungen flüchtigeren Charakters" Kunst am Bau unterrichten und Lehrer ausbilden konnte, von dem man mithin alles andere als Experimente oder etwa die Erneuerung der Kunst erwartete. Der bislang unbekannte wie unauffällige Beuys schien prädestiniert für die erwartete, konformistische Amtsausübung.

Ein Mitglied der Berufungskommission, der Maler Karl Otto Götz (K.O. Götz) erinnerte sich: „Bei den Berufungsverhandlungen stellte ich fest, dass keiner meiner Kollegen diesen Bildhauer kannte. Man hatte den Namen nie gehört." Deshalb sei „besonders positiv gewertet" worden, dass Beuys ein Schüler von Mataré war.[511] Als Götz den inzwischen emeritierten Mataré während der Verhandlungen zufällig auf dem Flur der Akademie traf, habe dieser jedoch entsetzt reagiert: „Ihr wollt doch nicht etwa den Beuys berufen, der ist doch verrückt." „Ich war empört", so Götz, „ausgerechnet der Lehrer spricht so über seinen ehemaligen Schüler. Wen und was wir uns mit der Berufung von Beuys ‚eingekauft' hatten, stellte sich erst einige Jahre später heraus."[512]

Im Mai 1961 wurde Beuys 40. Am 14. September unterschrieb er den ersten Dienstvertrag eines nicht beamteten, „vollbeschäftigten künstlerischeren außerordentlichen Lehrers für Bildhauerei", Besoldungsgruppe H2 mit einem Monatsgehalt von 1.221.49 DM. Der Vertrag war bis zum 30. September 1966 befristet. Für dieses Zeit war Beuys gestattet, die „Dienstbezeichnung" Professor zu führen. Sein Dienstantritt war am 1. November. Er musste zunächst die Vorklasse betreuen.[513]

Aus Anlass seiner Berufung hatten die Brüder van der Grinten im Herbst 1961 eine Einzelausstellung, Beuys' erste gewichtige Präsentation überhaupt, im Klever Museum Haus Koekkoek durchgesetzt: „Josef Beuys - Zeichnungen, Aquarelle, Ölbilder, Plastische Bilder aus der Sammlung van der Grinten."

Die kleinformatigen Arbeiten der vom 8. Oktober bis 5. November stattfindenden Ausstellung waren in einem Sammelsurium verschiedenartiger Rahmen, in einer Art „Petersburger Hängung" über die Wände verteilt. Kurz vor der Eröffnung wurde als einzige Plastik das Grabmal für die Eltern van der Grinten hinzugefügt, dessen Motiv an das „Auferstehungssymbol" des Büdericher Ehrenmals erinnerte. Nur 36 der 239 Katalognummern wiesen Datierungen aus jüngerer Zeit, aus den Jahren 1958 bis 1961 auf, womit von einer aktuellen Werkschau nicht die Rede sein konnte.[514]

Ein gravierender Unterschied in Bezug auf Form, Inhalt und Präsentation der Arbeiten gegenüber der Ausstellung von 1953 im Haus der Brüder war nicht auszumachen.[515] Im Text des Kataloges zur Ausstellung von 1961 befasste sich Franz Joseph van der Grinten dementsprechend mit den bekannten Kreuz-Motiven, während Hans van der Grinten in seinem Aufsatz Schafe, Ziegen, Hirsche, Elche sowie Aktzeichnungen umschrieb.[516]

Zumindest eröffnete Beuys mit den so genannten "Plastischen Bildern" einen neuen Akzent seines Repertoires. Assemblagen aus Alltagsgegenständen und Fundstücken, die in Verwandtschaft zu Kurt

Schwitters "Merzbildern" sowie zu aktuellen Strömungen der Materialkunst, so etwa Robert Rauschenbergs "Combine Paintings" standen. Für Beuys waren die "Plastischen Bilder" weniger eigenständige Form denn Experimentierfeld. Wohl deshalb auch sah Beuys selbst die "Plastischen Bilder" zunächst als Teil seiner zeichnerischen Arbeit. Erst nach Intervention der Brüder verlieh er ihnen ihre eigene Benennung. Allerdings bezeichnete er in dem von den Brüdern unter Mühen finanzierten Ausstellungskatalog nur zwei Arbeiten explizit als "Plastische Bilder". Lediglich ein weiteres Dutzend der Sujets konnten formal als Collage oder Assemblage gesehen werden.[517]

In den Eröffnungsansprachen der Vernissage wurde Beuys zunächst als Epigone Matarés begrüßt. Anschließend ging Hans van der Grinten auf die "Plastischen Bilder" ein, die er als „spielerische Kombination verschiedenartiger und verschiedenfarbiger Materialien" interpretierte. Und wirklich hatten die "Plastischen Bilder" den Charme des experimentell Unfertigen. Beiläufige Miniaturen, Fingerübungen für späteres.

Gleichwohl entging vielen Besuchern die Finesse der meistenteils aus Abfall gestalteten Assemblagen. Sie empfanden die „Plastischen Bilder" als empörend, weshalb die Ausstellung eine Reihe von wütenden Leserbriefen in der Lokalpresse nach sich zog. Unter anderem wurde Beuys „Scharlatanerie" unterstellt. Wenn allerdings in diesem Zusammenhang gelegentlich von Beuys' erstem „Skandal" gesprochen wurde, gilt zu bedenken, dass es sich um Vorkommnisse in tiefster rheinischer Provinz handelte, die in den Kunsthochburgen stromaufwärts irrelevant waren.[518]

Im Herbst diesen Jahres fanden Beuys und seine hochschwangere Frau auf Vermittlung von Gotthard Graubner eine Art Wohnatelier im Düsseldorfer Stadtteil Oberkassel am Drakeplatz 4. Beuys meldete sich unter dieser Adresse am 7. Dezember 1961 an. Bei seiner Anmeldung schrieb Beuys seinen Namen wieder in seiner ursprünglichen Schreibweise, statt „Josef" nun „Joseph". Am 22. Dezember wurde der Sohn Boien Wenzel geboren.

Die beruflichen und privaten Ereignisse im Jahr 1961, die gleichzeitige Stagnation seiner Arbeit, muten an, als habe Beuys seine bis zu diesem Zeitpunkt relativ bescheidene Künstlerkarriere konsolidieren wollen.

Er bekam die gewünschte Professur, erlangte eine erste Museumsausstellung, er hatte eine Familie gegründet sowie eine genehme Wohn-

und Arbeitssituation gefunden. Nichts in Beuys' Leben deutete Expression, Experiment oder Aufbruch an. Um ihn herum jedoch war vieles in Bewegung geraten.

John F. Kennedy war 1961 als Nachfolger des konservativen Dwight D. Eisenhower Präsident der Vereinigten Staaten geworden. Mit der Präsidentschaft Kennedys verband sich weltweit die Hoffnung auf ein neues, liberaleres Zeitalter. In der Bundesrepublik machten sich zeitgleich Autoren und investigative Journalisten daran, die politische und gesellschaftliche Stagnation der Adenauer-Ära zu bekämpfen. Damit rückte auch die Aufarbeitung der NS-Vergangenheit in den Fokus.

Marcuses und Habermas' „Frankfurter Schule" bereitete den Weg für die Ereignisse von 1968. Die von Realismus und Kritik bestimmte deutsche Nachkriegsliteratur erlebte ihre Blüte. Texte von Ginsberg, Kerouac und Burroughs, den Autoren der Beat-Generation, wurden in intellektuellen Kreisen herumgereicht. Stockhausen experimentierte mit elektronischer Musik. Aus dem Westen rollten Musik-, Mode- und Sex-Wellen in die Republik. Die Pop-Art folgte.

Vor diesem Hintergrund sahen sich viele Künstler in der Pflicht, ihre gesellschaftliche Rolle zu überdenken. Die Aufbruchstimmung in der jüngeren Generation, die sprunghafte Entwicklung der Massenmedien, aber auch der sinnfreie Massenkonsum machten ihre isolierte Position in einer elitären Hochkultur zunehmend fragwürdig. Kunst begann, sich einem öffentlichen Diskurs zu stellen.

Beuys schien hiervon unberührt. Sein Kosmos befand sich jenseits aktueller Zeitströmungen. Er interessierte sich für nordische Mythen, für nomadische Kultur uns Schamanismus, goutierte intellektuelle Außenseiter-Positionen. Neben Steiner etwa den Okkultisten Joséphin (Joseph) Péladan, Vordenker des mystischen Geheimbunds der Rosenkreuzer sowie Pannwitz oder Stefan George, Wegbereiter der so genannten "konservativen Revolution".[519]

Im Herbst 1961, zur gleichen Zeit, als der Prozeß gegen den Holocaust-Organisator Adolf Eichmann stattfand, bekannte Beuys in seinem zur Klever Ausstellung publizierten "Notizzettel": „Unmittelbare Nachkriegszeit - wichtigster Mann: Hamsun!"

Knut Hamsuns Werk war von völkischen und mythologischen Motiven durchzogen. Er war glühender Verehrer Hitlers und Mitglied der Nationalsozialistischen Partei Norwegens gewesen. Noch am 7. Mai 1945 hatte er einen Nachruf auf Hitler veröffentlicht, in dem er Hitler einen „Krieger für die Menschheit und einen Verkünder des Evangeliums vom Recht aller Nationen" nannte. Hamsun sah in Hitler „eine reformatorische Gestalt von höchstem Rang", deren historisches Schicksal gewesen sei, „in einer Zeit der beispiellosen Rohheit wirken zu müssen". Hamsun wurde daraufhin verhaftet und mit seiner Frau wegen NS-Agitation und Mitgliedschaft in der Nationalsozialistischen Partei Norwegens verurteilt.[520]

James Joyce, hingegen, dessen Bedeutung Beuys in späteren Jahren insbesondere für die Zeit nach 1958 nannte, blieb im "Notizzettel" von 1961 unerwähnt. Aktuellere literarische Strömungen, die Werke von Bachmann, Böll, Grass oder Johnson, lehnte er ab.

Weiterhin ist nicht bekannt, dass Beuys etwa Jazz oder zeitgenössische Musik geschätzt hätte. Indessen nannte er das Volkslied und Wagner als musikalische Präferenzen. Mit seinen Vorlieben und Haltungen, die man gestrig nennen könnte, mit seiner diffusen Innerlichkeit, wirkte Beuys am Beginn der sechziger Jahre wie aus der Zeit gefallen.[521]

Er stand abseits, unbeachtet, scheinbar ungerührt und doch glühend in seinem Sendungsbewusstsein. Beuys wollte die Menschen auf „tiefergehende und ungewohnte Bezüge aufmerksam" machen, den Alleingültigkeitsanspruch der modernen Wissenschaft brechen und damit seinen „Erweiterten Wissenschaftsbegriff" ausrufen, der seine Interpretation der Steiner-Lehren war. Beuys bezeichnete sich als „Werkzeug der Menschheit".[522] Seine Mission verlangte nach Verkündung, nach der damit verbundenen Exposition des Missionierenden.

Trug Beuys solches Verlangen in sich, waren die Formen seiner bisherigen Kunstausübung weiterhin unzureichend. Mit seinen introvertierten, kryptischen Arbeiten in bescheidenen Formaten vermochte er die Wahrnehmungsschwelle nicht zu überschreiten. Wollte er Aufmerksamkeit für sein Wirken gewinnen, musste er sich um andere Formen der Vermittlung bemühen. In dieser Situation begegnete er am 5. Juli 1961 dem koreanischen Musiker und Performance-Künstler Nam June Paik während einer Aktion der ZERO-Gruppe vor der Tür der Galerie Schmela in der Düsseldorfer Altstadt.[523]

Paik

Der Koreaner Nam June Paik hatte von 1952 bis 1956 in Tokio westliche Musik studiert. 1958 kam er nach Freiburg, wo er sein Musikstudium fortsetzte. Im Sommer des gleichen Jahres besuchte während der "Darmstädter Kurse für Neue Musik" Auftritte und Vorträge von John Cage zur „Komposition als Prozeß". Paik war nicht nur von Cages Idee der Gleichbehandlung aller Klänge begeistert, von Tönen, von Geräuschen wie der Stille, ebenso berührt war Paik von Cages Verbindung mit dem Zen-Buddhismus.

Cage experimentierte mit interdisziplinären Verbindungen zwischen Musik, darstellender und bildender Kunst. Als Lehrer am Black Mountain College hatte er schon 1952 ein erstes Happening veranstaltet, bei dem Musik, Tanz, Textvortrag, Malerei, Film- und Diaprojektion kombiniert wurden. Der klanglichen Materialität begegnete Cage mit konzeptualisierter Inszenierung. Beispielhaft sein Stück "4.33", bei dessen Aufführung der Pianist statt die Tasten zu berühren, unbeweglich verharrte, um hierdurch die Umgebungsgeräusche bewusst zu machen.[524]

Am 14. Oktober 1958 führte Cage in der Düsseldorfer Galerie 22 "Music Walk" auf, ein Werk das er für einen oder mehrere Pianisten, Radios und Geräusche konzipiert hatte. Paiks erste performative Komposition, die er rund Jahr später, am 13. November 1959, am gleichen Ort vortrug, hatte den Titel "Hommage à John Cage - Musik für Tonbänder und Klavier".[525]

Paiks Performance war trotz seiner Verehrung für Cage eine Antithese zu dessen passivem Gewährenlassen des Alltäglichen. Sein Aufführungskonzept nannte Paik "Action Music". Seine Performances sollten als aktiv, aggressiv und aufrüttelnd wahrgenommen werden, da er sie als politisches Statement verstand, eine „Verwarnung" an das wirtschaftswundergläubige Deutschland, wo „Fleißigkeit und Dummheit in Eins gebunden ist".[526]

In Paiks "Hommage à John Cage" wurden Handlungselemente von fast meditativer Stille am Beginn von furioser Aktion zum Ende hin abgelöst. „Zwei Klaviere (eins davon ohne Tasten), Tonbandgeräte, Blechbüchsen mit Steinen, ein Spielzeugauto, eine Kunststoff-Lokomotive, ein Ei, eine Glasscheibe, eine Flasche mit Kerzenstummel und eine Spieldose. [...] Aus den Tonbändern erklang der Schrei von zwanzig bedrängten Jungfrauen [...] Im vierten Satz, dem Finale furioso, raste Paik wie ein Berserker durch die Gegend, zersägte mit einem Küchenmesser die Klaviersaiten und kippte endlich den Klimperkasten um. Piano-forte est morte. Es war des Beifalls kein Ende", notierte ein Anwesender.[527]

Später erinnerte sich Paik, Beuys habe ihm berichtet, an der Aufführung von "Music Walk" in Düsseldorf zugegen gewesen zu sein, die ihn außerordentlich beeindruckt habe. Als er dann im Juli 1961 Beuys am Rande der "ZERO"-Aktion erstmals begegnete, sei Beuys aus eigenem Antrieb auf ihn zugekommen, um ihn kennen zu lernen.[528] Worin eine gewisse Konsequenz lag, da Paik, anders als Beuys, in den rheinischen Kunstkreisen inzwischen hohe Bekanntheit genoss. Zunächst blieb das Treffen allerdings ohne weitere Folgen.

Paik stand nach Vermittlung von Jean-Pierre Wilhelm, Inhaber der Galerie 22, zu dieser Zeit bereits in Verbindung mit dem amerikanischen Künstler George Maciunas. Der hatte im Herbst 1960 beabsichtigt mit dem litauischen Galeristen Almus Salcius in New York ein Kunstmagazin zu gründen, dem Maciunas den Namen FLUXUS gab. Gleichzeitig eröffneten sie die AG Gallery (für Almus und George), in der sie hauptsächlich Konzerte und Performances zeigten. Die Galerie musste schon nach kurzer Zeit wegen Geldmangels geschlossen werden. Das Magazin erschien nicht.

Ein Jahr nach diesem Desaster floh Maciunas mit seiner Mutter, einer ehemaligen Tänzerin, vor seinen Gläubigern nach Deutschland. Er nahm eine Stelle als Zivilangestellter der US Air Force in Wiesbaden an, wo er als Graphiker für flugtechnische Instruktionen arbeitete. Maciunas gab die Idee einer Publikation jedoch nicht auf und beabsichtigte, ein Festival für „Neue Musik" mit dem Zweck zu organisieren, Geld für sein FLUXUS-Magazin zu erwirtschaften. Durch Paik kam Maciunas in Kontakt mit in Deutschland lebenden Avantgarde-Künstlern, die er sogleich für sein Projekt engagierte: Emmett Williams und Wolf Vostell.

Die erste Kooperation von Paik und Maciunas fand am 9. Juni 1962 im Rahmen des Umzugsfestes der Wuppertaler Galerie Parnass statt, das den Titel "Kleines Sommerfest - Après John Cage" trug. Die von den Galeristen Rolf und Anneliese Jährling an diesem Tag bezogene, geräumige Jugendstilvilla sollte zu einem der wichtigsten Spielorte für FLUXUS und Konzeptkunst in Deutschland werden. Das Event war von Paik und Jean-Pierre Wilhelm konzipiert worden, der seine eigene Galerie inzwischen aufgegeben hatte. Es wurden Stücke von George Maciunas und Benjamin Patterson aufgeführt, in denen Nam June Paik,

Carlheinz Caspari, Jed Curtis und Benjamin Patterson als Akteure mitwirkten. Es war der erste Auftritt von Maciunas in Deutschland. Caspari verlas einen Text von Maciunas, "NEO-DADA in Music, Theater, Poetry, Art", der als früheste Manifestation der FLUXUS-Idee gesehen werden kann.[529]

In der Woche nach dem Wuppertaler Event, ein Jahr nach ihrem ersten Kennenlernen, trafen sich Beuys und Paik wieder. Anlass war die Veranstaltung "NEO-DADA in der Musik", die am 16. Juni 1962 ab 23.00 Uhr in den Düsseldorfer Kammerspielen stattfand und die unter anderem mit Aufführungen von Nam June Paik, George Maciunas, Benjamin Patterson und Wolf Vostell bestritten wurde.

Jean-Pierre Wilhelm hatte sich erneut maßgeblich für das Zustandekommen dieses nächtlichen Events engagiert. Er hielt eine Ansprache, bei der er den internationalen Charakter der Neo-Dada-Bewegung sowie ihre Idee der „Anti-Musik" erläuterte.

An diesem Abend wurden noch unter dem Begriff "Neo-Dada" die ersten Konturen von FLUXUS als Kunstbewegung sichtbar. Paik hatte Flugblätter mit der Aufschrift „Bildzeitung Kriegstreiber Nr. 1 für neuen Weltkrieg" verteilt. Bei seiner Aktion "One for Violin Solo" erhob er sehr langsam und konzentriert eine Geige, um sie dann mit einem Schlag, nur einen Ton erzeugend, auf einem Tisch zu zertrümmern, gleichzeitig ging das Licht im Saal an.[530]

Der Abend endete im Tumult mit einem Publikum, das mit Tomaten warf und Karnevalslieder intonierte. Beuys erhielt Anschauung über die Sprengkraft performativer "Anti-Kunst". Gleichzeitig lernte er durch Paik die Gründer der FLUXUS-Gruppe kennen, zu denen auch Dick Higgins und Emmett Williams zählten, die jedoch nicht anwesend waren.

Neo-Dada galt als Oberbegriff für die Aktionen der späteren FLUXUS-Künstler, bevor sich mit dem Wiesbadener FLUXUS-Festival im September 1962 der FLUXUS-Begriff etablieren sollte. Neo-Dada war Referenz an die Haltung der Dadaisten, die ihr Wirken als „Anti-Kunst" verstanden.

Im Dadaismus, historisches Vorbild des Neo-Dada, kulminierten zu Beginn des 20. Jahrhunderts verschiedene avantgardistischer Strömungen, insbesondere der Futuristen und Expressionisten, die bereits radikale Umwälzungen des herrschenden Kunstverständnisses in Bewegung gesetzt hatten. Als eine Form des Protests gegen den von einer herrschenden Bourgeoisie zu verantwortenden Ersten Weltkrieg und dessen Folgen, suchte Dada mit einer „Anti-Kunst" und deren vollkommener

Abkehr von geltenden ästhetischen Normen den Bruch mit dem bürgerlichen Kunstsystem.[531]

Mit der Dekontextualisierung von Sujets sollte tradierte Werkbegriff überwunden werden. Schlüsselmoment für diese Dekontextualisierung war Duchamps „Ausstellung" eines handelsüblichen Urinals, dem er den Titel "Fountain (Fontäne)" gab, die 1917 in New York zu einem erheblichen Skandal führte.[532] Mit seinen "Objets trouvés", "Fahrrad-Rad" (1913), "Flaschentrockner" (1914) und "Fontäne", die als Readymades bekannt wurden, versinnbildlichte Duchamp seine Auffassung, bereits die Auswahl eines vorgefundenen Alltagsgegenstandes sei ein künstlerisches Werk. Damit stellte sich Duchamp gegen jegliches zur damaligen Zeit gültige Verständnis von Kunst und Kunstausübung.

Diesem Gedanken verwandt waren die um 1920 von den Berliner Dadaisten um Raoul Hausmann, Hannah Höch, Richard Huelsenbeck und John Heartfield aus aufgefundenen Bildern und Wortschnipseln collagierten Bilder sowie die von Kurt Schwitters aus Abfallstücken kompilierten plastischen "Merzbilder".

Dekontextualisierung fand auch mit den lautmalerischen, sinnfreien Dichtungen der Dadaisten, ihren scheinbar inhaltsleeren theatralischen Aufführungen statt. In Berlin kam zu dieser Zeit der Anti-Begriff auf, wie etwa 1919 mit der „Anti-Symphonie" von Jefim Golyscheff, einem Musiker, der auch bildnerische aus Alltagsgegenständen gestaltete Anti-Kunst-werke schuf. Golyscheff war ein Pionier der Zwölftonmusik, zu deren späteren Protagonisten Karlheinz Stockhausen zählte.

Dada lag eine gesellschaftskritisch motivierte, in Manifesten formulierte, programmatische Haltung zu Grunde, der sich die einzelnen Künstler verbunden fühlten. FLUXUS hingegen entwickelte sich aus dem Wirken von Künstlern, die aus unterschiedlichen Richtungen kamen und mehr oder weniger zufällig zueinander fanden. Später erst wurde der Begriff FLUXUS inhaltlich aufgeladen und dann auf bereits bestehende Arbeiten appliziert.[533]

Neben gewissen entwicklungsgeschichtlichen Differenzen waren Dada und FLUXUS jedoch eng verwandt. Und nicht von ungefähr etablierte sich Neo-Dada gegen Ende der fünfziger Jahre zunächst im Rheinland. 1958 war mit einer groß angelegten Dada-Ausstellung im Kunstverein für die Rheinlande und Westfalen die Wiederentdeckung der Dada-Bewegung eingeleitet worden.

Dadaisten collagierten ihre Bilder aus Fundstücken, ihre Texte aus unreflektierten Worteinfällen. John Cage hatte Geräusche, den Lärm des

Alltags als Musik definiert. Neo-Dada und FLUXUS bezogen Alltagsgegenstände, Lebensmittel, den Abfall der Wegwerfgesellschaft ebenso wie banale, alltägliche Handlungen ein, deren Veränderlichkeit und Flüchtigkeit auf die Erosion herkömmlicher Kunstbegriffe abzielte.

Kunst sollte nicht länger Fetisch und Handelsware sein, sondern sich aller Stoffe und Elemente bedienen, um sich organisch in alle Lebensbereiche einzupassen. Zugleich stand nicht der einzelne Künstler, sondern die kreative Arbeit eines Kollektivs, der Austausch von Ideen im Vordergrund. Mit einer derartigen Entpersonalisierung sollten die etablierten Strukturen der Kunstwelt konterkariert werden.

Maciunas formulierte ein FLUXUS-Manifest und forderte hierin: „Setze eine revolutionäre Flut und Strömung der Kunst in Gang. Bringe Lebens-Kunst, Anti-Kunst, eine Nicht-Kunst-Realität in Bewegung, die von allen Menschen verstanden wird, nicht nur von Kunstkritikern, Dilletanten und Fachleuten." [534]

Ob Beuys die Chance begriff, sich mit Neo-Dada, dann FLUXUS in die zur Durchsetzung seiner Kunst entscheidende Dimension bewegen zu können oder ob er zunächst nur versuchsweise ein alternatives Vehikel für seine Kunstausübung testen wollte, wird nicht mehr verbindlich zu klären sein. Entscheidend war jedoch, dass die Anti-Kunst-Haltung der Neo-Dada-Akteure einen Weg aufzeigte, auf dem sich Beuys aus seiner noch allzu tief in tradierten Mustern verstrickten Kunstausübung befreien konnte. So urteilte Dieter Koepplin, die „verinnerlichte Kunst-sprache seiner Frühwerke" sei Beuys inzwischen wirkungslos, unzeitgemäß, vor allem jedoch „unbrauchbar für eine Zukunft" erschienen, „die neben Bildern klare Begriffe verlangte".[535]

Mit den Darstellungsmöglichkeiten des Neo-Dada konnte Beuys über seine Botschaft „reden", ohne in die Verlegenheit zu kommen, sich hinsichtlich seiner „Mission" erklären zu müssen. Treffend beschrieb Koepplin die Zwangslage in der sich Beuys befand: „Kaum jemand unter den Künstlern, die Beuys in den sechziger Jahren als Verbündeten oder bald als Anreger begrüßten, hat gemerkt, dass es Beuys letztlich um etwas ganz anderes ging: ein Neues zu propagieren, das einen spirituellen Kern hatte, von dem direkt zu reden fast unmöglich schien".[536]

Wenn Beuys die Nähe zu Paik, dem seinerzeit hervorstechendsten Akteur unter den Neo-Dada-Protagonisten suchte, so mag er in dem Asiaten Paik einen spirituell Verwandten gesehen haben. Gleichzeitig wurde der um elf Jahre jüngere, asiatisch zurückhaltende und doch selbstbewusst agile Paik für den introvertierten Beuys Anlass und Vorbild, sich selbst vor Publikum zu exponieren.

Paik agierte „wie in Ekstase oder in Trance" und „rückte seine Aktionen auch in die Nähe schamanistischer Handlungen [...] in Dimensionen der Verinnerlichung, Konzentration und Spiritualität", so die Kunsthistorikerin Susanne Rennert.[537] Er habe die „Grenze zur Realität" überschritten und als er bei der „Hommage à John Cage" ein Ei an die Wand warf, hatte das, wie Mary Baumeister empfand, „etwas kunst-historisch Wichtiges und außerdem sah es wunderschön aus".[538]

In Paik glaubte Beuys eine zeitgenössische Version des von ihm beschworenen nomadischen „Ostmenschen" zu erkennen. Paik war Anhänger des Zen-Buddhismus, befasste sich mit Ritualen und Schamanismus. Als moderner Nomade reiste er viel, lebte aus dem Koffer, wohnte in einfachen Unterkünften, in billigen Hotels oder Jugendher-bergen. Zugleich kam er auf seinen „Wanderungen" von Osten nach Westen in Kontakt mit verschiedenen Kulturkreisen.

„Ich frage mich immer wieder, warum mich Extreme so sehr interessierten. War es wegen meiner mongolischen DNA. Mongole-Ural-Astronomie, Jäger auf Pferden, die sich in prähistorischer Zeit um die Welt bewegten, von Sibirien nach Peru nach Korea nach Nepal nach Lappland. Sie waren nicht sesshaft wie die chinesische Bauerngesellschaft. Sie sahen weit und wenn sie einen neuen Horizont in der Ferne sahen, mussten sie noch weiter sehen", beschrieb Paik seine Herkunft und Motivation.[539]

Im Sommer 1962 tauschten sich Beuys und Paik über die Idee eines „Erdklaviers" aus, eines Konzertflügels, den sie zunächst aus Erde formen, dann als dies nicht durchzuführen war, aus dem Boden ausstechen wollten. Dieses, wie das Vorhaben eines unter Erde begrabenen Klaviers, wurde nicht realisiert. Dennoch kann das „Erdklavier" als Anfangsmoment ihrer Freundschaft und gleichzeitig Beuys' erste FLUXUS-Idee angesehen werden.

FLUXUS

Das lateinische „flux" bedeutet Fluss, „fluere, fluo, fluxi, fluxum" die Konjugation von „fließen". Maciunas soll die FLUXUS-Idee gegenüber Yoko Ono mit einer lexikalischen Definition erklärt haben: „FLUXUS = Reinigen. Flüssige Entladung, vor allem exzessive Entladung der Gedärme oder anderer Körperteile. Kontinuierliches Bewegen oder Vergehen wie etwa bei einem fließenden Strom, ein Strom; üppiger Fluss, die Strömung der ans Ufer rollenden Flut, Substanz oder Mixtur wie Silikate, Kalk oder Flussspat, die zur Verschmelzung vor allem von Metallen oder Mineralien verwendet werden."[540]

Der Dadaist Hans Arp nannte die Dada-Spielart eine „automatische Dichtung", eine spontane, zusammenhanglose Ansammlung von Worten: „Die automatische Dichtung entspringt unmittelbar den Gedärmen oder anderen Organen des Dichters, welche dienliche Reserven aufgespeichert haben."[541]

In seinem Manifest "NEO-DADA in Music, Theater, Poetry, Art", das Maciunas im Juni 1962 von Carlheinz Caspari in der Galerie Parnass in Wuppertal vorlesen ließ, formulierte er: „Anti-Kunst ist Leben, ist Natur, ist die Realität, ist alles und eins. Regen ist Anti-Kunst, das Schwatzen einer Menschenmenge ist Anti-Kunst, ein Niesen ist Anti-Kunst, der Flug eines Schmetterlings ist Anti-Kunst, auch die Bewegungen von Mikroben sind Anti-Kunst. Das ist alles schön und wert als Kunst wahrgenommen zu werden."[542]

Die Neo-Dada-Künstler bezeichneten ihre Aufführungen, in denen sie musikalische, akustische und sprachlich theatralische Ausdrucksformen verbanden, ironisierend als Konzert. FLUXUS übernahm diesen Begriff. Anders als beim Happening, dessen Handlungen spontan improvisiert wurden, folgten FLUXUS-Konzerte einem zuvor festgelegten Konzept. Die Einbeziehung des Publikums, die beim Happening gelegentlich den Ausdruck kindlichen Unfugs finden konnte, wich beim FLUXUS in der Tradition des Dada der kalkulierten Provokation, die beim Publikum Reaktion, die physische und psychische Bewegung erzeugen sollte.

Nach ihrem Treffen in den Düsseldorfer Kammerspielen bemühte sich Beuys darum, Paik für ein gemeinsames „Konzert" zu gewinnen. Paik, der sich dem Kollektiv verbunden fühlte und vermutlich unsicher war über Art und Qualität des Beitrags seines noch unbekannten Künstlerkollegen, schlug Beuys stattdessen vor, eine von Maciunas geplante FLUXUS-Tournee könne auch in Düsseldorf Station machen, wobei sie gemeinsam für die Organisation Sorge tragen könnten. Schließlich fuhr Paik mit Beuys zu Maciunas, um dessen Einverständnis für das Düsseldorfer Konzert zu erwirken.[543]

„Meine Fluxusaktivität begann 1962, als ich mit Nam June Paik über alle möglichen Aktivitäten sprach [...]. Irgendwann trafen wir uns mit Maciunas, der in Wiesbaden bei der amerikanischen Armee war, um organisatorische Fragen, Programmgestaltungen und die Möglichkeit von Tourneen zu besprechen. Zunächst musste ja geklärt werden, welche Leute man für Aktivitäten überhaupt zusammentrommeln könnte", führte Beuys in seiner Biographie an, um zu ergänzen, sie hätten sich zu dritt, also neben ihm Paik und Maciunas, um die Organisation bemüht.[544]

Beuys zeichnete hier jedoch ein seiner Selbstdarstellung dienendes, idealisiertes Bild. Er war abgesehen von der Düsseldorfer Veranstaltung zu keinem Zeitpunkt in die Planung der Tournee beziehungsweise das „Zusammentrommeln" von Künstlern involviert.

Wie auch hätte er dies sein können? Weder bewegte sich Beuys im Umfeld von „Neuer Musik", Happening oder Konzeptkunst, Milieus, aus denen sich die FLUXUS-Bewegung rekrutierte, noch war Beuys in der Düsseldorfer und Kölner Kunstavantgarde oder gar international ausreichend vernetzt. Hinzu kamen seine bescheidenen Kenntnisse der englischen Sprache. Demzufolge entstammten die Künstler, die später in Düsseldorf auftraten, ausschließlich dem Umfeld der FLUXUS-Initiatoren Maciunas und Paik.[545]

Letztendlich war Beuys im Sommer 1962 keinesfalls auf ein Mitwirken an einer FLUXUS-Aktion vorbereitet, weshalb er auch nicht zur ersten offiziellen FLUXUS-Manifestation eingeladen war, die als "FLUXUS - Internationale Festspiele Neuester Musik" vom 1. bis 23. September 1962 im Hörsaal des Städtischen Museums Wiesbaden stattfand. Gleichwohl behauptet er, „in der Teilnehmerliste aufgeführt" worden zu sein, er habe sich dann „aus irgendwelchen Gründen nicht beteiligen" können.[546]

Am 28. Juli 1962 hatte sich Beuys mit einer Notiz an die Professoren der Kunstakadmie gewandt, es habe sich „in der Studentenschaft ein Musikinteressierter Kreis gefunden und zu einem Collegium musicum zusammengeschlossen". Es ergäbe sich damit zukünftig die Möglichkeit, „Immatrikulationsfeiern unseres Hauses mit musikalischen Ergänzungen aus dem Hause selbst auszustatten".[547]

Mit der unverdächtigen Annoncierung einer musikalischen Interessengemeinschaft, die nie existierte, versuchte sich Beuys die Möglichkeit zu eröffnen, das geplante FLUXUS-Konzert durchführen zu können: „Ich war ziemlich neu damals und es war sehr schwierig, die Aula der Schule zu bekommen", erinnerte sich Beuys.[548]

Im Oktober ließ ihm der Akademie-Direktor Schwippert eine Notiz zukommen, in der er ihn aufforderte, sein Anliegen der Professorenkonferenz vorzutragen. Am Rand hatte Schwippert als Stichwort „FLUXUS" vermerkt, womit aufschien, dass zumindest er um Beuys' wirkliche Absichten wusste und diese tolerierte.[549]

Vermutlich hatte Beuys die Genehmigung unter Zuhilfenahme eines weiteren Tricks erreicht, in dem er das Festival als „ein Colloquium für die Studenten der Akademie" ankündigte.[550]

Nachdem bereits im November 1962 in Kopenhagen "FESTUM FLUXORUM. FLUXUS. Musik og Anti Musik. Det Instrumentale Theater" und im Dezember in Paris "FESTUM FLUXORUM. Poesie, Musique et Antimusique événementielle et concrète" waren, konnte schließlich am 2. und 3. Februar 1963 das "FESTUM FLUXORUM FLUXUS. Musik und Antimusik. Das instrumentale Theater" in der Aula der Düsseldorfer Kunstakademie stattfinden.

Die beiden ersten FLUXUS-Aktionen waren ohne seine Beteiligung durchgeführt worden. Nun endlich durfte Beuys er auf einen Beitrag hoffen. Allerdings lag die konkrete Planung der Veranstaltung bei Maciunas. In einem Schreiben an Beuys listete Maciunas um den 12. oder 13. Januar 1963 unter der Überschrift „Unser Geschäft" eine so genannte Bühnenanweisung auf, wie sie bei kommerziellen Tourneeveranstaltungen üblich ist.

Diese Umstände wie auch das Schreiben von Maciunas wurden in Beuys' Biographie von 1973 und 1981 wiedergegeben. In der letzten Fassung von 1994 fehlt das Schreiben.[551] Wohl weil es dem Nimbus von Beuys, wie dessen Darstellung als führender Kopf der FLUXUS-Bewegung entgegen stand.

Denn Maciunas richtete hierin an Beuys als durchführenden örtlichem Veranstalter in harschem Tonfall eine lange Reihe dezidierter Forderungen. Von der Erbringung geldwerter Leistungen, der Unterbringung der Künstler über die Technik bis hin zur Graphik des Plakates, die dem Wiesbadener Vorbild zu entsprechen hatte. Aufgelistet waren auch die Teilnehmer. Eine Mitwirkung von Beuys im Programm war indessen nicht vorgesehen.

In einem weiteren Schreiben vom 16. Januar bat Maciunas Beuys um das Arrangement von „billigen Übernachtungsmöglichkeiten" für zehn Personen sowie die Beschaffung von Requisiten, wie beispielsweise eine freistehende Leiter, ein sehr dickes Seil, einen Wasserkübel, einen Diaprojektor, aber auch Eltern mit einem Baby wurden benötigt. Von Beuys als Teilnehmer war erneut keine Rede.[552]

Erst nach Beuys' Intervention, der auf sein Mitwirken drängte, schrieb Maciunas einen Tag später, am 17. Januar: „Wir werden sehr glücklich und erfreut sein, wenn Sie als Aufführer am Festival teilnehmen. [...] Ich habe das Programm ein weiteres Mal revidiert und ihre Komposition eingefügt, obschon ich nicht weiß, welche Komposition von Trowbridge aufgeführt werden könnte. Ich müsste sie sehen, ehe ich zustimmen könnte."[553]

Auf dem Plakat des "FESTUM FLUXORUM FLUXUS" wurden schlussendlich 60 Künstler genannt, von denen allerdings nur ein Bruch-teil mitwirkte. Es fehlten unter anderem die angekündigten George Brecht, John Cage, Robert Filliou, Alfred Earl (Al) Hansen und Yoko Ono.

Teilnehmende Künstler waren neben Beuys, Dick Higgins, Alison Knowles, Arthur Köpcke, George Maciunas, Nam June Paik, Benjamin Patterson, Tomas Schmit, Daniel Spoerri, Frank Trowbridge, Wolf Vostell und Emmett Williams. Beuys ließ seinen Namen sowie die Namen der abwesenden George und Hansen im Unterschied zur modernen Typographie der anderen Zeilen in altdeutscher Fraktur setzen.

Abgesehen von organisatorischen Aufgaben blieb Beuys ohne Einfluss auf die Ausgestaltung des Projekts. Wohl schon auf Grund dieser „Degradierung" entstanden Konfliktsituationen zwischen Beuys und Maciunas, nachdem dieser angereist war, um auch vor Ort die Regie zu übernehmen.

Zwar galt Maciunas als eitel und dogmatisch, gleichwohl war er Urheber von FLUXUS und somit berechtigt an inhaltlichem Verständnis mit seinen künstlerischen Partnern interessiert. Zudem war Beuys gegenüber Maciunas unterlegen, weil er ihm Kreis der überwiegend englischsprachigen Teilnehmer, die sich kannten und schon zusammen agierten, naturgegebener Außenseiter blieb.

Aber es war ebenso ein früh gewachsenes Unbehagen von Maciunas wie seiner politisch links orientierten FLUXUS Gruppe, gegenüber dem forsch auftretenden, sendungsbewussten, „sehr deutschen" Beuys, das zu Verständigungsschwierigkeiten führte.

Unerfreulich könnte Beuys schließlich empfunden haben, dass sein Auftritt als achter von zwölf Programmpunkten nach hinten geschoben worden war. Um seiner Unzufriedenheit Ausdruck zu verleihen, hielt sich Beuys mit geradezu pubertärem Trotz demonstrativ abseits und setzte sich ins Publikum, von wo aus er die Akteure während ihrer Aufführungen mit dem Licht einer Taschenlampe blendete, was wiederum deren Verärgerung nach sich zog.[554]

Am Beginn des Abends war Maciunas' "FLUXUS-Manifesto" verteilt worden. Womöglich zur Rechtfertigung des „Colloquiums" hatte ihn Beuys um eine programmatische Darstellung der FLUXUS-Idee gebeten. Daraufhin sandte Maciunas einen Ausriss aus einem Wörterbuch mit einer Begriffsdefinition sowie ein Papier, das er als Manifest bezeichnete. Dieses bestand aus einem weiteren Wörterbuch-Ausriss, den Maciunas nachlässig in drei Teile zerschnitten auf einen weißen Bogen geklebt hatte.

Handschriftlich hatte er unter der Überschrift "Manifesto" sein Statement in die Zwischenräume geschrieben. Heute gilt dieses Dokument als Magna Charta des Kunstbegriffs FLUXUS. Gleichfalls war es die erste, durch Beuys hineingetragene politische Manifestation in den Räumen der Düsseldorfer Kunstakademie.

Jean-Pierre Wilhelm hatte gegen 20 Uhr eine lange Begrüßungsrede mit zahlreichen Begriffserklärungen gehalten. Der eigentliche Gastgeber Beuys blieb trotz seiner Mühen um das Zustandekommen des Anlasses aussen vor. Das anschließende Programm dauerte rund zwei Stunden. Beuys' Auftritt fand erst am späten Abend statt. Es war die Premiere des Aktionskünstlers Beuys. Seiner Performance gab er den Titel: "FLUXUS Sibirische Symphonie 1. Satz".

Auf der Bühne waren die Relikte aus vorherigen Auftritten verblieben. Der Boden war mit Papierfetzen von Pattersons Aktion bedeckt, der eine große Bahn Papier über dem Publikum ausgerollt hatte, die anschließend zerrissen wurde. Auf der Schultafel sah man noch Zahlen, die Emmett Williams während seiner „Alphabet Symphony" notiert hatte.

An einer Ecke der Tafel hatte Beuys schon vor Beginn der Veranstaltung einen Hut aufgehängt, den er sich aufsetzte, nachdem er die Bühne betreten hatte. Ursprünglich wollte Beuys für seine Aktion einen Hirschkadaver beschaffen. Als ihm dies nicht gelang, nahm er einen Hasen. Er befestigte die Hinterläufe des toten Hasen an einer Schnur, lies ihn so vor der Tafel hängen. Dann wischte er Williams Zahlenreihen aus. Schließlich begab er sich zum Flügel, säuberte diesen von den Hinterlassenschaften der anderen Aktionisten, um eine kurze Fantasie zu spielen, in die sich Elemente aus "Messe des Pauvres" sowie "Sonneries de la Rose + Croix" von Erik Satie mischten.

Beuys stand wieder auf, begab sich ohne Hast zur Tafel, schrieb etwas. „Ich habe vergessen, worum es ging, so könnte man sagen, es sei eine Intuition gewesen, die verschwand", so Beuys.[555] Danach öffnete er den Kadaver mit einem Messer, spreizte dessen Gliedmaßen, die Innereien wurden sichtbar. Er vollzog alles in einer ruhigen, konzentrierten Handlungsweise.

Nun ging Beuys nochmals zum Flügel und drapierte auf dessen Deckel fünf Tonklumpen, in die er jeweils einen kleinen Ast steckte. Er verband die Äste mit einer Schnur und führte diese mit einer gebogenen Nadel in das Herz des geöffneten Hasen. Dann schnitt er das Herz heraus. „Das letzte Bild dieser Aktion war, das kleine Herz auf die Schultafel zu legen, so dass es durch die Verbindungslinie über die Zweige und den Lehm mit dem Flügel verbunden war. Es sah aus wie eine leere sibirische Landschaft", erläuterte Beuys später.[556]

Schließlich löste er die Leine wieder ab und legte den Hasenkadaver auf eine Kiste vor der Tafel. Beuys ging von der Bühne. Die Lehmklumpen ließ er unberührt.

Die Reaktionen des Publikums, als Beuys den Hasenleib öffnete und das Herz herausschnitt, bewegten sich zwischen Erschrecken und Ekel. Der Kontrast zu den ironisch dadaistischen Performances zuvor konnte nicht größer sein. Beuys hatte sich um Mitwirkung bei der FLUXUS-Gruppe bemüht, schon mit seiner ersten Aktion jedoch markierte er Distanz.

Waren FLUXUS-Aufführungen in der Regel kurz und pointiert, verließ Beuys mit seiner gedehnten Handlung dieses Schema. FLUXUS-Performances konnten unabhängig von deren Autoren ausgeführt werden, es war üblich, die Rollen zu tauschen. Beuys hingegen war unabdingbarer Fixpunkt seiner Aktion. Er unterstrich diesen Anspruch mit dem Gestus des Hutes, der ihm zusätzliche Aufmerksamkeit versprach.

Die Kopfbedeckung war bis zu diesem Zeitpunkt allein Beuys' Eitelkeit geschuldet. Bereits als Jugendlicher trug er verschiedene Hüte, da er schütteres Haar hatte, welches er kunstvoll über die sich ausbildende Glatze verteilte.

Der Hut, den er in "Sibirische Symphonie" verwendete, war allerdings noch nicht jener graue Stetson, der einmal sein Markenzeichen werden sollte. „Allerdings muss auch gesagt werden, dass es eine innere Konsequenz gehabt hat, die Sache mit dem Hut. Denn die ist erst in Erscheinung getreten, als ich meine ersten Aktionen gemacht habe. Als ich versucht habe, einen Kunstbegriff in der Weise zu erweitern, dass er in Bewegungen und Handlungen sich vollzieht und in simultanen Aktionen mit anderen Künstlern", bemerkte Beuys in einem Interview.[557]

Hüte gehörten schon in der Antike zu den Insignien des Priesters, später verband sich mit dem Hut das Erscheinungsbild des Magiers. Beuys bediente sich des Kopfschmucks, um eine besondere Stellung, wie etwa die eines Priesters, einzunehmen, womit sich schon bei Beuys' erster öffentlicher Aktion das ikonographische Bild des Künstler-Schamanen andeutete, welches später für ihn bezeichnend werden sollte. „Ich selbst bin in diesem Moment das Kunstwerk", stellte Beuys fest und deutete damit die Richtung an, in die sich seine Aktionskunst entwickeln sollte.[558]

Dergestalt erhielt Beuys' gesamter Auftritt die Aura einer kultischen Handlung. Ihm ging eine für Rituale übliche „Reinigung" voraus, die Beuys durch Auswischen der Tafel und Entfernung der herumliegenden Dinge vollzog. FLUXUS-typisch hingegen war, die Relikte der vorhergehenden Aktionen zu belassen.

Beuys verstand die Elemente seines Auftritts als allegorisch. FLUXUS hingegen wies sich durch Abwesenheit jeglicher Metaphorik aus, wollte mit Religion und Ritualen sowie dem individualisierten, aus der europäischen Kultur hervorgegangenen Künstler-Ego brechen, das Beuys mit seinem Alleingang nun heraufbeschwor.

Vor der Aula hatte Beuys eine Reihe von Vitrinen aufgebaut, in denen er eigene Objekte ausstellte. Hierin bestand ein weiterer Bruch mit dem FLUXUS-Prinzip, das jede Herausstellung eines FLUXUS-Mitglieds zu vermeiden suchte. Beuys ignorierte dies und nutzte die Gelegenheit, seine den „Plastischen Bildern" zuzurechnenden Objekte einem Kreis von einflussreichen Protagonisten der rheinischen Kunstszene vorzustellen, die am ersten Abend gekommen waren. Darunter die Galeristen Rudolf Zwirner und Alfred Schmela, der Kölner Sammler Wolfgang Hahn, die Künstler Norbert Kricke, Heinz Mack und Günther Uecker.[559]

Die anderen Akteure waren über Beuys' Aktion, die durch ihre Individualität und Symbolhaftigkeit nicht zu FLUXUS passen mochte, ebenso verärgert wie über Beuys' Verhalten sowie dessen eigenmächtige „Ausstellung".

Beuys selbst räumte diese Irritation rückblickend ein: „Ich weiß noch, wie mich der Dick Higgins ganz überrascht angeschaut hat; der hatte genau begriffen, dass diese Aktion mit einem dadaistischen Konzept überhaupt nichts zu tun hat". Sein Anliegen sei gewesen, mit dem Hasen eine inhaltliche Beziehung herzustellen „zu Geburt und Tod, zur Verwandlung in Materie". Das, so Beuys, habe nichts gemein mit dem „neodadaistischen Bürgerschreckgetue", welches er seinen Künstlerkollegen vorwarf.[560]

Für den zweiten Abend war Beuys im Programm nicht mehr vorgesehen. Trotzdem wirkte Beuys neben Köpcke, Knowles, Higgins, Paik, Trowbridge, Schmit, Spoerri, Vostell sowie Maciunas als Komparse mit. Sie standen auf der Bühne während Dick Higgins sein „Graphis 118" vortrug, beugten sich leicht vornüber und blickten angestrengt auf den Boden.

Nachdem die Gruppe abgetreten war, kam Beuys unvermittelt mit energischem Schritt auf die Bühne, setzte nun doch einen weiteren Auftritt durch. Er stellte ein winziges mechanisches Blechspielzeug auf den Boden. Ein Trommler und ein Beckenspieler im Harlekinkostüm. Er zog es auf und ließ es spielen, bis es nach ungefähr 20 Sekunden abgelaufen war. Beuys nannte die Aktion „Komposition für 2 Musikanten".

Die Idee war Paiks Performance „Hommage à John Cage" entlehnt, in der dieser ein ähnliches Spielzeug eingesetzt hatte. Mit seinen „Musikanten", einer pointierten Kurzaktion, lag Beuys zwar auf Linie der FLUXUS-Idee. Andererseits widersetzte er sich mit seinem eigenmächtigen Auftritt dem FLUXUS-Kollektiv und konterkarierte dessen Regeln.

Rund einen Monat nach dem "FESTUM FLUXORUM" fand am 11. März 1963 in der Wuppertaler Galerie Parnass die Vernissage der Ausstellung „Exposition of Music - Electronic Television" von Nam June Paik statt. Paik, der wegen der Vorbereitungen für diese Ausstellung in Düsseldorf keinen eigenen Auftritt hatte, installierte unter anderem zwölf modifizierte Fernsehgeräte, die das Programm des damals noch einzigen deutschen Senders verzerrt wiedergaben. Diese Installation gilt heute als Geburtsmoment der Videokunst.

Über dem Eingang hatte Paik einen frisch geschlachteten Kuhkopf gehängt, der im Sinne des Zen einen Schockzustand auslösen sollte, um so zu neuen Erkenntnissen zu führen. In den Räumen befanden sich mechanische Klangobjekte, mehrere Installationen mit Tonband- und Schallplattenspielern sowie vier „präparierte Klaviere".

Die Instrumente waren mit allerlei Gegenständen bestückt, wie etwa Spielzeugen, Uhren, Fotografien und Kleidungsstücken, ein Klavier war mit Holz und Stacheldraht verbaut. Die Klaviere blieben jedoch „spielbar", erzeugten mit jedem Tastendruck ein Geräusch oder setzten irgendetwas in Gang. Auf einer Taste war eine Abbildung Hitlers geklebt. Schlug man diese an, erlosch das Licht im Raum. Paik nahm mit dieser Installation die Idee des „prepared piano" von John Cage auf, der in seinen Stücken bereits gegen Ende der dreißiger Jahre Klaviere eingesetzt hatte, deren Klang er durch Gegenstände auf den Saiten oder im Korpus beeinflusste.

Beuys, der ebenfalls eingeladen war, begab sich zunächst unbemerkt zu einem der präparierten Klaviere. Unvermittelt trat er wie ein Berserker gegen das Instrument, löste Teile ab, um mit ihnen heftig auf den Korpus einzuschlagen, so lange bis das Klavier vollständig zerstört war. Manche Gäste wollten eine Axt gesehen haben, mit der Beuys zuschlug.

Mit seiner „Aktion" zerstörte Beuys das Werk eines anderen Künstlers. Ein in der Kunstwelt eigentlich unfassbares Verhalten. Der Galerist Rolf Jährling erinnerte sich an das demnach irritierte Publikum: „Die Leute wurden aufmerksam, beunruhigten sich sogar und wollten ihn aufhalten. Einer schrie: ‚Der ist ja verrückt' und war im Begriff, einen Eimer Wasser auf Beuys zu schütten."[561]

Paik wusste nichts von Beuys' Vorhaben und war fassungslos: „Noch immer frage ich mich", so Paik, „woher die Axt kam. Aus dem Keller der Galerie Parnass? Oder brachte Beuys sie aus Düsseldorf mit? Wenn ja - wer hatte ihm dann erzählt, dass dort ein Piano war, das man zertrümmern konnte?"[562]

Tomas Schmit berichtete, Beuys habe alles „Zerstückelbare zerstückelt" und der Fotograf Manfred Leve erinnerte sich: „Das war Paik damals auch unheimlich. Alles rätselte, was soll das, warum macht er das?"[563]

Wie schon mit den von Paik inspirierten „Musikanten" adaptierte Beuys mit seiner "Piano Aktion" bis hin zu ihrem Titel die Idee von Philip Corners "Piano Activities", die von Williams, Higgins, Patterson, Vostell und Maciunas am Wiesbadener FLUXUS-Festival umgesetzt worden war. Mit Bohrern, Stemmeisen, Steinen und Holzteilen hatten sie so lange einen Flügel traktiert, bis dieser völlig zerstört war. Die Aktion erregte großes Aufsehen und wurde bundesweit in der Tagespresse besprochen.

Weniger die Inhalte, als vielmehr die Wirkungsmacht derartiger effektvoll choreographierter Performances, interessierten ihn. Beuys adaptierte die Methoden des FLUXUS und initiierte mit ihnen den entscheidenden Wandel in seiner Kunstausübung. Gleichzeitig verhalfen ihm die um eine Generation jüngeren FLUXUS-Protagonisten zum Einstieg in die sich dynamisch entwickelnde, international ausgerichtete Kunstavantgarde.

„Auf Distanz zu bestehenden künstlerischen Verfahrensweisen und Kunstbegriffen nähert sich Beuys auf der Suche nach einem ihm sinnvoll erscheinenden Kontext künstlerischer Aktivitäten der FLUXUS-Bewegung an. Im ersten Moment wählt er dafür den Weg der Einstimmung - auch auf die Gefahr hin, als Fellowtraveller zu erscheinen, da ja sowohl FLUXUS als auch Paik zu diesem Zeitpunkt bereits über ein größeres Renommee verfügen", skizzierte der Kunsthistoriker Uwe Schneede Beuys' Motivation.[564]

Mit seinem Vorgehen offenbarte Beuys Kalkül. Noch während der Düsseldorfer Aktion musste er sich mehr geduldet, denn im Zentrum stehend empfinden. Jetzt rückte er sich auf brachiale Weise ins Blickfeld. Beuys suchte Aufmerksamkeit, verhielt sich darum provokativ und stellte sich bedenkenlos über das Gruppeninteresse. Er eignete sich FLUXUS-Konzepte an, ohne hierbei Bedenken hinsichtlich mangelnder Originalität zu haben. FLUXUS war für Beuys „ein willkommenes Vehikel der Öffentlichkeits-Werdung", wie es der Kunstkritiker Laszlo Glozer formulierte.[565]

Vom ersten Moment an jedoch blieb Beuys Gastakteur, wurde nie Ideologe oder Taktgeber der FLUXUS-Gruppe weil er sich grundsätzlich gegen deren linksgerichteten Kurs verhielt. Maciunas „propagierte den künstlerischen Kollektivismus und die Absage an den ‚europäischen' individuellen Geniekult", dagegen stand Beuys mit seiner „individuellen Mythologie" für die Geistestradition Hegels, der die Individualität des Künstlers mit göttlicher Genialität verglich.

Mit der selbstgewissen Erhabenheit seiner Weltanschauung sowie einer mitunter verbissenen Ernsthaftigkeit, blickte Beuys auf manche Akteure des FLUXUS und deren spielerischen Aktionismus, wie auf eine Schar unwissender Kinder. Die aus heutiger Sicht dennoch untrennbare Verbindung von Beuys und FLUXUS entwickelte sich aus dem Umstand, dass sich Beuys des Begriffs bemächtigte und diesen seinen eigenen Vorstellungen gemäß interpretierte.

Fett

Bald schon nach seiner "Piano Aktion", während einer Veranstaltung, zu der er eigentlich nur als Zuhörer eingeladen war, demonstrierte Beuys seine eigene Definition des FLUXUS-Begriffs. „1963 - An einem warmen Juliabend stellt Beuys anlässlich eines Vortrags von Allan Kaprow in der Galerie Zwirner Köln Kolumbakirchhof sein warmes Fett aus", vermerkte er in "Lebenslauf Werklauf".[566]

Er habe einen sehr interessanten Abend verbracht, berichtete Beuys später, an dem er mit Kaprow über „alle Themen" und über „theoretische Strukturen" diskutierte. Allerdings habe er Kaprows Vorstellungen von Happening als „unhaltbar" empfunden. Indessen konnte es sich anstatt der von Beuys beschriebenen intensiven Diskussion schon auf Grund der Sprachbarriere allenfalls um eine Konversation gehandelt haben. Und ob sich der prominente, amerikanische Kunstpionier mit dem ihm unbekannten Eiferer auf eine Theorie-Debatte einließ, ist fraglich. „Kaprow wollte nicht sehr viel davon wissen", räumte Beuys schließlich selbst ein.[567]

Als Beuys 1964 der Begegnung mit Kaprow in "Lebenslauf Werklauf" einen ungewöhnlich prominenten Rang einräumte, benannte er einen Schlüsselmoment seiner künstlerischen Entwicklung. Den gleichwohl niemand hätte nachvollziehen können, weil Beuys seinerzeit ein immer noch unbeschriebenes Blatt in der Kunstszene war. Indem er sich jedoch mit dem einflussreichen Galeristen sowie mit dem berühmten Künstlerkollegen in Verbindung brachte, reihte sich der namenlose Beuys völlig unbescheiden in den Kreis der damals tonangebenden Kunstelite ein.

Beuys brachte einen relativ kleinen, unansehnlichen Karton aus Wellpappe zu der Veranstaltung mit, in dessen Inneren er eine Ecke sorgfältig mit einem Keil aus Fett gefüllt hatte. Erstmals rückte er hiermit das Material Fett in den Fokus, das zu einer zentralen Komponente seines Œuvres werden sollte.

Zunächst übernahm er mit Karton und Fett die FLUXUS-Prinzipien der alltäglichen Materialien und der permanenten Veränderbarkeit von Sujets. Beuys bekundete dann auch freimütig, er habe sich in Hinblick auf die Materialien an FLUXUS orientiert und lediglich die FLUXUS-Ideen weiterentwickelt.[568]

Gedanklicher Ansatzpunkt für die Nutzung dieses Materials war für Beuys dessen Eigenschaft als „im Körper verbrennendes und damit organische Energie freisetzendes dynamisches Potential", das für die Polarität von „Chaotisch-Willensmäßig" und „Gedanklich-Formmäßig" steht. Der formende Bewegungscharakter des Fetts, vom fließenden („flux") in den festen Aggregatzustand, seine „absolute Flexibilität", habe ihn interessiert. „Und dann kann man es mit Wärme bearbeiten, dann verfließt es sozusagen völlig. Dann kann man es aber wieder erkalten lassen [...] und kann es schließlich in eine Form bringen. [...] Das Fett nimmt den Weg von einer chaotisch zerstreuten, energieungerichteten Form zu einer Form. Dann tritt es auf in der berühmten Fettecke", erläuterte Beuys.[569]

Ideelle Vorgabe für Beuys' Adaption des Fetts in sein Konzept der Form schaffenden Bewegung waren die Gedanken Steiners zur „okkulten Entwicklung des Menschen": „Dasjenige, was wir Fettsubstanz nennen, gleichgültig ob es der Mensch von außen genießt oder in seinem eigenen Organismus selber bildet, ist nach ganz anderen kosmischen Gesetzen aufgebaut als die Eiweißsubstanz. Während an dieser beteiligt sind jene kosmischen Kräfte, welche ausgehen von Wesenheiten der Hierarchien der Form, sind beteiligt an dem Aufbau der Fettsubstanz vorzugsweise jene Wesenheiten, die wir nennen die Geister der Bewegung."[570]

Fett demonstrierte für Beuys mit seinen Stadien von Bewegung= Wärme und Erstarrung=Kälte „zwei Prinzipien innerhalb der Plastik", für die er sich interessierte. Fett enthalte etwas, das „den Wärmecharakter am besten demonstriert", erläuterte Beuys weiter. Deshalb sei ihm „als Demonstrationsmaterial das Fett am geeignetsten" erschienen.[571]

Die Fettecke für ihn Demonstration, wie das bewegliche „warme" Denken in die „kalte" Erstarrung des geometrischen und damit nach seiner Lesart wissenschaftlich abgegrenzten Raums gedrängt wird. Für ihn kam der „kalten, materialistischen, intellektualisierenden" Wissenschaft der „Kältepool" zu, den er "Todeszone" nannte. Deren Starre wollte er mit der „Wärme" erzeugenden Bewegungsenergie des Denkens überwinden. Symbolhaft demonstriert in der lebendigen Substanz des Fetts.

Dem Wärmebegriff kam in Steiners Denken zentrale Bedeutung zu. Wärme ermögliche laut Steiner die Wandlung des Geistigen in Materielles und umgekehrt: „So stellt sich für mich die Wärme hinein zwischen zwei sehr stark voneinander verschiedene Gebiete, die essentiell verschieden sind: das Geistgebiet und das Materiegebiet.

Zwischen drinnen steht das Wärmegebiet", so Steiner, der hier präzise vorformulierte, was Beuys mit seinen „Wärmebegriff" beschrieb.[572]

Die Beschreibung des paraphysikalischen Phänomens der Wärme als Mittler zwischen Geist und Materie verweist auf den primären Aspekt des "Christus-Impulses", dessen Wirkung Beuys mit der Vorstellung einer „Erlösung aus der Todeszone" interpretierte.

Erst durch Tod und Reinkarnation Christi wird der Mensch aus der "Todeszone" befreit und entwickelt sich das "Ich-Bewusstsein" zu. Also wächst ihm die mit dem "Christus-Impuls" verbundenen Wärme zu, worunter die Fähigkeit des Denkens und hieraus resultierend des sozialen Verhaltens zu verstehen ist. In Beuys Terminologie „soziale Wärme", die er auch "Liebessubstanz" nannte. [573]

Der Wärmebegriff reiche letztlich noch weiter, erklärte Beuys. Dabei gehe es nicht um physische Wärme, sonst hätte er in seinen Aktionen zum Demonstrationszweck auf Infrarotlicht zurückgreifen können. Er habe „eine ganz andere Wärme gemeint, nämlich geistige oder evolutionäre Wärme oder einen Evolutionsbeginn", bemerkte Beuys und verwies damit auf den Nukleus seines „Erweiterten Kunstbegriffs" und dessen Leitsatz „Denken ist bereits Plastik".[574]

Allerdings existierte die Konzeption des "Erweiterten Kunstbegriffs" 1964 allenfalls in privaten Studien und Erwägungen von Beuys. Theoretische Ausführungen zu seinen Arbeiten, eigene wie fremde, stammen aus späteren Jahren. Inwieweit Beuys 1964 bereits eine inhaltliche „Aufladung" des Materials Fett etwa im Sinn des „Wärmebegriffs" vollzogen hatte, ist daher nicht schlüssig zu klären.

Plastische Bilder

Vom Moment seiner Begegnung mit Paik und seinem Zusammenwirken mit den FLUXUS-Protagonisten ging eine Schubkraft aus, die Beuys von einer künstlerischen Außenseiterposition in das Umfeld der Avantgarde beförderte.

FLUXUS war zu dieser Zeit maßgeblich an einer Entwicklung beteiligt, die zur Aufspaltung der Kunstwelt in zwei dominierende Lager führen sollte. Auf der einen Seite standen die Protagonisten des Tafelbildes, das mit der Pop-Art eine Renaissance erlebte. Auf der anderen Seite sammelten sich die Verfechter der Konzeptkunst aus verschiedenen Richtungen: Abstrakte und analytische Malerei, Fotografie, Objektkunst, Minimalismus, Happening und eben FLUXUS.

Den Vertretern der Konzeptkunst ging es um die Entwicklung einer kontextualisierten Kunst als zukunftsgerichtete Gegenposition zu einer tradierten, primär auf den visuellen Effekt ausgerichteten Kunst. Der Begriff Konzeptkunst etablierte sich zwar erst ab Mitte der sechziger Jahre, seine Entwicklung gewann jedoch mit FLUXUS an Fahrt.

Beuys' Schritte auf das neue Feld seines Schaffens waren zunächst eher zögerlich und von jener Distanz zur FLUXUS-Bewegung gekennzeichnet, die sich bereits während des Düsseldorfer Festivals angedeutet hatte. In unmittelbarem Zusammenwirken mit der FLUXUS-Bewegung erschien Beuys im Jahr 1963 nur noch einmal, als er zu einer Aktion von Vostell "9 Nein-Décoll/agen" am 14. September mit seiner Frau Eva das stille "FLUXUS Schlafstück Kartenstück" beisteuerte, bei dem er ein Kartenspiel mit abstrakten geometrischen Figuren auslegte.

Es waren wohl jene Karten, die Beuys auch Kaprow bei ihrem Treffen in der Galerie Zwirner gezeigt haben will. Ihre Bedeutung ist nicht verlässlich zu entschlüsseln. Das Auslegen der Karten erinnert jedoch an Tarot sowie die Praxis der Offenbarung von Geheimnissen, wie sie Freimaurern oder Rosenkreuzern zugeordnet werden kann.

An weiteren FLUXUS-Aktionen, die 1963 in Amsterdam, Den Haag und London stattfanden sowie dem FLUXUS FESTIVAL OF TOTAL ART in Nizza, nahm Beuys nicht teil. Wobei offen ist, ob dies aus eigenem Antrieb geschah oder er nicht eingeladen wurde.

Abgesehen davon eroberte Beuys nach und nach einen Platz in der heimischen Düsseldorfer Kunstszene. Dies zeigte sich am 11. Oktober mit seiner Teilnahme an "Leben mit Pop - Eine Demonstration für den kapitalistischen Realismus".

Mit dieser Aktion von Konrad Lueg (Konrad Fischer) und Gerhard Richter, damals noch Studenten bei Karl Otto Götz, wurde der von Gerhard Richter erfundene Begriff "Kapitalistischer Realismus" bekannt, den Lueg und Richter zuvor schon bei einer gemeinsamen Aktion mit Manfred Kuttner und Sigmar Polke eingeführt hatten. Der "Kapitalistische Realismus" war eine ironische Analogie zum "Sozialistischen Realismus" des Ostblocks und bissige Kommentierung des von Konsum bestimmten „realen" deutschen Kapitalismus am Beginn der sechziger Jahre.[575]

Das gesamte Möbelhaus Berges in der Düsseldorfer Altstadt war in die „Demonstration" von Lueg und Richter einbezogen worden, auch weil der Eigentümer irrtümlich von einer Werbeveranstaltung ausgegangen war. Die beiden Künstler hingegen stellten Bilder mit Titeln wie "Bockwürste auf Pappteller" (Lueg) oder "Schloss Neu-Schwanstein" (Richter) aus. Über Lautsprecher ertönte Tanzmusik, während die Besucher mit dem Aufzug in die dritte Etage des Möbelhauses gefahren wurden. Hier sammelten sie sich in einem „Wartezimmer", dessen Wände mit vierzehn Rehbockgeweihen sowie lebensgroßen Pappfiguren von John F. Kennedy und dem Galeristen Alfred Schmela dekoriert waren. Dann wurden die Gäste in ein „durchschnittliches Wohnzimmer" geführt. Lueg saß auf einem Sessel und Richter auf einer Couch. Beide erhöht auf Podesten, mit Anzug und Krawatte gekleidet. Es gab Kaffee und Kuchen. In einem Fernsehapparat lief ein Bericht über die Ära Adenauer.

Neben dem Eingang befand sich die „Garderobe mit Leihgaben von Prof. Beuys". Ein Hut, ein gelbes Hemd, eine blaue Hose, Socken sowie ein Paar Schuhe waren dort aufgehängt. Beuys hatte auf das Garderobenbrett neun Zettel mit braunen Kreuzen geklebt. Auf dem Boden stand ein Karton mit Margarine, der die Aufschrift trug: „Joseph Beuys is here!"

Für den Oktober war eine weitere Ausstellung mit Zeichnungen und „Plastischen Bildern" von Beuys im Hause der Brüder van der Grinten in Kranenburg vorgesehen, die nachher als "Stallausstellung" bezeichnet wurde. Beuys entschied sich mit dem Titel der Ausstellung ein Signal zu setzen: er nannte sie schlicht FLUXUS.

Ein Ettikettenschwindel, denn unabhängig von ihrer FLUXUS-Titulierung entstammten viele der Ausstellungsstücke immer noch dem zeichnerischen Œuvre, wie es Beuys seit langem pflegte. Ebenso ließ die Präsentation der nahezu dreihundert kleinformatigen Stücke in biederen Rahmen und braver Hängung auf den ersten Blick wenig künstlerische Wagnis erkennen. Die Brüder hatten einen bescheidenen Katalog gestaltet. Er kostete fünf Mark. Für vierzig Mark konnte man eine Zeichnung erwerben.

Beuys befand sich weiterhin auf der Suche nach bildnerischen Ausdrucksformen, welche den Möglichkeiten entsprachen, die er vor allem in den aktionistischen Elementen des FLUXUS erkannt hatte. Einzelne Sujets der "Stallausstellung" ließen eine entsprechende Zäsur in seiner künstlerischen Entwicklung erkennen.

Mit einer Reihe seiner "Plastischen Bilder" zeigte Beuys aus der Zweidimensionalität der Assemblage weiterentwickelte Kleinplastiken, deren Signifikante der Prozeßcharakter der ihrer der Vergänglichkeit innewohnenden „Bewegung" war. Ein schimmelnder Schokoladen-Osterhase, ein verfaulender Fisch aus Gelatine, bemalte Fettwürfel.

In dem er banale Alltagsgegenstände und gewöhnliche Materialien verwendete, führte er den Ewigkeitsanspruch traditioneller Bildwerke ad absurdum, die auch von den FLUXUS-Künstlern als fern der Lebensrealität der Menschen angesehen wurde. So hatte Beuys dann auch der FLUXUS-Devise „Kunst ist Leben, Leben ist Kunst" entsprechend private Dinge in seine Werke integriert: Spielzeug, Bleisoldaten, die kleinen Boxhandschuhe von Wenzel, Küchenwerkzeug, Hinterlassenschaften von Mahlzeiten.

„Der Besucher fühlte sich einbezogen in die Familie Beuys. Das war ungewöhnlich, aber hier war sowieso alles anders: Im Hintergrund beunruhigten sich die Schweine über unsere Anwesenheit. Aus der anliegenden Küche drang Bratenduft in den eisigkalten Stall", erinnerte sich die Sammlerin und Autorin Stella Baum.[576]

Waren einzelne der zumeist in Kästen aus Holz arrangierten Objekte noch von eher lakonischer Beiläufigkeit, bestachen andere durch ihre wirkungsvolle Gestaltung. So etwa ein mit weißen Mullbinden umschlagenes Spielzeug, vermutlich ein Plastik-Ritter auf einem Pferd, dem Beuys den Titel „Verschneiter Reiter" gab.

Mit einfachsten Mitteln schuf er hier einerseits ein assoziationsreiches, poetisches Bild - eine Praxis, die Beuys von der Kleinplastik ausgehend bald zu raumgreifenden Environments entwickeln sollte. Anderseits thematisierte Beuys mit dem Sujet den zur Erstarrung führenden Prozeß der Mumifizierung. Schnee war zudem für Beuys eine häufig verwendete Metapher für die Wärme-Kälte-Polarität, für den Transformationsprozeß, versinnbildlicht in der Veränderung der

Aggregatzustände. Letztlich stand Schnee für den Osten, für die Herkunft des „Ostmenschens".

Unabhängig von derart sinnbildlicher Deutung, die sich aus der von Beuys rezipierten Steiner-Literatur erschließt, sollten die von Autoren vorgenommenen Zuschreibungen der "Plastischen Bilder", als für die Entwicklung von Beuys' Werk theoriebildend, mit Bedacht zur Kenntnis genommen werden. Allzuviel von dem, was noch ungebundenes künstlerisches Experiment war, wurde nachträglich mit einem Saum von Theorie umkränzt.

Mit den Arbeiten der "Stallausstellung" hatte sich Beuys immerhin aus den Fesseln seiner introspektiven Kunstsprache befreit. Insofern konnte man tatsächlich einen Umbruch erkennen. Nun konnte er „in äußerer Allianz mit einer Avantgarde-Bewegung, mit FLUXUS, seine eigenen Anliegen freiheraus vortragen", wie Dieter Koepplin schrieb.[577]

Beuys' "Plastische Bilder" können in Verwandtschaft zu Arbeiten anderer FLUXUS-Künstler, den "Decollagen" von Vostell beispielsweise, aber auch den "Schimmelbildern" von Dieter Roth gesehen werden. Das zeitgleiche Entstehen der in ihrer Grundkonzeption vergleichbaren Werke der verschiedenen Künstler lässt den in der bildenden Kunst seinerzeit vernehmbaren Grundkanon erkennen: die radikale Abkehr von Konventionen, der Aufbruch zur Erforschung einer Kunst jenseits der tradierten Vorstellungen von Bild und Plastik.

„Denn etwas grundsätzlich Neues bahnt sich hier an, das mit aller bisherigen, in der Historie verklammerten Kunstauffassung nichts, aber auch gar nichts mehr zu tun hat." So ließ sich Helmut Martin in seiner Ausstellungsbesprechung „An der Krippe des FLUXUS" vernehmen.

Weiter schrieb Martin: „ […] die von Joseph Beuys dargebotenen FLUXUS-Phänomena durchbrechen […] die soliden Wände zwischen Kunst und Leben und erzeugen in den sich öffnenden Räumen eine Strömung, die allzu grenzhaftes Denken endgültig ins Grenzenlose spült. Kunst schafft Bilder. FLUXUS zeigt die Welt als Bild."[578]

Die Vernissage war gut besucht. Doch wurde die armselige Hinfälligkeit der Sujets von dem provinziellen Publikum des niederrheinischen Kranenburg als abstoßend und provozierend empfunden. Über die hiermit verbundene kurze Aufregung hinaus blieb die öffentliche Resonanz auf die „Stallausstellung" jedoch gering und soweit heute festzustellen ist, erschienen nur zwei Rezensionen.

Der geradezu hymnischen Lobrede Martins stand eine eher kritische Würdigung gegenüber. „Professor Beuys" habe nichts einzuwenden

„wenn jemand über seine Schöpfungen lächelt", so der Rezensent. „Öfter jedoch begegnet er ehrfürchtigem Staunen, so zum Beispiel am Abend der Eröffnung, als er auf einem Tisch FLUXUS ‚zelebrierte'. Er goss Gelatine, rote und grüne, in eine Fischform und ließ sie erstarren; eine Tafel Schokolade klebte er auf der Platte fest; zwei Margarinewürfel und eine Blinkleuchte vervollständigten das Arrangement." Die Ausstellungsbesprechung schloss mit der Bemerkung, im Dadaismus sei mit einem sozialen Anliegen öffentlich gearbeitet worden. Heute, so der Rezensent, spiele sich „das FLUXUS-Geschäft in esoterischen Zirkeln ab. Nur eingeweihte und geladene Gäste haben während der Schaffensperiode des Künstlers Zutritt".[579]

Beide Artikel erschienen außerhalb des Blickfeldes der maßgeblichen Kulturkreise in den Metropolen, da sie nur regional am Niederrhein publiziert wurden. Dennoch verdienen sie Aufmerksamkeit, demonstrieren sie doch exemplarisch die Polarisierung, welche für den Umgang mit dem Phänomen Beuys bereits anlässlich seiner ersten öffentlichen Auftritte kennzeichnend wurde.

Anzufügen wäre hierzu ein wenig beachteter Aspekt der Ausstellung. Zwei Arbeiten die auf ein Interesse von Beuys an dem französischen Künstler Ives Klein verweisen. Während die Assemblage "Yves Klein-Inserat" wie ein eher beiläufiges Produkt der Atelierarbeit wirkt, ist "Demonstration zur Todesstunde von Yves Klein" nicht nur wegen des für Beuys seinerzeit ungewöhnlich großen Formats (100 x 200cm), von anderer Prägnanz. Klein beschäftigte sich wie Beuys mit esoterischen Lehren und war Anhänger des "Rosenkreuzertums".[580]

Die bei Beuys seltene Geste den Namen eines anderen Künstlers, "Yves Klein" also, auf die Arbeit selbst zu schreiben, weist wie die gezeichneten, bei Okkultisten gebräuchlichen Lot- und Winkelmaße darauf hin, dass Beuys hier einem „Bruder im Geiste" Reverenz erwies, der ebenso polarisierend, der wie er selbst als Scharlatan gesehen wurde. Dass Beuys später behauptete, mit Ives Klein zusammengearbeitet zu haben, ist jedoch, wie so oft, allein seiner Phantasie entsprungen.[581]

Schließlich resultierte aus der „Stallausstellung" eine signifikante Veränderung in der Beziehung von Beuys zu den Brüdern van der Grinten. Obwohl sie weiterhin als Sammler und Kuratoren von Zeichnungen in seinem Umfeld agierten, war dies ihre letzte gemeinsam mit Beuys eingerichtete Ausstellung. Ihr provinzieller Touch wurde dem Neu-Avantgardisten wohl unangenehm.

Der Christus

Das Jahr 1964 sollte den in Beuys' künstlerischer Biographie entscheidenden Wendepunkt markieren. Es begann mit seiner ersten Einladung zur „documenta", die er den Bemühungen von Alfred Schmela sowie Eduard Trier zu verdanken hatte. Trier war am 1. April 1964 als Professor für Kunstgeschichte an die Düsseldorfer Kunstakademie berufen worden und war Mitglied der beiden für die Beuys-Beiträge zuständigen "documenta"-Komissionen. Trier schlug Beuys vor und setzte ihn letztlich durch.

Beuys präsentierte Arbeiten aus der Zeit vor 1958, was darauf schließen lässt, dass er sich in Bezug auf seine Werkentwicklung weiterhin in einer nicht abgeschlossenen Übergangssituation befand. Er zeigte drei Arbeiten aus früheren Jahren, "Hirsch-Mann im Gebirge" von 1951, "Judith" von 1954 und "Toter Mann und Hirschskelett" aus dem Jahr 1956 sowie die Kleinplastiken "Bienenkönigin I, II, III" die 1952 und "SåFG-SåUG (Sonnenaufgang -Sonnenuntergang)" die 1953 datiert war, eine Eisenplastik im bescheidenen Format von rund einem Meter Höhe. Während die Zeichnungen aus dem Bestand der Brüder van der Grinten stammten, wurden die Plastiken von der Galerie Schmela eingereicht. Dies war die erste Zusammenarbeit von Beuys mit einer Galerie.[582]

Schon bei Ansicht der über drei Kataloge verteilten Abbildungen der Arbeiten aller Künstler sind die Beiträge von Beuys leicht zu übersehen. Sie reihten sich unauffällig ein zwischen die Werke seiner Kollegen, welche überwiegend in den seinerzeit noch dominierenden abstrakten Formen der späten fünfziger Jahre gestaltet waren.

Kaum verwunderlich, dass Beuys' erste "documenta"-Teilnahme keine nachhaltige Aufmerksamkeit erzielte. Die Einladung an sich war bereits Auszeichnung. Dennoch sind die von ihm eingereichten Arbeiten in der Gesamtschau seiner Biographie sind insofern bedeutsam, als sie die ersten öffentlich ausgestellten Werke waren, denen unmittelbar ein gedanklicher Ansatz zugeordnet werden kann, der mit der von Beuys später zu bezeichnenden "Plastischen Theorie" in Verbindung zu bringen ist.

Durch die Ausstellung von "SåFG-SåUG" und "Bienenköniginnen" bei einer derart herausragenden Gelegenheit wie der "documenta" erwies Beuys zuvorderst der Bedeutung Steiners für sein Dasein und für seine eigene Theorieentwicklung Referenz.

Mit der Plastik "SåFG-SåUG" deren kryptischer Titel lautsprachlich durchaus zu entschlüsseln ist und auch von Beuys in diesem Sinn erläutert wurde,[583] wollte er das "Wärmeprinzip", die Ausdehnung von Körpern durch Wärme symbolisieren, wie sie Steiner dargelegt hatte: „Ich erlebe also in mir tatsächlich, was die Wärme in Wahrheit ist, intensive Bewegung, Bewegung, die fortwährend herüber pendelt aus dem Gebiet der Druckwirkungen in das Gebiet der Saugwirkungen", so Steiner.[584]

Und auch der in Klammern gesetzte Untertitel "Sonnenaufgang -Sonnenuntergang" referiert unmittelbar auf eine Vorlage Steiners die sich gleichnamig in seinen Schulungsskizzen für Maler findet.[585]

Bar jeder Kenntnis des theoretischen Hintergrunds seiner an die Lehre Steiners gekoppelten Ideen, musste der Betrachter allerdings ratlos auf "SåFG-SåUG" wie auf die "Bienenköniginnen" blicken. Seltsam amorphe Wesen aus Wachs, die auf ihren einfachen Holzbrettern mehr an von Autoreifen malträtierte Tierkadaver, denn an Bienen erinnerten.

Die "Bienenköniginnen" waren mit Rudolf Steiners Theorien über die Bienen verknüpft. Steiner skizzierte den Bienenstock als „herrliches Staatswesen". In seinen Vorträgen "Über das Wesen der Bienen" sprach Steiner von den gestalterischen Fähigkeiten der Bienen, von ihrem Vermögen, plastisch zu formen. Steiner schlussfolgerte: „Könnte sich der Mensch mit seinem Bewusstsein in diese übersinnliche Welt erheben, so würde er dort den ‚Ameisen- oder Bienengeist' in voller Bewusstheit als sein Schwesterwesen begrüßen können."[586]

Für Beuys waren die Bienen im gleichen Sinn wie für Steiner Analogie zur menschlichen Sozialisierung. In den plastischen Fähigkeiten der Bienen und in ihrem Sozialverhalten wollte Beuys das für die Entwicklung einer neuen Gesellschaft notwendige "Wärmeelement" erkennen, eine Art von übergeordnetem kollektivem Bewusstsein. Den „Wärmeorganismus des Bienenstaats" nannte er als wesentliche Anregung, „Wachs und Fett" zu nutzen. Das „kristalline", geometrische Element ihrer Waben inspirierte ihn zu seinen "Fettecken", die zu einem metaphorischen Kernelement seiner "Plastischen Theorie" wurden.[587]

Während er die "Bienenköniginnen" in einer tischartigen Vitrine installierte, wurde Beuys von einem Fernsehsender befragt. Sichtlich nervös und dennoch mit unverkennbarem Sendungsbewusstsein absolvierte Beuys sein erstes TV-Interview und gab, um Erläuterung seiner

Arbeit gebeten, folgendes Statement ab: „Mein Glaube ist, nicht wahr, dass vor der Plastik etwas geschieht, was eine reale Ausstrahlung ist, dass also diese Wachssubstanz eine Verlängerung nach oben hat. Also nehmen wir an, man könne sie direkt essen. Jetzt nehmen sie das, was scheinbar materialistisch klingt aber vergeistigt, dann hätten sie in etwa das, was ich ganz grob sage."[588]

Das kurze Interview verschwand unbeachtet in einem Archiv. Ein ähnlich wirrer Auftritt hingegen führte wenige Tage später zu einem Vorfall, der nur wenige Sekunden beanspruchte, der gleichwohl zu dem Moment wurde, von dem aus sich Beuys zu jener ikonenhaften Figur entwickelte, deren Bild heute im kollektiven Bewusstsein verankert ist. Aus dem unbekannten Atelier-Künstler wurde eine öffentliche Person, das Ereignis zu einem Markstein in Beuys' Vita.

Der Kulturreferent des AStA der Technischen Hochschule Aachen, Valdo Abolins, hatte das Düsseldorfer FESTUM FLUXORUM FLUXUS miterlebt und ein solches Festival für Aachen ins Gespräch gebracht.

Durch Vermittlung von Tomas Schmit konnte er Bazon Brock und Beuys für ein Mitwirken gewinnen. Hinzu kamen Eric Andersen, Stanley Brouwn, Arthur Köpcke, Ben Vautier, Wolf Vostell und Emmett Williams. Das Festival erhielt den Titel: ACTIONS/AGIT-POP/DE-COLLAGE/HAPPENING/EVENTS/ANTIART/ L'AUTRISME/ART TOTAL/REFLUXUS.

Während Abolins und Schmit die Veranstaltung organisierten, übersahen sie, dass der geplante Termin der Gedenktag für die Widerstandskämpfer des 20. Juli 1944 war. Professor Dr. Volker Aschoff, Rektor der Aachener Hochschule, hatte zunächst den „simultanen, szenisch musikalischen Aufführungen" zugestimmt, ohne gleichfalls zu realisieren, dass als Veranstaltungstag der 20. Jahrestag des Attentats auf Hitler vorgesehen war. Gleichzeitig hatten ihn die studentischen Veranstalter über die einzelnen Programmpunkte im Unklaren gelassen.

Nachdem Aschoff in der Studentenzeitschrift „Aachener Prisma" einen Bericht über frühere FLUXUS-Aktionen gelesen hatte und hierbei zur Kenntnis nehmen musste, dass die FLUXUS-Künstler Glühbirnen und Cremetorten ins Publikum warfen oder spärlich bekleidete Mädchen auftreten ließen, sah er die Würde des Gedenktages als gefährdet an. Nur durch eine persönliche Unterredung mit dem Professorenkollegen Beuys, der in Begleitung des redegewandten Bazon Brock gekommen war, konnte Aschoff überzeugt werden, den Anlass nicht abzusagen.

Er verlangte jedoch, das von Nam June Paik gestaltete Plakat für das Festival mit einer Erklärung zu überkleben, die bekannt gab, dass es sich bei dem Anlass um eine von internationalen Künstlern gestaltete Gedenkfeier zum 20. Juli handle. Darüber hinaus ließ Aschoff in der Aachener Presse ein Kommuniqué verbreiten, in dem er erklärte, er habe den Studenten das Recht nicht absprechen wollen, der Widerstandskämpfer des 20. Juli „wenn auch auf exzeptionelle Art" zu gedenken. Zudem wolle sich die Technische Hochschule „nicht vor neuartigen Strömungen verschließen, auch wenn ihr Erkenntniswert nicht ohne weiteres abschätzbar ist".[589]

Vor einem mit etwa tausend Zuschauern zum Bersten gefüllten Auditorium begann Bazon Brock den Abend des 20. Juli 1964 mit einer von Aschoff geforderten, erläuternden Eröffnungsrede. Als in diese jedoch eine Endlosschleife der Tonbandaufnahme von Goebbels' Sportpalast-Ausruf „Wollt ihr den totalen Krieg?" eingespielt wurde, gingen Brocks Worte in Pfiffen unter. Vorsorglich hatte man den Zuschauern am Eingang Eier und andere Wurfgeschosse abgenommen. Stattdessen flogen nun Papierkugeln und Zigarettenstummel auf die Bühne.

Als Beuys auf einem Klavier intonierte, setzte Brock seine Rede im Kopfstand fort. Schon nach wenigen Sätzen wurde Brock von einem Zuschauer umgestoßen, der inzwischen die Bühne erklommen hatte. Im Hintergrund schleppte Vostell mit einer Gasmaske über dem Gesicht Säcke mit gelbem Farbpulver heran, das er auf dem Boden verteilte, acht junge Männer wälzten sich darin. Tannenduft wurde versprüht, Stroh umher geworfen, Papierflugzeuge kreisten. In das Pfeifkonzert des Publikums mischten sich Lautsprecherdurchsagen von Henning Christiansen: „Den Speck in Streifen zerteilen und kreuzweise garnieren ... Immer noch schmeckt das Bier ... Man darf die Kartoffeln nicht mit dem Messer schneiden."

Ein bizarres Szenario für das in aktuellen Kunstströmungen wenig kenntnisreiche Publikum aber wohl auch für die anwesende Presse: „Im größten Hörsaal der Rheinisch Westfälischen Technischen Hochschule in Aachen schienen die schweren Fälle einer ‚geschlossenen Abteilung' ihren Kameradschaftsabend zu feiern [...] Auf einem Elektrokocher bruzzelte Margarine. Der Geruch des Fettes zog durch den Hörsaal. Die vom Allgemeinen Studentenausschuss an der Technischen Hochschule veranstaltete Gedenkfeier für die Widerstandskämpfer des 20. Juli 1944 war in vollem Gange", berichtete DIE ZEIT.[590]

Das überwiegend männliche Publikum zeigte wenig Interesse an zeitgenössischer Kunstausübung und befand sich, durch polemische Vorberichte motiviert, bereits in aufgeheizter Stimmung, bevor die Veranstaltung überhaupt begonnen hatte. Die meisten schienen in Erwartung des Krawalls gekommen.

Wie bei ihren anderen Veranstaltungen setzten die FLUXUS-Akteure auch in Aachen die Provokation des Publikums als Bestandteil ihrer Aufführung ein. Sie wollten dessen Rezeptionshaltung aktivieren, um solchermaßen einen Bewusstseinswandel anzuregen.

Insbesondere diese Praxis übernahm Beuys. Provokation wurde zu einem Kernelement seines Wirkens, wie er selbst erläuterte: „Die Leute werden in jedem Fall aggressiv, die werden nur nicht aggressiv wenn Adenauer spricht, wenn der Papst spricht und wenn die Arschlöcher von Politikern sprechen. [...] Es ist ja gar nicht schlimm, wenn die Leute aggressiv werden. Lass die doch ruhig aggressiv werden, dann kommt man wenigstens mit ihnen ins Gespräch. Das heißt, du musst es provozieren."[591]

Beuys hatte seinen Auftritt sorgfältig vorbereitet, den er "Kukei", "akopee-Nein!", "Braunkreuz", "Fettecken", "Modellfettecken" betitelte. "Kukei" und "akopee-Nein!" hatte er der Kindersprache seines Sohnes Wenzel entlehnt, der sich solchermaßen geweigert haben soll, seiner Mutter beim Einkaufen zu folgen.

Seine Requisiten hatte er in Wenzels Laufstall abgelegt. Er prüfte die Wärme des Kochers, begab sich einstweilen an den Bühnenrand, um dem Publikum seine okkultistischen Symbolkarten entgegen zu halten. Auf ein Zeichen von Brock hin setzte er sich an das am Bühnenrand befindliche Klavier, um dessen Kopfstandrede mit einem „amorphen" Klavierstück zu untermalen, bei dem er zuletzt mit einem Bohrer Löcher in das Klavier trieb.

„Ich füllte ein Klavier mit geometrischen Körpern, Bonbons, trockenen Eichenblättern, Majoran, einer Ansichtskarte des Aachener Doms und Waschpulver. Sehr locker, so dass es noch bespielbar war, der Klang jedoch durch die Füllung beeinflusst wurde", erläuterte Beuys seine bei John Cages präparierten Pianos entlehnte Aktion. Weitergehend wollte er seine esoterischen Gedanken in seine Kunstpraxis überführen: „Die Absicht: das heilsame Chaos, heilsame Amorphisierung in eine gewusste Richtung, die bewusst eine erkaltete, erstarrte Vergangenheitsform, gesellschaftliche Konvention durch Auflösung erwärmt und zukünftige Gestalt erst möglich macht."[592]

Doch worauf wollte Beuys hinaus, wenn er davon sprach die „gesellschaftliche Konvention" in Bewegung bringen zu wollen, um ihr eine neue Gestalt also Ordnung zu geben? Neben dem eigenen, seiner Eitelkeit geschuldeten Wunsch nach öffentlicher Wahrnehmung, ging es Beuys um die Thematisierung der Lehren, denen er anhing.

Und es ist wieder eine Bemerkung Steiners die zur Ursache von Beuys' nun entfachten Darstellungsbedürfnis führt: „Der Materialist gibt nicht zu, daß die Gedanken, die wir an der Natur heranbilden, zuvor in dieser enthalten sind. Er glaubt, daß wir sie in sie hineinlegen. Die Rosenkreuzer des Mittelalters stellten ein Glas Wasser vor den Neophyten und sagten zu ihm: Damit dieses Wasser im Glas sein kann, muß es jemand hineingetan haben. Ebenso verhält es sich aber mit den Ideen, die wir in der Natur finden. Sie müssen hineingelegt worden sein durch die göttlichen Geister, die Gehilfen des Logos." (Es handelt sich nach anthroposophischem Verständnis um „Sonnengeister der Weisheit" die in ihrer Einheit als Christus oder Logos verständlich sind.)[593]

Dieses „Aussähen" von Ideen, das Verbreiten der anthroposophischen Weltanschauung als Gehilfe des Logos, dieses Wirken sah Beuys in Aachen, sah er fortan als seine „heilige" Aufgabe. Wobei ihm klar sein musste, dass wohl kaum einer der Anwesenden verstand, ja überhaupt nur ahnte, worum es ihm ging. Doch nur schon „hineinlegen" seiner Gedanken in dem Welt war ihm genug, überzeugt, dass diese Saat dereinst aufgehen werde.

Wie schon mit Bezug auf Ives Klein bei der "Stallausstellung" hatte Beuys während der Aufführung von "Sibirische Symphonie" in der Kunstakademie, seine Nähe zum „Rosenkreuzertum" angedeutet. Er spielte Passagen aus "Sonneries de la Rose + Croix". Ein Klavierstück, das Erik Satie zu Ehren des Führers der französischen Rosenkreuzer, des Schriftstellers und Okkultisten Joséphin Péladan komponiert hatte. Wie Péladan, auf den sich Beuys mehrfach berief, war Satie Mitglied des neuzeitlichen europäischen "Kabbalistischen Ordens vom Rosenkreuz", der 1888 in Paris gegründet worden war.

Unter dem Begriff des "Rosenkreuzertums" hatten sich seit dem Hochmittelalter Okkultisten in Geheimbünden und Orden zusammengefunden. Diese beriefen sich auf die Lehren von Christian Rosencreutz (Rosenkreuz), des „Fraters C. R.", der ein frühchristlicher Ordensbruder gewesen sein soll. Rosenkreuz habe sein mit der Todesstrafe bedrohtes Wissen über östliche und afrikanische Religionen und Rituale dem Kreis einer geheimen Bruderschaft weitergegeben.

Rosenkreuz ist jedoch eine fiktive Figur, die der protestantische Theologe Johann Valentin Andreae 1614 verbunden mit der ebenso fiktiven Lebensgeschichte des Christian Rosencreutz, "Fama Fraternitatis", erfunden hatte. Zur Anhängerschaft der Rosenkreuzer zählten neben Péladan und Satie der Komponist Claude Debussy, die Maler Ferdinand Hodler und Ives Klein. Goethe, Novalis, Saint-Exupéry und Isaac Newton sollen dem Orden nahegestanden haben. Ein Requisit von Aachen, eine Hand voll roter Rosen in einem Wasserglas, von Beuys auf der Bühne platziert und von einem Scheinwerfer angestrahlt als Schattenriss auf der Wand im Bühnenhintergrund, wies Beuys als Anhänger des "Rosenkreuzertums" aus.

Der Kreis schließt sich wieder bei Steiner, der in enger Beziehung zu Rosenkreuz stand. Steiner hatte wesentliche Elemente seiner Lehre den Überlieferungen des okkultistischen Geheimbundes entlehnt. Letztlich, so Beuys, sei Steiner „kulturhistorisch gesehen eigentlich nur vom Rosenkreuzertum her" zu verstehen.[594]

Steiner, der "Meister Rosenkreuz" und "Meister Jesus" als die „Meister des Westens" bezeichnete, erachtete Rosenkreuz als eine reale, historische Persönlichkeit, die wie er selbst zu den höchsten „Eingeweihten" zählte. Steiner, dies ist seinen Aussagen gemäß evident, sah sich selbst als "Bodhisattva", als „Verkünder des Guten", damit in der Nachfolge von Rosenkreuz als Verkörperung des "Christus-Impulses". Nicht zuletzt deshalb ist in okkultistischen wie anthroposophischen Kreisen verbreitet, Steiner als "Meister Jesus" zu bezeichnen, in Steiner die Inkarnation von Rosenkreuz und Jesus zu sehen. Beuys wiederum folgte Steiner nach und erlebte nun in Aachen in übertragenem Sinn die eigene Inkarnation.[595]

Nachdem er seinen Aktionsteil mit dem Klavier beendet hatte, begab sich Beuys, ungerührt von dem Tohuwabohu der verschiedenen simultan ablaufenden Aktionen, von Pfeifkonzert und Beschimpfungen, zu dem in der Bühnenmitte aufgestellten elektrischen Campingherd, auf dem mittlerweile in einer Zinkkiste Margarine schmolz.

Auf dem Weg dorthin hob Beuys eine mit Filz umwickelte Kupferstange, einen „warmen Stab" in die Höhe. Der „warme Stab" diente nach seinem Verständnis dazu, die zwischen zwei Polen, zwischen + und − oder Ost und West, sinnlichen und übersinnlichen Welten fließenden Energien weiterzuleiten, zu bündeln oder zu speichern. Beuys verharrte für ein paar Minuten in dieser Position, den Stab über dem Kopf haltend.

Einige Zuschauer waren inzwischen auf die Bühne geklettert, um die Künstler an der Ausführung ihrer Aktionen zu hindern. Im Tumult wurde ein Glas mit Salzsäure umgeworfen, in dem Beuys Rosenblätter zersetzte. Spritzer der Säure gelangten auf die Hose eines Studenten namens Nieschling. Dieser revanchierte sich hierfür mit einem Fausthieb, der Beuys' Nase zum Bluten brachte. Beuys reagierte, indem er sich auf den Studenten stürzte, um ihn mit wütenden Schlägen aus dem Saal zu prügeln.

Mit blutender Nase kehrte Beuys auf die Bühne zurück. Ein angebotenes Taschentuch lehnte er ab. Stattdessen holte er aus einem Koffer ein Kruzifix hervor, das auf einer seltsamen Plastikwulst wankte, die auf einem Holzplättchen befestigt war. Wie ein Priester den Kelch, hob Beuys das Kruzifix und zugleich seinen rechten Arm mit ausgestreckter Hand empor. Eine provokante Geste, nicht fern des nationalsozialistischen Grußes.

Der Vorgang beanspruchte kaum mehr als drei Sekunden. Es ist der Geistesgegenwart des Fotografen Heinrich Riebesehl zu verdanken, dass die Geste zum ersten Motiv in einer langen Reihe ikonographischer Bilder des Mythos Beuys werden sollte.

Bei Ansicht von Filmberichten fällt auf, dass Beuys seine gesamte Performance wie in Trance ausführte. Aufreizend desinteressiert, ohne die lärmenden, inzwischen um ihn herum stehenden Zuschauer zu beachten, spulte er sein Programm ab. Selbst das Finale, der Schlag, seine Pose, dann wie er vollkommen ruhig das Kruzifix wieder in den Koffer legt, die Gesten wirkten gesteuert.

Als er zuletzt mit immer noch blutender Nase Schokolade ins Publikum warf, schien er mit einem Mal jedoch fahrig. Sein verkrampftes Lächeln verriet eine Unsicherheit, die er zuvor im Korsett der wohl überlegten Abläufe zu beherrschen versuchte. Dem eigentlich schüchternen Beuys, der erstmals vor großem Publikum agierte, musste diese Exposition ein Höchstmaß an Überwindung gekostet haben.

In Anbetracht der Kürze des Vorgangs ist fraglich, ob Beuys die Situation tatsächlich erwarten konnte, ob er darauf spekulierte, mit der blasphemischen Geste Aufmerksamkeit zu erlangen. Gleichwohl konnte er auf Grund der Vorberichte, der deshalb gereizten Stimmung des Publikums mit einem Eklat rechnen. Und so erwies er sich bereits mit diesem ersten Auftritt in einem öffentlichen Rahmen, als überaus instinktsicher hinsichtlich der Optionen medialer Selbstdarstellung. Rückblickend schilderte Beuys sein Verhalten als durchwegs kalkuliert: „Ich war immer vorbereitet auf diesen Schlag, denn sonst hätte ich nicht blitzartig dieses Gerät aus der Klamottenkiste gezogen. Und ich hätte ja auch nicht die vielen Tafeln Schokolade bei mir gehabt, um sie dann gleichzeitig hinterher ans Publikum zu verteilen. Also der Aggression von Seiten des Publikums, der bin ich begegnet mit einer positiven Gabe."[596]

Die Veranstaltung wurde um 21.45 Uhr durch den AStA-Vorsitzenden Gotschlich abgebrochen. Beuys stellte sich jedoch bis weit in die Nacht vor dem Auditorium Maximum der Diskussion mit den Publikum. „Er beteuerte immer wieder, man müsse mit den Unwissenden diskutieren", so ein Pressebericht.[597]

Der Aachener Auftritt mutet wie eine Art von Testlauf an, bei dem Beuys den möglichen Grad und die Wirksamkeit bei der Anwendung von Provokation ausloten wollte. Vordergründig schien er damit in Einklang mit der FLUXUS-Idee, Provokation als Stilmittel anzusehen. Tatsächlich war sein Handeln jedoch von Zielen bestimmt, die nichts mit den Absichten der anderen FLUXUS-Künstler zu tun hatten. Die Bewegung, die Beuys initiieren wollte, war die globale, spirituell verankerte Wandlung der Menschheit.

Vereinfacht gesagt, wollte Beuys die Menschheit bewegen, sie wachrütteln: „Die Bewegung kommt zustande durch eine Provokation, durch eine Einweihung, durch eine Initiation zum Zwecke der Bewegung. [...] Es ist also das Auferstehungsprinzip", erläuterte Beuys, der hier den spirituellen, priesterlich oder schamanistisch zu nennenden Weiheaspekt seines Auftretens unterstrich. Gleichzeitig scheint in seiner Aussage durch, dass er seine Performance als Pharaphrase des "Mysteriums von Golgatha" interpretierte.[598]

Beuys war überzeugt, weder die Wissenschaft noch das Christentum seien in der Lage, diesen Wandel herbeizuführen: „Vielleicht ist etwas Gutes daran für die menschliche Zukunft. Aber kann man den Namen Christentum überhaupt noch verwenden, wo unter diesem Namen so viele Verbrechen geschehen sind? Es müsste also ein neuer Begriff her. [...] Dann fragt man sich: Wie kann man das, was ein Christus-Impuls ist, herausarbeiten?"[599]

Mit dieser Aussage verwies Beuys auf die für sein Handeln maßgebliche Triebfeder: Die Botschaft des "Christus-Impulses" zu verbreiten, sie am eigenen Beispiel zu erfüllen. Deshalb kann Beuys' Aachener Aktion wie eine Darstellung der Wandlung, der „Transformation" von Jesus zu Christus interpretiert werden.

Indem er sich überwand, auf die Bühne zu gehen, nahm Beuys das Kreuz Jesu, die Leiden der Menschheit auf sich. Er wurde in aller Öffentlichkeit geschlagen, beschimpft und verhöhnt. Es war das "Ecce homo", die Zurschaustellung des Jesus von Nazareth durch Pontius Pilatus, die Inkarnation von Beuys als Christus-Gestalt.

Bazon Brock erinnerte sich: „Es war phantastisch, die Nase blutet, Christus blutet, denn es war ja die Analogie zwischen dem Blut, das aus den Wunden Christi kam und den Wunden, die ihm geschlagen worden waren."[600]

Aachen war Beuys' Golgatha. Erstmals vollführte er vor Publikum seine Umdeutung des christlichen Erlösungsglaubens, den „erweiterten Kunstbegriff", mit dem er den „eingeengten materialistischen Wissenschaftsbegriff" überwinden wollte. „Hier, an diesem Punkt ist der Mensch überhaupt erst inkarniert. Da landet er erst auf der Erde. Also kann man sagen: Im Materialismus sei der Mensch erst Erdenmensch geworden. Vorher schwebt er noch so ein bisschen drüber. Er kommt langsam runter, und dann steht er knallhart in der Materie drin, und dann muss er aus dieser Materiegesetzmäßigkeit heraus", so Beuys.[601]

Bei Steiner klang das so: „Du Mensch, du musst dich selbst davon wieder erlösen. Du musst dir das, was du verwirkt hast, wieder aneignen! Du bist heruntergestiegen in die Materie, und jetzt musst du dich selbst wieder davon erlösen, davon befreien [...] Und das kannst du, indem du die Christus-Kraft in dich aufnimmst, die dir die äußere Welt in ihrer Wirklichkeit zeigt!"[602]

Daran anschliessend vermittelte Beuys in völliger Offenbarung seiner esoterischen Weltanschauung, heute würde dem Menschen „nicht mehr geholfen wie früher von spirituellen Mächten oder von Hohepriestern oder von Eingeweihten oder von Druiden, sondern er muss das selbst machen. Jetzt schreitet der Mensch selbst, und alles, was in der Zukunft gemacht wird und dann auch im Sinne der Erweiterung gemacht wird über einen solchen Wissenschaftsbegriff hinaus, muss aus der eigenen Tüchtigkeit stammen."[603]

Wenn er über den „Wissenschaftsbegriff hinaus" sagte, meinte Beuys die Zusammenhänge der „geistigen Welt", meinte er eine „erweiterte" Denkkraft oder wie Steiner erklärte: „Die höhere Absicht aber bei alledem ist, die Menschheit auf eigene Füße zu stellen, deren Denkkraft vollkommen zu entwickeln."[604]

Beuys schien von der Verantwortung beseelt, diese Forderung Steiners zu erfüllen, die Menschen zur übersinnlichen „Ich-Erkenntnis" und damit zu neuer „Denkkraft" zu führen, sie damit zu freien, kreativen Wesen zu machen. Durch sein provozierendes, „bewegendes" Tun hoffte er, die hierzu notwendige evolutionäre Entwicklung in Gang zu setzen.

Man hat Beuys schon früh einen „Scharlatan" genannt. Beuys war jedoch von dem, was er verkündete, zutiefst überzeugt. Daher ist der Begriff „Scharlatan", im Sinn von „Schwindler" etwa, nicht treffend. Vielmehr war Beuys ein bis an die Grenzen seiner psychischen und physischen Belastbarkeit, mit großer Ernsthaftigkeit agierender Missionar. Und erst aus seiner über den Kunstzusammenhang hinausweisenden Mission wird die Verknüpfung von Leben und Werk des Joseph Beuys verständlich.

In seinem letzten, im Januar 1986 ausgestrahlten Fernsehinterview bekannte Beuys: „Psychologisch bin ich einigermaßen gewieft. Ich weiß, was die Leute haben wollen. Die wollen doch auf keinen Fall irgendeine Plattitüde. [...] Es ist im Grunde nur die Konfrontation mit der verdeckten Weltwahrheit, die aus ungeheurer Gewalt in die Welt hinein will und die nicht kann, weil das menschliche Bewusstsein sich so verschließt. Du kannst das ruhig als eine große religiöse Aufgabe ansehen, diese Sache."[605]

Anhang

Personenverzeichnis

A
Abs, Hermann Josef 142
Abs, Michael 142
Abolins, Valdo 182
Adenauer, Konrad 154, 176, 184
Adriani, Götz 11, 31, 35
Althoff, Johannes 136
Andersen, Eric 182
Andreae, Johann Valentin 186
Arp, Hans 162
Aschoff, Volker 182, 183
Asemissen, Hermann Ulrich 49

B
Bachmann, Ingeborg 155
Baum, Stella 112, 177
Baumeister, Mary 161
Behrens, Peter 90
Benirschke, Max 99, 100
Berning, Antonia 98, 99, 100
Beuker, Ivo 135
Beuys, Anton 13
Beuys, Boien Wenzel 128, 153, 177, 184
Beuys, Eva 55, 141, 142, 148, 175
Beuys, Gertrud 16
Beuys, Hubert 11, 13, 15, 34, 43
Beuys, Johanna Maria 11, 12
Beuys, Johannes 13
Beuys, Joseph Heinrich Jakob 9, 11, 12, 14
Beuys, Theodora 13
Bezzola, Tobia 101
Blake, George 73
Block, René 84
Böll, Heinrich 155
Brecht, George 165
Brock, Bazon 182, 183, 184, 189
Brügge, Peter 17
Brüx, Walther 85, 86, 90, 109
Burroughs, William S. 154

C
Cage, John 156, 157, 160, 165, 169, 170
Caspari, Carlheinz 158, 162
Christus, 103, 111, 122, 123, 124, 125, 136, 142, 185, 186, 188, 189
Cladders, Johannes 145
Curtis, Jed 158

D
Da Vinci, Leonardo 121, 141, 137
Darwin, Charles 103
Davis, Miles 113
Debussy, Claude 186
Duchamp, Marcel 159

E
Eichmann, Adolf 52, 154
Eisenhower, Dwight D. 154
Enseling, Joseph 86, 87, 90, 92
Ermen, Reinhard 36, 37, 38, 56
Evans, Gil 113
Ewers, Hanns Heinz 32, 33

F
Filliou, Robert 165
Fischer, Konrad 176
Fräger, Wolfgang 112
Franke, Karl 94
Fürst, Albert 114
Fürtjes-Egbers, Martha 34

G
George, Stefan 32, 33, 98, 154
Getlinger, Fritz 152
Giese, Harry 40
Giesen, Hans 118
Ginsberg, Allen 154
Glozer, Laszlo 171
Goebbels, Joseph 58, 183
Goethe, Johann Wolfgang von 32, 54, 55, 56, 96, 100, 102, 124, 137, 186
Gotschlich 188
Götz, Karl Otto 151, 152, 176
Grass, Günter 87, 90, 98, 108, 155
Graubner, Gotthard 153
Greiser, Arthur 52

Gropius, Walter 96
Gurlitt, Hildebrand 114

H
Habermas, Jürgen 154
Haeckel, Ernst, 103
Hamsun, Knut 96, 154, 155
Hansen, Alfred Earl 165
Harlan, Volker 101, 125
Hausmann, Raoul 159
Heartfield, John 159
Heerich, Erwin 85, 92, 94, 95, 98, 100, 110, 111, 133, 134, 145
Held, Rudolf 31
Henning, Hansjoachim 28
Herder, Johann Gottfried 54
Herrmann, Wolfgang 32
Heubach, Friedrich Wolfram 69, 70
Higgins, Dick 158, 165, 168, 169, 170
Himmler, Heinrich 52
Hindenburg, Paul von 26, 38
Hitler, Adolf 26, 30 47, 51, 59, 71, 73, 154, 155, 182
Hodler, Ferdinand 186
Hoehme, Gerhard 114
Höch, Hannah 159
Hoffmanns, Christiane 37
Hölderlin, Friedrich 32
Höppner, Hans-Paul 51
Huelsenbeck, Richard 159
Hülsermann, Norbert 136
Hülsermann, Maria Margarita 10, 11, 12

J
Jährling, Anneliese 157
Jährling, Rolf 157, 170
Jappe, Georg 17, 32, 67, 126, 148
Johnson, Uwe 155
Joyce, James 96, 148, 146, 155

K
Kaprow, Allan 172, 175
Kempken, Heinz Georg 64, 66
Kennedy, John F. 154, 176
Kerouac, Jack 145, 154

Khan, Dschingis 23, 69, 130, 131
Klapheck, Anna 93, 94, 138
Klapheck, Konrad 114
Klein, Ives 179, 185, 186
Knowles, Alison 165, 169
Koekkoek, Barend Cornelis 83, 152
Koepplin, Dieter 147, 148, 160, 178
Kollmeier, Kathrin 30
Konnertz, Winfried 11, 31, 35
Köpcke, Arthur 165, 169, 182
Kraus, Else C. 96
Kricke, Norbert 168
Küchenhoff, Irmgard 142
Küchenhoff, Leonie 142
Küchenhoff, Maria 142
Küchenhoff, Mechthild 142
Kuni, Verena 133
Kuttner, Manfred 176

L
Lamers, Hanns 83, 84, 85, 86, 94, 109, 110, 118
Lamprecht, Gerald 47
Laurinck, Hans 64, 65, 66
Lechtenberg, Adolphe 150
Lehmbruck, Wilhelm 32, 84
Lerm Hayes, Christa-Maria 148
Leve, Manfred 170
Linné, Carl von 32
Liszt, Franz 55
Lorenz, Konrad 89, 119
Lueg, Konrad (Konrad Fischer) 176
Lynen, Adam Reinhard 116, 145, 146, 147, 148, 149, 150

M
Maciunas, George 157, 158, 162, 163 164, 165, 166, 169, 170, 171
Mack, Heinz 114, 135, 138, 168
Maercker, Andreas 116
Maeterlinck, Maurice 32
Mages, Sepp 151
Maillol, Aristide 88
Maltzahn, Marie Louise von 114
Mancke, Günther 98, 99, 100
Mancke, Irmgard 96, 97, 98

Mann, Thomas 32
Marcks, Gerhard 109
Marcuse, Herbert 154
Roth, Dieter 178
Martin, Helmut 178
Mataré, Ewald 32, 90, 91, 92, 93, 94, 95, 96, 97, 98, 99, 100, 111, 112, 113, 115, 133, 135, 136, 115, 148, 151, 152
Mataré, Hanna 94
Mataré, Sonja 94, 95, 115, 116, 118, 141
Maeterlinck, Maurice 33
Maywald, Willy 112
Meistermann, Georg 97
Moortgat, Achilles 35, 36

N
Nassau-Siegen, Johann Moritz von 20
Newton, Isaac 186
Niehaus, Helmut 111, 118
Nietzsche, Friedrich 54, 55, 56, 96, 102, 137
Novalis, Georg Philipp Friedrich von Hardenberg 32, 187

O
Ono, Yoko 162, 165
Ophey, Walter 94

P
Paik, Nam June 155, 156, 157, 158, 160, 161, 162, 163, 165, 169, 170, 171, 175, 183
Panizza, Oskar 32
Pannwitz, Rudolf 149, 154
Patterson, Benjamin 158, 165, 170
Péladan, Joséphin 154, 185, 186
Piene, Otto 114, 135
Pilatus, Pontius 189
Pohl, Klaus-Dieter 138
Polke, Sigmar 176
Pollock, Jackson 113

R
Rauschenberg, Robert 153
Rennert, Susanne 161
Richter, Gerhard 176

Richter, Marita 117
Riebesehl, Heinrich 187
Rosencreutz, Christian 185, 186
Roth, Dieter 178
Rothenburg, Friedrich Rudolf 98
Rothenburg, Fritz Rolf 98, 99
Rudel, Hans-Ulrich 41

S
Sackenheim, Rolf 114
Saint-Exupéry, Antoine de 186
Salcius, Almus 157
Sanders, Johannes 19
Satie, Erik 166, 185, 186
Schiefer, Dr. Wilhelm 28, 38, 40
Schiller, Friedrich von 32, 54
Schmela, Alfred 133, 135, 138, 155, 168, 176, 180
Schmit, Tomas 165, 169, 170, 182
Schneede, Uwe M. 171
Schneider-Esleben, Paul 135
Schönzeler, Ernst 39, 92, 109
Schönzeler, Heinrich 24, 39, 109
Schradi, Manfred 126
Schuster, Alice 96
Schuster, Marie 96, 148
Schütz, Werner 151
Schwarz, Hanns 24, 29
Schwebel, Horst 123
Schwippert, Hans 151, 164
Schwitters, Kurt 118, 152, 159
Seiler, Harald 112
Sielmann, Heinz 49, 50, 88, 89, 98
Smith, Johan Davidson 109
Spemann, Wolf 100
Spoerri, Daniel 165, 169
Spranger, Eduard 49
Stachelhaus, Heiner 35, 37, 51, 67, 82, 88
Steiner, Rudolf 98, 99, 100, 101, 102, 103, 104, 105, 106, 107, 108, 111, 114, 115, 119, 119, 120, 121, 122, 123, 124, 125, 127, 128, 129, 130, 131, 132, 133, 137, 138, 139, 140, 149, 154, 155, 173, 174, 178, 181, 186, 189

Steinert, Fritz 111, 145
Stephanik 100
Stockhausen, Karlheinz 154, 159
Storck, Gerhard 111
Stüttgen, Johannes 146, 147, 149, 150

T
Teuber, Hermann 112
Thälmann, Ernst 26
Theunissen, Pierre 82, 84, 85, 90, 108, 115, 142
Thomas, Karin 11, 31, 35
Thurn, Hans-Peter 101
Tomberger, Corinna 68
Trier, Eduard 180
Trowbridge, Frank 165, 169
Tucholsky, Kurt 103

U
Uecker, Günther 135, 168
Ullrich, Heiner 107

V
Van den Bergh, Simon 19, 21
Van den Boom, Wilhelm 16, 23, 25, 30, 33, 36, 37, 38, 39, 80, 85
Van der Grinten, Franz Joseph 51, 70, 82, 89, 108, 109, 112, 113, 115, 119, 121, 132, 141, 142, 143, 152, 176, 179, 180
Van der Grinten, Hans 36, 54, 109, 113, 118, 152, 153, 176, 179, 180
Van der Grinten, Mutter 118
Vautier, Ben 182
Veiel, Andreas 70
Verspohl, Franz-Joachim 37, 55, 56, 132
Villon, François 146
Vostell, Wolf 157, 158, 165, 169, 170, 175, 178, 182, 183

W
Wagner, Richard 21, 155
Weber, Otto 27
Wember, Paul 111, 138
Werthmann, Friederich 111
Wessel, Horst 33
Wilhelm, Jean-Pierre 157, 158, 166
Williams, Emmett 157, 158, 165, 166, 170, 182
Wind, Gerhard 114
Wurmbach, Eva-Maria 141, 142
Wurmbach, Irmgard, 141
Wurmbach, Leoni 141
Wurmbach, Maria 141
Wurmbach, Mechthild 141
Wurmbach, Hermann 141, 142, 143, 144

Z
Zwirner, Rudolf 168, 172, 175

Anmerkungen

[1] Geburtsurkunde von Joseph Beuys, Standesamt Mitte Krefeld, vom 12.5.1921, Kopie im Archiv des Autors. Auskunft des Stadtarchivs Krefeld vom 15. und 16.3.2011 sowie vom 6.3.2012, Faksimile im Archiv des Autors und BEUYS DIE BIOGRAPHIE Band 3, S. 11

[2] Auskunft des Stadtarchivs Krefeld vom 15. und 16.3.2011 sowie vom 6.3.2012, im Archiv des Autors

[3] Notizzettel Josef Beuys, im Katalog zu Ausstellung Josef Beuys, Städtisches Museum Haus Koekkoek, Kleve 8.10.1961, o.S.. Lebenslauf Werklauf, im Biographienheft des Aachener Festivals der neuen Kunst, Aachen 20.7.1964, o.S. (nachf. Lebenslauf Werklauf, Aachener Festival der neuen Kunst)

[4] Joseph Beuys, Lebensbrief, in Geltlinger photografiert Beuys, Köln 1990, o.S., Kopie im Archiv des Autors

[5] Auskunft des Stadtarchivs Krefeld vom 15. und 16.32011 sowie vom 6.3.2012, im Archiv des Autors

[6] Götz Adriani, Winfried Konnertz, Karin Thomas (nachf. Adriani, Konnertz, Thomas), Joseph Beuys, Köln 1973

[7] Adriani, Konnertz, Thomas, Joseph Beuys, Köln 1973, S.11

[8] Heiner Stachelhaus, Joseph Beuys, Berlin 2006, S.9

[9] Gemäß Auskunft des Stadtarchivs Krefeld vom 15.3.2011, war auf Beuys' Geburtsurkunde der Beruf des Vaters mit „Geschäftsleiter" vermerkt, während auf der Karteikarte des Melderegisters „Handlungsgehilfe" vermerkt war. Ob „Geschäftsleiter" den Tatsachen entsprach, ist nicht mehr festzustellen.

[10] Karteikarten des Melderegisters Kleve, Adressbuch von Kleve, 1924, Kopien im Archiv des Autors

[11] Adriani, Konnertz, Thomas, Joseph Beuys, Köln 1973, S.11.

[12] Auskunft des Stadtarchivs Geldern vom 6.7.2011. Die Geburtsurkunde von Beuys' Vater wies dessen Vater Anton als „Postunterbeamter" aus, Faksimile im Archiv des Autors und BEUYS DIE BIOGRAPHIE Band 3, S. 17

[13] Auskunft des Stadtarchivs Kleve vom 10.11.2011

[14] Joseph Beuys im Gespräch mit Georg Jappe über Schlüsselerlebnisse am 27.9.76, Beuys packen, Regensburg 1996, S.218

[15] Auskunft des Gemeindearchivs Bedburg Hau vom 13.7.2011, im Archiv des Autors

[16] Joseph Beuys im Gespräch mit André Müller, Penthouse, Mai 1980, Frankfurt 1980, S.59-62, 98-101. Adriani, Konnertz, Thomas, Joseph Beuys, Köln 1973, S.12

[17] Ebd.

[18] Joseph Beuys im Gespräch mit André Müller, Penthouse, Mai 1980, Frankfurt 1980, S.59-62, 98-101

[19] Weshalb deren Wohnort auf der Meldekarte der Eltern nicht zu 16 korrigiert wurde, ist eine weitere Seltsamkeit. Denn die Hausnummer 24 erscheint im Adressbuch von 1924 nicht mehr. Karteikarten des Melderegisters Kleve, Adressbuch von Kleve, 1924, Kopien im Archiv des Autors

[20] Auskunft des Gemeindearchivs Bedburg Hau vom 13.7.2011, im Archiv des Autors. Martha Fürtjes-Egbers, Wolfgang Grafe, Das Dorf Rindern und seine Bewohner, Rindern 1999, S.58

[21] Christine Hoffmans, Beuys - Bilder eines Lebens, Leipzig 2009, S.9

[22] Wilhelm van den Boom im Gespräch mit dem Autor, Kleve, 24.4.2011

[23] Zit. n. Christine Hoffmans, Beuys - Bilder eines Lebens, Leipzig 2009, S.9

[24] Wilhelm van den Boom im Gespräch mit dem Autor, Kleve, 24.4.2011

[25] Adriani, Konnertz, Thomas, Joseph Beuys, Köln 1973, S.12. Als Beleg für seine Aussage diente ein Foto, das ihn an der Hand des Vaters im Sonntagsornat, mit einem Spazierstock zeigt.

[26] Adriani, Konnertz, Thomas, Joseph Beuys, Köln 1973, S.12. Vgl. Lebenslauf Werklauf, Aachener Festival der neuen Kunst, Aachen 20.7.1964, o.S.

[27] Joseph Beuys im Gespräch mit Georg Jappe über Schlüsselerlebnisse am 27.9.76, Beuys packen, Regensburg 1996, S.212

[28] Joseph Beuys im Gespräch mit Peter Brügge, Die Mysterien finden im Hauptbahnhof statt, Der Spiegel, Nr. 23, Hamburg 1984, S.186

[29] Joseph Beuys im Gespräch mit Hermann Schreiber, Südwestfunk, 27.1.1980

[30] Adriani, Konnertz, Thomas, Joseph Beuys, Köln 1973, S.12

[31] Lebenslauf Werklauf, Aachener Festival der neuen Kunst, Aachen, 20.7.1964, o.S.

32 Adriani, Konnertz, Thomas, Joseph Beuys, Köln 1973, S.12

33 Joseph Beuys im Gespräch mit Adriani, Konnertz, Thomas in Joseph Beuys, Köln 1994, S.179

34 Lohengrin, romantische Oper in drei Akten von Richard Wagner (* 22.5.1813, Leipzig;† 13.2.1883, Venedig). Uraufführung, 28.8.1850, Weimar, Großherzogliches Hoftheater. Ursprung des Stoffes ist die Figur des Loherangrin aus dem Versroman Parzival, des Dichters Wolfram von Eschenbach aus dem 13. Jahrhundert. Aus Loherangrin wiederum entwickelte sich im Mittelalter der volkstümliche Sagenheld, den man als Schwanenritter bezeichnete.

35 Joseph Beuys im Gespräch mit Georg Jappe über Schlüsselerlebnisse am 27.9.76, Beuys packen, Regensburg 1996, S.211

36 Ebd., S.210

37 Christine Hoffmans, Beuys - Bilder eines Lebens, Leipzig 2009, S.9. Wilhelm van den Boom im Gespräch mit dem Autor, Kleve, 24.4.2011

38 Joseph Beuys im Gespräch mit André Müller, Penthouse, Mai 1980, Frankfurt 1980, S.59-62, 98-101

39 Lebenslauf Werklauf, Aachener Festival der neuen Kunst, Aachen 20.7.1964, o.S.

40 Joseph Beuys im Gespräch mit Schülern der Gerhart-Hauptmann-Schule, Kassel 8.3.1982, Geert Platner, Schule im Dritten Reich. Erziehung zum Tode. (nachf. Platner, Schule im Dritten Reich), Bonn 2005, S.116,117

41 Joseph Beuys im Gespräch mit Achile Bonito Oliva, in Beuys zu Ehren, München 1986, o.S

42 Joseph Beuys im Gespräch mit Hermann Schreiber, Südwestfunk, 27.1.1980

43 Joseph Beuys im Gespräch mit R.G. Dienst, Noch Kunst, Düsseldorf 1970, S.31, Zit.n. Joseph Beuys, Skulpturen und Objekte, München 1988, S.46

44 Auskunft des Freiherr-vom-Stein Gymnasiums Kleve (Nachfolge-Schule des Staatlichen Gymnasiums Kleve) vom 17.6.2011, im Archiv des Autors

45 Wilhelm van den Boom im Gespräch mit dem Autor, Kleve, 24.4.2011

46 Zit.n. Hansjoachim Henning, Bert Thissen, Beiträge zur Geschichte der Stadt Kleve im 20.Jahrhundert, Kleve 1991, S.46

[47] Joseph Beuys im Gespräch mit André Müller, Penthouse, Mai 1980, Frankfurt 1980, S. 59-62, 98-101.

[48] Der Fackelzug fand am 31.1.1933 statt, Clever Kreisblatt 1.2.19933, zit.n. Hansjoachim Henning, Bert Thissen, Beiträge zur Geschichte der Stadt Kleve im 20.Jahrhundert, Kleve 1991, S.57

[49] Otto Weber, Tausend ganz normale Jahre, Nördlingen 1987. Hildegard Weber, aufgehoben–aufbewahrt, Frankfurt, 1995

[50] Hansjoachim Henning, Bert Thissen, Beiträge zur Geschichte der Stadt Kleve im 20.Jahrhundert, Kleve 1991, S.65

[51] Ebd. S.77

[52] Joseph Beuys im Gespräch mit Schülern der Gerhart-Hauptmann-Schule, Kassel 8.3.1982, Platner, Schule im Dritten Reich, Bonn 2005, S.117

[53] Hansjoachim Henning, Bert Thissen, Beiträge zur Geschichte der Stadt Kleve im 20.Jahrhundert, Kleve 1991, S.356

[54] Ebd.

[55] Joseph Beuys im Gespräch mit Schülern der Gerhart-Hauptmann-Schule, Kassel 8.3.1982, Platner, Schule im Dritten Reich, Bonn 2005, S.118

[56] Hansjoachim Henning, Bert Thissen, Beiträge zur Geschichte der Stadt Kleve im 20.Jahrhundert, Kleve 1991, S.357

[57] Joseph Beuys im Gespräch mit Schülern der Gerhart-Hauptmann-Schule, Kassel 8.3.1982, Platner, Schule im Dritten Reich, Bonn 2005, S.118

[58] Ebd., S.119

[59] Ebd., S.118

[60] Der letzte jüdische Schüler des Staatlichen Gymnasiums zu Cleve hieß Kurt Sacher. Er musste nach der Quarta, am 27.10.1934, die Schule verlassen. Forum 6, Freiherr-vom-Stein-Gymnasium, Kleve 1993, S.54/55. Hansjoachim Henning, Bert Thissen, Beiträge zur Geschichte der Stadt Kleve im 20. Jahrhundert, Kleve 1991, S.78

[61] Maria Michels, in Kalender für das Klever Land, Kleve 1980, S.96 ff

[62] Adriani, Konnertz, Thomas, Joseph Beuys, Köln 1973, S.13

[63] Joseph Beuys im Gespräch mit Schülern der Gerhart-Hauptmann-Schule, Kassel 8.3.1982, Platner, Schule im Dritten Reich, Bonn 2005, S.121

[64] Wilhelm van den Boom im Gespräch mit dem Autor, Kleve, 24.4.2011.

[65] Adriani, Konnertz, Thomas, Joseph Beuys, Köln 1973, S.13

[66] Kathrin Kollmeier, Ordnung und Ausgrenzung Die Disziplinarpolitik der Hitler-Jugend, Göttingen 2007, S.40/41

[67] Adriani, Konnertz, Thomas, Joseph Beuys, Köln 1994, S.13. Reinhard Ermen, Joseph Beuys, Hamburg 2007, S.12

[68] Gemäß Ablaufplan des 8. Reichsparteitags der NSDAP, Nürnberg 8.-14.9.1936, Kopie im Archiv des Autors

[69] Lebenslauf Werklauf, Aachener Festival der neuen Kunst, Aachen 20.7.1964, o.S.

[70] Adriani, Konnertz, Thomas, Joseph Beuys, Köln 1973, S.13

[71] Aus einem Rundschreiben des Oberpräsidenten der Rheinprovinz, Hermann Freiherr von Lüninck (DNVP), vom 15.5.1933, zit.n. 1933 Werner Treß, Jüdische Zeitung, Mai 2008

[72] Der Volksfreund, 19.5.1933, Kreisarchiv Kleve, Kopie im Archiv des Autors

[73] Adriani, Konnertz, Thomas, Joseph Beuys, Köln 1973, S.13

[74] Von dem Bibliothekar Dr. Wolfgang Herrmanns erstellte "Schwarze Liste (Schöne Literatur)" vom 1.5.1933. Humboldt Universität Berlin, Bundesarchiv Berlin, buecherverbrennung.de, Juni 2011

[75] Joseph Beuys im Gespräch mit Georg Jappe über Schlüsselerlebnisse am 27.9.76, Beuys packen, Regensburg 1996, S. 211

[76] Notizzettel Josef Beuys, im Katalog zu Ausstellung Josef Beuys, Städtisches Museum Haus Koekkoek, Kleve 8.10.1961, o.S.. Freie Universität, Forschungsstelle Entartete Kunst, geschkult.fu-berlin.de, Juni 2011. Humboldt Universität Berlin, Bundesarchiv Berlin, buecherverbrennung.de, Juni 2011

[77] Adriani, Konnertz, Thomas, Joseph Beuys, Köln 1973, S.13

[78] Host Wessel war Märtyrer der Nationalsozialisten, Ikone der NSDAP. Wessel soll im Januar 1930 von dem KPD Mitglied Albrecht Höhler in seiner Wohnung erschossen worden sein. Wessel der einem SA-Trupp vorstand, war ein brutaler Schläger und soll Geld mit Zuhälterei verdient haben. Nach seinem Tod wurde es zur Parteihymne der NSDAP und bis 1945 nach dem Deutschlandlied, wie eine inoffizielle Hymne gesungen.

[79] Nach Unstimmigkeiten mit Reichspropagandaminister Goebbels wurde der Film umgeschnitten und kam unter dem Titel "Hans Westmar. Einer von vielen. Ein deutsches Schicksal aus dem Jahr 1929" Ende 1933 in die Kinos. Später wurde "Hans Westmar" als politischer Aufklärungsfilm in Schulen eingesetzt. Hans Schmid, Ein deutsches Schicksal, Telepolis, Haar 10.4.2011, Daniel Siemens, netz-gegen-nazis.de, Juni 2011.

[80] Adriani, Konnertz, Thomas, Joseph Beuys, Köln 1973, S.13

[81] Der Satz wurde in den Neuauflagen der Biographie verändert. Es fehlte der letzte Satzteil der sich auf das „sehr gestörte Verhältnis zur Vergangenheit" bezog.

[82] Adriani, Konnertz, Thomas, Joseph Beuys, Köln 1973, S.11

[83] Lebenslauf Werklauf, Aachener Festival der neuen Kunst, Aachen 20.7.1964, o.S.

[84] Karteikarte des Melderegisters der Stadt Cleve, Kopie im Archiv des Autors. Auskunft der des Stadtarchivs Kleve von 26.7.2011, im Archiv des Autors

[85] Martha Fürtjes-Egbers, Wolfgang Grafe, Das Dorf Rindern und seine Bewohner, Rindern 1999, S.58

[86] Adriani, Konnertz, Thomas, Joseph Beuys, Köln 1973, S.11/12; Franz-Joachim Verspohl, Allgemeines Künstlerlexikon, Bd. 10, Berlin 1995, S.295; Heiner Stachelhaus, Joseph Beuys, Berlin 2006, S.9

[87] Adriani, Konnertz, Thomas, Joseph Beuys, Köln 1973, S.11,12

[88] Joseph Beuys im Gespräch mit Georg Jappe, Beuys packen, Regensburg 1996, S.42. Beuys Vater arbeitete auf der örtlichen Verwaltung von Rindern, nachdem er 1940 aus dem Geschäft des Bruders ausgeschieden war.

[89] Martha Fürtjes-Egbers im Gespräch mit dem Autor, am 9.3.2011

[90] Franz Joseph van der Grinten, Joseph Beuys die frühen Jahre, in Joseph Beuys Skulpturen und Objekte, München 1988, S.14

[91] Heiner Stachelhaus, Joseph Beuys, Berlin 2006, S.10,13

[92] Vgl. Adriani, Konnertz, Thomas, Joseph Beuys, Köln 1973, S.13. In der Neuauflage von 1994 wird von dieser Darstellung nicht abgewichen.

[93] Ebd.

[94] Adriani, Konnertz, Thomas, Joseph Beuys, Köln 1994, S.12,13. Heiner Stachelhaus, Joseph Beuys, Berlin 2006, S.15

95 Reinhard Ermen, Joseph Beuys, Hamburg 2007, S.15

96 Hans van der Grinten im Katalog zu Ausstellung Josef Beuys, Städtisches Museum Haus Koekkoek, Kleve 8.10.1961, o.S

97 Joseph Beuys im Gespräch mit Rolf-Gunther Dienst, Das Kunstwerk, Bd. XXXIX, Köln 1986, S.54, zit n. Der Künstler als "Magier" und "Alchemist" im Spannungsfeld von Produktion und Rezeption, Verena Kuni, Marburg 2004, S.302

98 Wilhelm van den Boom im Gespräch mit dem Autor, Kleve, 24.4.2011

99 Joseph Beuys im Gespräch mit Ludwig Rinn am 7.2.1978, Gute Cascadeure sind sehr gesucht, in: Joseph Beuys - Zeichnungen, Objekte, Kunstverein Bremerhaven, Bremerhaven 1978, S.19, zit.n. Monika Angerbauer-Rau, Beuys Kompass, Köln 1998, S.227,228. Vgl. Joseph Beuys im Gespräch mit Georg Jappe über Schlüsselerlebnisse, Beuys packen, Regensburg 1996

100 Heiner Stachelhaus, Joseph Beuys, Berlin 2006, S.11

101 Franz-Joachim Verspohl, Saur Allgemeines Künstlerlexikon, Bd. 10, Leipzig 1995, S.295

102 Reinhard Ermen, Joseph Beuys, Hamburg 2007, S.11

103 Joseph Beuys im Gespräch mit Hermann Schreiber, Südwestfunk, 27.1.1980

104 Wilhelm van den Boom im Gespräch mit dem Autor, Kleve, 24.4.2011

105 Heiner Stachelhaus, Joseph Beuys, Berlin 2006, S.11

106 Christine Hoffmans, Beuys - Bilder eines Lebens, Leipzig 2009, S.10

107 Reinhard Ermen, Joseph Beuys, Hamburg 2007, S.11

108 Wilhelm van den Boom im Gespräch mit dem Autor, Kleve, 24.4.2011

109 Entsprechend heute verfügbarer Unterlagen, gastierte letztmalig 1931 mit dem Zirkus Barum ein Grosszirkus in Kleve.

110 Adriani, Konnertz, Thomas, Joseph Beuys, Köln 1973, S.14

111 Adriani, Konnertz, Thomas, Joseph Beuys, Köln 1994, S.14

112 Karteikarte der Studierendenkartei der Kunstakademie Düsseldorf vom 1.6.1946, Joseph Beuys Düsseldorf, Düsseldorf 2008. S.28, Faksimile im Archiv des Autors und BEUYS DIE BIOGRAPHIE Band 3, S 73

[113] Amtsblatt des Reichs- und Preußischen Ministeriums für Wissenschaft, Erziehung und Volksbildung von 8.2.1938. Kopie im Archiv des Autors.

[114] Auskunft des Freiherr-vom-Stein-Gymnasiums Kleve, vom 17.06.11, im Archiv des Autors.

[115] Reichsministerialamtsblatt Deutsche Wissenschaft, Erziehung und Volksbildung 1939, S. 484. Hilde Kammer, Elisabet Bartsch, Jugendlexikon Nationalsozialismus, Hamburg 2007, S. 172

[116] Adriani, Konnertz, Thomas, Joseph Beuys, Köln 1973, S.14. Schriftliche Auskunft von Wilhelm van den Boom, der sich 1940, am gleichen Tag gemeinsam mit Beuys, freiwillig meldete, im Archiv des Autors.

[117] Auskunft des Freiherr-vom-Stein-Gymnasiums Kleve, vom 17.06.11, Faksimile im Archiv des Autors und BEUYS DIE BIOGRAPHIE Band 3, S 48

[118] Wilhelm van den Boom im Gespräch mit dem Autor, Kleve, 24.4.2011

[119] Heiner Stachelhaus, Joseph Beuys, Berlin 2006, S.11. Adriani, Konnertz, Thomas, Joseph Beuys, Köln 1973, 1994, S.15

[120] Wilhelm van den Boom im Gespräch mit dem Autor, Kleve, 24.4.2011. Schriftliche Auskunft von Wilhelm van den Boom, der sich am gleichen Tag gemeinsam mit Beuys freiwillig meldete, im Archiv des Autors.

[121] Die Deutsche Wochenschau, Mai 1940. Die Deutsche Wochenschau war von 1940 bis 1945 neben dem Rundfunk zentrales Propaganda-Instrument des NS-Regimes. Die Wochenschau lief mit etwa 2000 Kopien pro Woche in allen Kinos der Deutschen Reichs und wurde vor dem Hauptfilm gezeigt.

[122] Harry Giese war die Stimme der vom NS-Regime gesteuerten Deutschen Wochenschau, er wurde damit zum „Großdeutschen Sprecher". Hitler persönlich suchte ihn für diese Aufgabe aus. Giese war auch Sprecher in NS-Filmen wie dem antisemitischen Propagandafilm „Der ewige Jude" von 1940.

[123] Der überzeugte Nationalsozialist Hans-Ulrich Rudel (* 2.7.1916, † 18.12.1982), war der einzige Träger der höchsten Verleihungsstufe des Ritterkreuzes, des Eisernen Kreuzes mit goldenem Eichenlaub, Schwertern und Brillanten.

[124] Joseph Beuys im Gespräch mit André Müller, Penthouse, Mai 1980,Frankfurt 1980, S.59-62, 98-101

[125] Ebd.

[126] Ebd.

127 In einem Brief an seine Eltern vom 14.12.1942 listete Beuys auf, dass er Gehalt, Wehrsold und Fliegerzulage bekommt. Wehrdienstleistende erhielten nur den Wehrsold und ggf. Zulagen. Vgl. Joseph Beuys, Das Geheimnis der Knospe zarter Hülle – Texte 1941-1986, herausgegeben von Eva Beuys, München 2000, S.255. Rudolf Absolon, Die Wehrmacht im Dritten Reich, Schriften des Bundesarchivs, Boppard 1988, S.186 f sowie S.346 f

128 Rolf-Dieter Müller, Hans–Erich Volkmann, Die Wehrmacht Mythos und Realität - Wehrmacht und Schule im Dritten Reich, München 1999, S.436ff. Johannes Lachmund, Fliegen - Mein Traumberuf - bis zu den bitteren Erlebnissen des Krieges, Archiv der Zeitzeugen, Münster 2009, S.6

129 Auskunft des Stadtarchivs Kleve vom 10.11.2011, im Archiv des Autors

130 Karteikarte des Melderegisters der Stadt Cleve, Kopie im Archiv des Autors

131 Siegfried Hohstadt, Geschichte des Klever Hitler-Jugend Bannorchesters, Kleve 1985, o.S., Kopie im Archiv des Autors

132 Joseph Beuys im Gespräch mit André Müller, Penthouse, Mai 1980, Frankfurt 1980, S.59-62, 98-101

133 Beuys im Gespräch mit Georg Jappe über Schlüsselerlebnisse am 27.9.76, Beuys packen, Regensburg 1996, S. 218. Vgl. Heiner Stachelhaus, Joseph Beuys, Berlin 2006, S.23

134 Notizzettel Josef Beuys, im Katalog zu Ausstellung Josef Beuys, Städtisches Museum Haus Koekkoek, Kleve 8.10.1961, o.S.

135 Solveig Grothe, Waffenspaziergang gen Russland, Spiegel Online, 30.9.2011

136 Prof. Gerald Lamprecht, Kriegsphotographie als Ort der Erinnerung, www. eforum-zeitgeschichte. at, 2002

137 Prof. Gerald Lamprecht, Kriegsphotographie als Ort der Erinnerung, www. eforum-zeitgeschichte. at, 2002

138 Kopien der Fotografien im Archiv des Autors und BEUYS DIE BIOGRAPHIE Band , S. 433 sowie im Archiv der Stiftung Museum Moyland

139 Joseph Beuys im Gespräch mit André Müller, Penthouse, Mai 1980, Frankfurt 1980, S.59-62, 98-101

140 Beuys war ein schlechter Autofahrer und soll Ampeln überfahren haben. Auch dies deutet auf Dyschromatopsie hin, wie letztlich auch die Monochromie seiner Kunst. Vergl. Georg Jappe Beuys Beuys packen, Regensburg 1996, S.40

[141] Notizzettel Josef Beuys, im Katalog zu Ausstellung Josef Beuys, Städtisches Museum Haus Koekkoek, Kleve 8.10.1961, o.S.

[142] Adriani, Konnertz, Thomas, Joseph Beuys, Köln 1973, S.14. In der Neuauflage fehlt dieser Satz. Adriani, Konnertz, Thomas, Joseph Beuys, Köln 1994, S.16

[143] Ernst Stilla, Die Luftwaffe im Kampf um die Luftherrschaft, Bonn 2005, S.207 ff

[144] Adriani, Konnertz, Thomas, Joseph Beuys, Köln 1973, S.14. Vgl. Reinhard Ermen, Joseph Beuys, Hamburg 2007, S.25. Heiner Stachelhaus, Joseph Beuys, Berlin 2006, S.23

[145] Joseph Beuys im Gespräch mit Hermann Schreiber, Südwestfunk, 27.1.1980. Joseph Beuys, Mein Dank an Lehmbruck, München 2006, S.11

[146] Joseph Beuys, Auch wenn ich meinen Namen schreibe zeichne ich, Ausstellungskatalog, Zürich 1989, o.S.

[147] Joseph Beuys im Gespräch mit Martin Kunz, in: Joseph Beuys – Spuren in Italien, Kunstmuseum Luzern, Luzern 1979, o.S.. Beuys in Rotterdam, Transkript einer Diskussion am 19.4.1980 im Museum Boymans - Van Beuningen, Rotterdam 1981, S.23, Kopie im Archiv des Autors

[148] Beuys im Gespräch mit Georg Jappe über Schlüsselerlebnisse am 27.9.76, Beuys packen, Regensburg 1996, S.207

[149] Ebd.

[150] Franz Joseph van der Grinten, Beuys die frühen Jahre, in Joseph Beuys Skulpturen und Objekte, München 1988, S.14

[151] Heiner Stachelhaus, Joseph Beuys, Berlin 2006, S.23

[152] Joseph Beuys im Gespräch mit André Müller, Penthouse, Mai 1980, Frankfurt 1980, S.59-62, 98-101

[153] Prof. Hans Henning Hahn, Deutsche Besatzung und polnischer Widerstand 1939-1945, Carl von Ossietzky Universität, Oldenburg 1999, S.46

[154] Hanno Loewy, Gerhard Schoenberner, Unser einziger Weg ist Arbeit, Wien 1990, S. 169; www. holocaust-chronologie. de

[155] Konzentrationslager Posen, Filmdokument Deutschland 1940, Bundesarchiv Berlin. Website des Großpolnischen Museums für die Unabhängigkeitskämpfe in Posen, www. muzeumniepodleglosci. poznan.pl

156 Auskunft der Deutschen Dienststelle vom 13.5.2011, im Archiv des Autors. Franz-Joachim Verspohl, Joseph Beuys in Weimar. Das Jahr 1942 als Zäsur des Lebenslaufes, Forschungsmagazin Friedrich-Schiller-Universität, Jg.2, Heft 2, Jena 1995, S. 24 f

157 Hans van der Grinten, Joseph Beuys Tagung Basel 1.-4.5.1991, Basel 1991, S.11

158 Franz-Joachim Verspohl, Joseph Beuys in Weimar. Das Jahr 1942 als Zäsur des Lebenslaufes, Forschungsmagazin Friedrich-Schiller-Universität, Jg.2, Heft 2, Jena 1995, S. 24f Vgl. Reinhard Ermen, Joseph Beuys, Hamburg 2007, S.17 ff. Heiner Stachelhaus, Joseph Beuys, Berlin 2006, S.17

159 Möglicherweise versuchte er sich auch zunächst an einem Aquarell. Das Blatt hat einen farbigen Hintergrund. Kippt man das Blatt im rechten Winkel, scheint es, als habe Beuys die Umrisse von Bäumen und Sträuchern sowie mit einer Auslassung einen Brunnen mit einer Statue erfassen wollen. Vgl. Cathrin Nielsen, Nietzsche und Beuys, Marburger Forum, Marburg 2007. Reinhard Ermen, Joseph Beuys, Hamburg 2007. Heiner Stachelhaus, Joseph Beuys, Berlin 2006. Franz-Joachim Verspohl, Joseph Beuys in Weimar. Das Jahr 1942 als Zäsur des Lebenslaufes, Forschungsmagazin Friedrich-Schiller-Universität, Jena 1995

160 Franz-Joachim Verspohl, Joseph Beuys in Weimar. Das Jahr 1942 als Zäsur des Lebenslaufes, Forschungsmagazin Friedrich-Schiller-Universität, Jg.2, Heft 2, Jena 1995, S.24 f

161 Zit.n. Franz-Joachim Verspohl, Joseph Beuys in Weimar. Das Jahr 1942 als Zäsur des Lebenslaufes, Forschungsmagazin Friedrich-Schiller-Universität, Jg. 2, Heft 2, Jena 1995, S.24 f

162 Ebd.

163 Reinhard Ermen, Joseph Beuys, Hamburg 2007, S.18

164 Joseph Beuys, Das Geheimnis der Knospe zarter Hülle – Texte 1941-1986, herausgegeben von Eva Beuys, München 2000

165 Adriani, Konnertz, Thomas, Joseph Beuys, Köln 1973, S.14. Reinhard Ermen, Joseph Beuys, Hamburg 2007, S.20. Adriani, Konnertz, Thomas, Joseph Beuys, Köln 1973, S.14

166 Ebd.

[167] Sven Carlsen, Michael Meyer, Die Flugzeugführer-Ausbildung der deutschen Luftwaffe 1935-1945, Band 2 Fliegerwaffenschulen und Ergänzungsgruppen, Stuka- und Schlachtfliegerausbildung in den Ergänzungsverbänden Carlsen, Zweibrücken 2000, S. 303ff. Auch Beuys Auflistung der kleinen Fliegerzulage in seinem Brief vom 1.12.1942 unterstreicht, dass er seinerzeit noch nicht im fliegerischen Einsatz war. In diesem Fall hätte er die große Fliegerzulage erhalten.

[168] Vgl. Joseph Beuys, Das Geheimnis der Knospe zarter Hülle – Texte 1941-1986, hrsg. von Eva Beuys, München 2000, S. 255.

[169] Ebd., S.259

[170] Ebd., S.265

[171] Meldung vom 2.10.1943, Auskunft der Deutschen Dienststelle vom 13.5.2011, im Archiv des Autors

[172] Joseph Beuys, Das Geheimnis der Knospe zarter Hülle – Texte 1941-1986, herausgegeben von Eva Beuys, München 2000, S. 269

[173] Joseph Beuys im Gespräch mit Martin Kunz, in: Joseph Beuys – Spuren in Italien, Kunstmuseum Luzern, Luzern 1979, o.S.. Vgl. Adriani, Konnertz, Thomas, Joseph Beuys, Köln 1994, S.15

[174] Joseph Beuys, Das Geheimnis der Knospe zarter Hülle – Texte 1941-1986, herausgegeben von Eva Beuys, München 2000, S.269 und 271

[175] Joseph Beuys im Gespräch mit Martin Kunz, in: Joseph Beuys – Spuren in Italien, Kunstmuseum Luzern, Luzern 1979, o.S.

[176] Joseph Beuys, Das Geheimnis der Knospe zarter Hülle – Texte 1941-1986, herausgegeben von Eva Beuys, München 2000, S.273

[177] Ebd., S.281

[178] Auskunft der Deutschen Dienststelle vom 13.5.2011, im Archiv des Autors. Frank Gieseke, Albert Markert, Flieger Filz und Vaterland, Berlin 1996, S.49

[179] Joseph Beuys, Das Geheimnis der Knospe zarter Hülle – Texte 1941-1986, herausgegeben von Eva Beuys, München 2000, S. 269 und 271

[180] Auskunft der Deutschen Dienststelle vom 13.5.2011, im Archiv des Autors. Christian Möller, in Hans Peter Eisenbach, Fronteinsätze eines Stuka-Fliegers, Aachen 2009, S.10. Frank Gieseke, Albert Markert, Flieger Filz und Vaterland, Berlin 1996, S.49

[181] Die Ortsbezeichnungen lauten heute: Karankut = Vil′ne, Dshankoi = Dzhankoi. Auskunft der Deutschen Dienststelle vom 13.5.2011, im Archiv des Autors. Frank Gieseke, Albert Markert, Flieger Filz und Vaterland, Berlin 1996, S.49. Kriegstagebuch der 17. Armee Nr. 8, Deutsches Militärarchiv Freiburg. Bericht des Chefs des Generalstabs vom 25.5.44, Deutsches Militärarchiv Freiburg

[182] Tätigkeitsbericht des Einsatzstabes Krim, Generalkommando I. Fliegerkorps, Deutsches Militärarchiv Freiburg. Stefanie Stadel im Gespräch mit Heinz Georg Kempken, Die Welt, 10.09.2006

[183] Lt. Auskunft der Deutschen Dienststelle vom 29.7.2011, wurde Hans Laurinck am 20.12.1943 zur 7. Staffel des Schlachtgeschwaders 3 versetzt. Zuvor war er nur bei einem Ausbildungsregiment gemeldet, Kopie im Archiv des Autors

[184] Joseph Beuys im Gespräch mit André Müller, Penthouse, Mai 1980, Frankfurt 1980, S.59-62, 98-101

[185] Ebd.

[186] Bericht eines Offiziers der Schlachtflieger. 1.7.-1.9.1944, Deutsches Militärarchiv Freiburg, Kopie im Archiv des Autors

[187] Auskunft der Deutschen Dienststelle vom 13.5.2011, im Archiv des Autors. Stefanie Stadel im Gespräch mit Heinz Georg Kempken, Die Welt, 10.09.2006. Flug in den Ewigkeit, Der Spiegel, Nr. 28, Hamburg 2013, S. 118

[188] Adriani, Konnertz, Thomas, Joseph Beuys, Köln 1973, S.14

[189] Zit.n. Lucrezia De Domizio Durini, Beuys Voice, Zürich 2011, S. 102, 103

[190] Flug in den Ewigkeit, Der Spiegel, Nr. 28, Hamburg 2013, S.118 ff.

[191] Am 28.3.1944 fielen die Temperaturen auf bis zu 30 Grad Minus. Die nördliche Krim versank im Schnee. Es war der stärkste Wintereinbruch um diese Jahreszeit seit Menschengedenken. Meldung des OKW vom 28.3.1944, Kriegstagebuch der 17. Armee Nr. 9,10, Deutsches Militärarchiv Freiburg. Feldpostbrief des Oberleutnants Siegfried S. der 111. Infanterie-Division vom 31. März 1944 an seine Frau, Kopie im Archiv des Autors

[192] Stefanie Stadel im Gespräch mit Heinz Georg Kempken, Die Welt, 10.09.2006

[193] Ebd., Franz Joseph van der Grinten in Joseph Beuys in Kranenburg, Joseph Beuys Symposium, Kranenburg 1995, Basel 1996, S.347. Es existieren zudem Fotografien von Beuys an einer solchen Veranstaltung ehemaliger Kampfflieger, Kopien im Archiv des Autors. www. tracesofwar. com, Kopie im Archiv des Autors

[194] Zit.n. Lucrezia De Domizio Durini, Beuys Voice, Zürich 2011, S. 102, 103

[195] Flug in den Ewigkeit, Der Spiegel, Nr. 28, Hamburg 2013, S.118 ff.

[196] Joseph Beuys im Gespräch mit Georg Jappe über Schlüsselerlebnisse, Beuys packen, Regensburg 1996, S.209,210, www.cockpitinstrumente.de, Berlin 2007

[197] Flug in den Ewigkeit, Der Spiegel, Nr. 28, Hamburg 2013, S.118

[198] Auskunft der Deutschen Dienststelle vom 13.5.2011 und 29.7.2011, Kopien im Archiv des Autors. Die Ortsbezeichnung lautet heute Znamyanka. Namensverzeichnis Operationskarte Ost der deutschen Wehrmacht, Kopie im Archiv des Autors. Vgl. Generalstabskarten der Wehrmacht von der Krim, Deutsches Militärarchiv Freiburg. Vgl. Reinhard Müller-Mehlis, Des Kaisers neue Kleider, München 2003, S. 114 f. Georg Herold, Heldenfriedhof in Zeugnisse und Schriften der Reise eines Dokumentararchäologen, Ostfildern-Ruit 2006, o. S.

[199] Flug in den Ewigkeit, Der Spiegel, Nr. 28, Hamburg 2013, S.122

[200] Auskunft der Deutschen Dienststelle vom 13.5.2011, im Archiv des Autors

[201] Stefanie Stadel im Gespräch mit Heinz Georg Kempken, Die Welt, 10.09.2006

[202] Ebd., Auskunft der Deutschen Dienststelle vom 13.5.2011, im Archiv des Autors

[203] Auskunft der Deutschen Dienststelle vom 30.3.2011, im Archiv des Autors

[204] Flug in den Ewigkeit, Der Spiegel, Nr. 28, Hamburg 2013, S.118

[205] Heiner Stachelhaus, Joseph Beuys, Berlin 2006, S.26

[206] Joseph Beuys in dem Film Kleve - Eine innere Mongolei, Arte 1994, zit.n. Frank Gieseke, Albert Markert, Flieger Filz und Vaterland, Berlin 1996, S.73

[207] Joseph Beuys im Gespräch mit Georg Jappe über Schlüsselerlebnisse, Beuys packen, Regensburg 1996, S.210

[208] Zit.n. Joseph Beuys, Am Friedrichshof, 26.1.1983, Wien 1983, S.151

209 Joseph Beuys im Gespräch mit Hermann Schreiber, Südwestfunk, 27.1.1980

210 Joseph Beuys im Gespräch mit Georg Jappe über Schlüsselerlebnisse, Beuys packen, Regensburg 1996, S.208

211 Ebd. 209

212 Corinna Tomberger, Zeige deine verwundete Männlichkeit, Heilsversprechen im Werk von Joseph Beuys, Dortmund 2002, S.2

213 Lebenslauf Werklauf, Aachener Festival der neuen Kunst, Aachen 20.7.1964, o.S.

214 Adriani, Konnertz, Thomas, Joseph Beuys, Köln 1973, S.14. Adriani, Konnertz, Thomas, Joseph Beuys, Köln 1994, S.18

215 Joachim Gremm, Die Krim in deutscher Hand, Ratingen, 2008, Kopie im Archiv des Autors. Michael Gamperl, Das Verhalten der Krimtataren unter der deutschen Besatzung, Hamburg, im Juli 2009

216 Ebd.. Feldpostbrief des Oberleutnants Siegfried S. der 111. Infanterie-Division vom 18. März 1944 an seine Frau, Kopie im Archiv des Autors

217 Joseph Beuys im Gespräch mit Georg Jappe über Schlüsselerlebnisse, Beuys packen, Regensburg 1996, S.208.

218 Zit. n. Lucrezia De Domizio Durini, Beuys Voice, Zürich 2011, S.102

219 Andreas Veiel, Beuys, Dokumentarfilm, Deutschland, 2017

220 Friedrich Wolfram Heubach, Beuys – Die Revolution sind wir, Göttingen 2008, S.328

221 Ebd.

222 Ernst Günter Engelhard, Der Künstler Joseph Beuys: Ein grausames Wintermärchen, in Christ und Welt, Nr. 1, 3.1.1969

223 Auskunft der Deutschen Dienststelle vom 13.5.2011, im Archiv des Autors. Reinhard Müller-Mehlis, Des Kaisers neue Kleider, München 2003, S.114f. Georg Herold, Heldenfriedhof in Zeugnisse und Schriften eines Dokumentararchäologen, Bericht des Urkainischen Historikers Wladimir Gurkowitsch vom 4.9.2001, Ostfildern-Ruit 2006, o.S.

224 Kriegstagebuch der 17. Armee Nr. 9,10, Deutsches Militärarchiv Freiburg. Bericht des Chefs des Generalstabs vom 25.5.44, Deutsches Militärarchiv Freiburg

[225] Beuys schrieb am 19.5.1944 an seine Eltern, er befände sich immer noch in ärztlicher Behandlung. Adriani, Konnertz, Thomas, Joseph Beuys, Köln 1994, S.18. Vgl. Flug in den Ewigkeit, Der Spiegel, Nr. 28, Hamburg 2013, S. 120, Faksimile des Briefs von Beuys an die Familie seines Piloten Laurinck, das vom 30.8.1944 in Pardubitz datiert ist.

[226] Auskunft der Deutschen Dienststelle vom 13.5.2011, im Archiv des Autors

[227] Auszug aus dem Melderegister der Stadt Kleve, Kopie im Archiv des Autors. Hansjoachim Henning, Bert Thissen, Beiträge zur Geschichte der Stadt Kleve im 20.Jahrhundert, Kleve 1991, S.84 ff

[228] Auskunft der Deutschen Dienststelle vom 13.5.2011, im Archiv des Autors. Div. Dokumente der 7. Fallschirmjäger Division, Deutsches Militärarchiv Freiburg. Georg Tessin, Verbände und Truppen der Deutschen Wehrmacht und Waffen-SS im Zweiten Weltkrieg 1939–1945, Band 3, Die Landstreitkräfte 6–14, Bissendorf 1974

[229] George Blake, Mountain and Flood, History of the 52 Division, Glasgow 1950, S.148

[230] Beuys 19. Fallschirmjägerregiment war ab den Kämpfen beteiligt. Herbert Bernhard, 1945 Die Entscheidungsschlacht am Niederrhein, Wesel 1976, S. 54ff. Dokumente der 7. Fallschirmjäger Division, Deutsches Militärarchiv Freiburg

[231] Vergl. Herbert Bernhard, Die Entscheidungsschlacht am Niederrhein, Wesel 1976. Heinz Bosch, Der Zweite Weltkrieg zwischen Rhein und Maas, Geldern 1970

[232] Bericht des leitenden Stabsoffiziers, der an den Kämpfen des Niederrheins beteiligten Fallschirmjägerregiments, vom 2.2.1945, Deutsches Militärarchiv Freiburg, Kopie im Archiv des Autors

[233] Befehl des Oberbefehlshabers der 7. Fallschirmjäger Division vom 5.3.1945, Deutsches Militärarchiv Freiburg. Herbert Bernhard, 1945 Die Entscheidungsschlacht am Niederrhein, Wesel 1976, S.101

[234] Auskunft der Deutschen Dienststelle vom 13.5.2011, im Archiv des Autors. Vgl. Georg Tessin, Verbände und Truppen der Deutschen Wehrmacht und Waffen-SS im Zweiten Weltkrieg 1939–1945, Band 3, Die Landstreitkräfte, Bissendorf 1974, S. 6–14. Wolfgang Dierich, Die Verbände der Luftwaffe, Stuttgart 1976, S.644

[235] Adriani, Konnertz, Thomas, Joseph Beuys, Köln 1994, S.18 und 207

[236] Ebd.

[237] Ebd.

[238] Auskunft der Deutschen Dienststelle vom 13.5.2011, im Archiv des Autors.

[239] Stiftungserlass des Führers Adolf Hitler, Berlin 1.9.1939. Kurt-Gerhard Klietmann, Deutsche Auszeichnungen, Deutsches Reich 1871–1945, Berlin 2002

[240] Auskunft der Deutschen Dienststelle vom 13.5.2011, im Archiv des Autors

[241] Georg Tessin, Verbände und Truppen der Deutschen Wehrmacht und Waffen-SS im Zweiten Weltkrieg 1939–1945, Band 3, Die Landstreitkräfte, Bissendorf 1974, S. 6–14. Wolfgang Dierich, Die Verbände der Luftwaffe, Stuttgart 1976, S.644

[242] Adriani, Konnertz, Thomas, Joseph Beuys, Köln 1994, S.18

[243] Erlass des Reichsministers für Luftfahrt Hermann Göring vom 26.3.1936. Kurt-Gerhard Klietmann, Deutsche Auszeichnungen, Deutsches Reich 1871–1945, Berlin 2002

[244] Adriani, Konnertz, Thomas, Joseph Beuys, Köln 1994, S.18 und 207

[245] Stiftungserlass des Führers, Berlin 1.9.1939, Reichsgesetzblatt vom 2.9.1939, Nr. 159, Seite 1573

[246] Kurt-Gerhard Klietmann, Deutsche Auszeichnungen, Deutsches Reich 1871–1945, Berlin 2002, Erlass des Führers, Berlin 16.3.1940

[247] Herbert Bernhard, Die Entscheidungsschlacht am Niederrhein, Wesel 1976, S.95

[248] Beuys in Rotterdam, Museum Boymans - Van Beuningen, Podiumsgespräch am 19.4.1980, Rotterdam 1980, S.23

[249] Vgl. Joseph Beuys im Gespräch mit André Müller, Penthouse, Mai 1980, Frankfurt 1980, S.59-62, 98-101. Joseph Beuys im Gespräch mit Georg Jappe über Schlüsselerlebnisse am 27.9.76, Beuys packen, Regensburg 1996

[250] Joseph Beuys im Gespräch mit André Müller, Penthouse, Mai 1980, Frankfurt 1980, S.59-62, 98-101

[251] Joseph Beuys im Gespräch mit Ernst Günter Engelhard, Joseph Beuys: Ein grausames Wintermärchen, in Christ und Welt, Nr. 1, 3.1.1969

[252] Joseph Beuys im Gespräch mit Stella Baum, in „Plötzlich und Unerwartet – Todesanzeigen", Düsseldorf 1980, S.169, zit. n. Adriani, Konnertz, Thomas, Joseph Beuys, Köln 1994, S.204

[253] Franz Joseph van der Grinten in Joseph Beuys – Skulpturen und Objekte, München 1988, S. 15. Pierre Theunissen im Gespräch mit dem Autor, Les Veyans, 27.6.2011

[254] Schriftliche Auskunft von Wilhelm van den Boom vom 26.4.2011, im Archiv des Autors

[255] Heiner Stachelhaus, Joseph Beuys, Berlin 2006, S.32

[256] Wilhelm van den Boom im Gespräch mit dem Autor, Kleve, 24.4.2011

[257] Zit. n. www. heimat-kleve. de

[258] Joseph Beuys im Gespräch mit Georg Jappe über Schlüsselerlebnisse, Beuys packen, Regensburg 1996, S.207

[259] Joseph Beuys im Gespräch mit Harriet Cooke, in Irish Times, Dublin, 25.10.1974, zit. n. Adriani, Konnertz, Thomas, Joseph Beuys, Köln 1994, S.145

[260] Joseph Beuys im Gespräch mit Walter Smerling und Knut Fischer, Ausstrahlung am 2.1.1986, WDR 1986

[261] Adriani, Konnertz, Thomas, Joseph Beuys, Köln 1994, S.10

[262] Pierre Theunissen im Gespräch mit dem Autor, Les Veyans, 27.6.2011

[263] Erwin Heerich, ein enger Freund von Beuys und Mitstudent seit dem ersten Semester, in Georg Jappe, Beuys packen, Regensburg 1996, S.22

[264] Ebd., S. 18

[265] Joseph Beuys im Gespräch mit Walter Smerling und Knut Fischer, Ausstrahlung am 2.1.1986, WDR 1986

[266] Karteikarte der Studierendenkartei der Kunstakademie Düsseldorf vom 1.6.1946, im Archiv des Autors, Faksimile in BEUYS DIE BIOGRAPHIE Band 3, S. 73 Lebenslauf Werklauf, im Biographienheft des Aachener Festivals der neuen Kunst, Aachen 20.7.1964, o.S. Schriftliche Auskunft von Wilhelm van den Boom, der sich am gleichen Tag gemeinsam mit Beuys freiwillig meldete, im Archiv des Autors. Auskunft der Deutschen Dienststelle vom 13.5.2011

[267] Günter Grass, Beim Häuten der Zwiebel, München 2008, S.280-282

[268] Wilhelm van den Boom im Gespräch mit dem Autor, Kleve, 24.4.2011

[269] Protokoll der Studentenversammlung vom 28.11.1946, Archiv der Kunstakademie Düsseldorf. Brief der Studentenversammlung vom 30.11.1946 an den Direktor der Düsseldorfer Kunstakademie, Archiv der Kunstakademie Düsseldorf, Faksimile in BEUYS DIE BIOGRAPHIE Band 3, S. 74

[270] Heiner Stachelhaus, Joseph Beuys, Berlin 2006, S.33

[271] Heinz Sielmann, Mein Leben, Garbsen 1995, S.57

[272] Ernst Günter Engelhard, Der Künstler Joseph Beuys: Ein grausames Wintermärchen, in Christ und Welt, Nr. 1, 3.1.1969. Heiner Stachelhaus, Joseph Beuys, Berlin 2006, S. 33. Franz Joseph van der Grinten im Gespräch mit dem Autor, Till-Moyland, 1.4.2011. Franz Joseph van der Grinten zit. n. Adriani, Konnertz, Thomas, Joseph Beuys, Köln 1994, S.40. El arte no existe, Joseph Beuys im Interview, Lapiz, Ausgabe 27, Madrid 1985 S.24

[273] Heiner Stachelhaus, Joseph Beuys, Berlin 2006, S.33, 34. Vgl. Heinz Sielmann, Mein Leben, Garbsen 1995

[274] Marcel Beyer, Kaltenburg, Frankfurt 2008

[275] Vgl. Theodora J. Kalikow, Die ethnologische Theorie von Konrad Lorenz, in Mehrtens, Herbert, Richter, Steffen, Naturwissenschaft, Technik und NS-Ideologie, Beiträge zur Wissenschaftsgeschichte des Dritten Reiches, Frankfurt a. M., 1980, S. 189 ff

[276] Beuys' Karteikarte der Studierendenkartei der Kunstakademie Düsseldorf, Archiv der Kunstakademie Düsseldorf, Kopie im Archiv des Autors

[277] Joseph Beuys im Gespräch mit Georg Jappe über Schlüsselerlebnisse am 27.9.76, Beuys packen, Regensburg 1996, S. 208

[278] Günter Grass, Beim Häuten der Zwiebel, München 2008, S. 280, 281

[279] Pierre Theunissen im Gespräch mit dem Autor, Les Veyans, 27.6.2011

[280] Albert Schulze-Vellinghausen, Ewald Mataré, Prisma, Köln 1974, S. 17, zit. n. Adriani, Konnertz, Thomas, Joseph Beuys, Köln 1994, S.22

[281] Ewald Mataré, Tagebücher 1915 bis 1965, Köln 1997, S.329

[282] Ebd., S. 331

[283] Ebd., S. 332

[284] Adriani, Konnertz, Thomas, Joseph Beuys, Köln 1973, S. 20

[285] Gemäß Erwin Heerich zit.n. Georg Jappe, Beuys packen, Regensburg 1996, S.20

[286] Susanne Anna, Joseph Beuys, Düsseldorf, Ostfildern 2008, S.27

[287] Stephan Balk, Lebendige Kunst in Kleve, Rhein-Echo, 11.12.1947, Kopie im Archiv des Autors

[288] Ewald Mataré, Tagebücher 1915 bis 1965, Köln 1997, S. 388

[289] Anna Klapheck, Erinnerungen an Joseph Beuys, Rheinische Post, Düsseldorf, 1.2.1986

[290] Joseph Beuys im Gespräch mit Wulf Herzogenrath, in Joseph Beuys und das Mittelalter, Köln 1997, S.48

[291] Ewald Mataré, Tagebücher 1915 bis 1965, Eintragung vom 22.7.1948, Köln 1997, S. 375, 376

[292] Ebd., S. 375, 376, 386

[293] Anna Klapheck, Erinnerungen an Joseph Beuys, Rheinische Post, Düsseldorf, 1.2.1986

[294] Zit. n. Christiane Hoffmans, Beuys - Bilder eines Lebens, Leipzig 2009, S. 13

[295] Sonja Mataré in der TV-Dokumentation „Messias in Filz", Südwestfunk Baden-Baden, 2001

[296] Gemäß Erwin Heerich zit.n. Georg Jappe, Beuys packen, Regensburg 1996, S. 20

[297] Ebd., S. 19

[298] Zit. n. Christiane Hoffmans, Beuys - Bilder eines Lebens, Leipzig 2009, S. 13. Vgl. Erwin Heerich im Gespräch mit Georg Jappe, in Beuys packen, Regensburg 1996, S. 20

[299] Erwin Heerich im Gespräch mit Georg Jappe, in Beuys packen, Regensburg 1996, S. 20

[300] Joseph Beuys im Gespräch mit Ludwig Rinn am 7.2.1978, Gute Cascadeure sind sehr gesucht, in Joseph Beuys - Zeichnungen, Objekte, Kunstverein Bremerhaven, Bremerhaven 1978, S. 3

[301] Zit. n. Hans M. Wingler, Das Bauhaus, Berlin 1975, S.39

[302] Ebd., S. 45

[303] Lebenslauf Werklauf, Aachener Festival der neuen Kunst, Aachen, 20.7.1964, o. S.

[304] Ewald Mataré, Tagebücher 1915 bis 1965, Köln 1997, S. 369, 371. Joachim Dyck, Der Zeitzeuge - Gottfried Benn 1929-1949, Göttingen 2006, S.283. Christa-Maria Lerm Hayes, James Joyce als Inspirationsquelle für Joseph Beuys, Hildesheim 2001, S. 32. Adriani, Konnertz, Thomas, Joseph Beuys, Köln 1994, S.24

[305] Beuys im Gespräch mit Georg Jappe über Schlüsselerlebnisse am 27.9.76, Beuys packen, Regensburg 1996, S.213

[306] Ewald Mataré, Tagebücher 1915 bis 1965, Köln 1997, S.346

[307] Ebd., S.343

[308] Ebd., S. 343. Beuys im Gespräch mit Georg Jappe über Schlüsselerlebnisse am 27.9.76, Beuys packen, Regensburg 1996, S.213

[309] Roland Meyer-Petzold, Ewald Matarés Kunst der Lehre, Eltville 2002, S. 132 f

[310] Ebd.

[311] Beuys im Gespräch mit Georg Jappe, Nicht einige wenige sind berufen, sondern alle, 1972, Beuys packen, Regensburg 1996, S. 204

[312] Gründungsurkunde vom 27.4.1973, Kopie im Archiv des Autors

[313] Roland Meyer-Petzold, Ewald Matarés Kunst der Lehre, Eltville 2002, S.96

[314] Zit. n. Georg Jappe, Beuys packen, Regensburg 1996, S.18

[315] Günter Grass, Beim Häuten der Zwiebel, München 2008, S. 334, 348

[316] Lebenslauf Werklauf, Aachener Festival der neuen Kunst, Aachen 20.7.1964, o.S. Adriani, Konnertz, Thomas, Joseph Beuys, Köln 1973, S.14, 19

[317] Schriftliche Auskunft von Beuys' Mitschüler Wilhelm van den Boom, im Archiv des Autors. Auskunft des Stadtarchivs Kleve vom 13.5.2011, im Archiv des Autors. Auskunft des Archivs der Gedenkstätte Sachsenhausen vom 15.4.2011, Kopie im Archiv des Autors. Auskunft des Internationalen Suchdienstes (ITS) von Opfern der nationalsozialistischen Verfolgung vom 2.5.2011, im Archiv des Autors

[318] Fritz Rothenburg, geb. 2.3.1907 in Oranienburg, gehörte dem Ersatzbatallion 57, der 159. Reserve-Division an und war wie Beuys im August und September im Elsass zwischen Belfort und Bitsch stationiert. Auskunft der Deutschen Dienststelle vom 13.5.2011, im Archiv des Autors

[319] Beuys im Gespräch mit Peter Brügge, Die Mysterien finden in Hauptbahnhof statt, Der Spiegel, Nr. 23, Hamburg, 4.6.1984, S.178-186

[320] Roland Meyer-Petzold, Ewald Matarés Kunst der Lehre, Eltville 2002. Verena Kuni, Der Künstler als „Magier" und „Alchemist", Marburg 2006, S.185

[321] Ebd., S. 555

[322] Roland Meyer-Petzold, Ewald Matarés Kunst der Lehre, Eltville 2002, S.51

[323] Verena Kuni, Der Künstler als „Magier" und „Alchemist", Marburg 2006, S.555

[324] Zit. n. Georg Jappe, Beuys packen, Regensburg 1996, S.19

[325] Tobia Bezzola in Beuysnobiscum, Zürich 1993, S. 330. Hans Peter Thurn, Soziologie der Kunst, Stuttgart 1973, S.116

[326] Hier sei kursorisch auf Franz-Joachim Verspohl verwiesen, u. a. dessen Text Plastik = Alles: Zu den 4 Büchern aus: „Projekt Westmensch" von Joseph Beuys, in Joseph Beuys, 4 Bücher aus: „Projekt Westmensch" 1958, Köln, New York 1993. Aufschlussreich in diesem Zusammenhang ist ebenfalls die umfangreiche Untersuchung von Verena Kuni, Der Künstler als „Magier" und „Alchemist", Marburg 2006

[327] Neben 100 Titeln von Steiner, von denen rund ein Drittel Spuren intensiver Bearbeitung aufwies, verfügte Beuys über umfangreiche anthroposophische Sekundärliteratur. Vgl. Volker Harlan, Verzeichnis der anthroposophischen Bibliothek von Joseph Beuys, in Joseph Beuys-Tagung Basel, 1.–4.5.1991, Basel 1991, S.292-295

[328] Rudolf Steiner, Mein Lebensgang, Dornach 2009. Rudolf Steiner, Zur Geschichte und aus den Inhalten der ersten Abteilung der Esoterischen Schule, Dornach 1987. Werner-Christian Simonis, Im Schutze der Meister, Freiburg 1977. Heiner Ullrich, Rudolf Steiner - Leben und Lehre, München 2011

[329] Ebd., Rudolf Steiner, Geisteswissenschaftliche Menschenkunde, Berlin 1908, 1909, S. 255. Ignaz Wrobel (Kurt Tucholsky), Rudolf Steiner in Paris, in Die Weltbühne, Nr. 27, 3.7.1924, S.26–28

[330] Rudolf Steiner, Aus der Akasha-Chronik, Berlin 1904, 1905, Dornach 2010, S.89. Vgl. Rudolf Steiner, Wie erlangt man Erkenntnisse der höheren Welten?, Berlin 1914, Dornach 2010. Rudolf Steiner, Die Stufen der höheren Erkenntnis, Berlin 1905–1908, Dornach 2010

[331] Ebd.

[332] Zit. n. Volker Harlan, Rainer Rappmann, Peter Schata, Soziale Plastik, Achberg 1984, S. 76, 97.

[333] Joseph Beuys im Gespräch mit Hildegard Fessler, in Theo Altenburg, Oswald Oberhuber - Gespräche mit Beuys, Klagenfurt 1988, S.137. Vgl. Rudolf Steiner, Veröffentlichungen zur Geschichte und aus den Inhalten der esoterischen Lehrtätigkeit, Dornach 2010. Rudolf Steiner, Wie erlangt man Erkenntnisse der höheren Welten?, Berlin 1914, Dornach 2010

[334] Vgl. Rudolf Steiner, Die Stufen der höheren Erkenntnis, Berlin 1905–1908, Dornach 2010. Rudolf Steiner, Die Geheimwissenschaft im Umriss, Leipzig 1910, Dornach 2010. Rudolf Steiner, Wie erlangt man Erkenntnisse der höheren Welten?, Berlin 1914, Dornach 2010

[335] Rudolf Steiner, Aus der Akasha-Chronik, Berlin 1904, 1905, Dornach 2010, S.176, 177

[336] Ebd., S.91

[337] Zit. n. Wolfgang Zumdick, Der Tod hält mich wach. Joseph Beuys – Rudolf Steiner. Grundzüge ihres Denkens, Dornach 2006, S.37

[338] Vgl. Rudolf Steiner, Wie erlangt man Erkenntnisse der höheren Welten?, Berlin 1914, Dornach 2010. Rudolf Steiner, Die Geheimwissenschaft im Umriss, Leipzig 1910, Dornach 2010

[339] Vgl. Rudolf Steiner, Die Geheimwissenschaft im Umriss, Leipzig 1910, Dornach 2010

[340] Joseph Beuys, Jeder Mensch ein Künstler, Gespräche auf der documenta 5, 1972, aufgezeichnet von Clara Bodenmann-Ritter, Frankfurt 1975, S.66

[341] Rudolf Steiner, Die Geheimwissenschaft im Umriss, Leipzig 1910, Dornach 2010, S.215

[342] Rudolf Steiner, Aus der Akasha-Chronik, Berlin 1904, 1905, Dornach 2010, S.6

[343] Rudolf Steiner, Vom Leben des Menschen und der Erde, Über das Wesen des Christentum, Farbe und Menschenrassen, Dornach 1923, S. 52, S. 67

344 Ebd., S.175

345 Rudolf Steiner, Die Geheimwissenschaft im Umriss, Leipzig 1910, Dornach 2010, S.215

346 Zit. n. Wolfgang Zumdick, Der Tod hält mich wach. Joseph Beuys - Rudolf Steiner. Grundzüge ihres Denkens, Dornach 2006, S. 91. Vgl. Rudolf Steiner, Das Künstlerische in seiner Weltmission, Dornach 1923, Dornach 2010

347 Vgl. Rudolf Steiner, Das Künstlerische in seiner Weltmission, Dornach 1923, Dornach 2010, S.19

348 Heiner Ullrich, Rudolf Steiner - Leben und Lehre, München 2011, S.184

349 Zit. n. Adriani, Konnertz, Thomas, Joseph Beuys, Köln 1994, S.22

350 Günter Grass, Beim Häuten der Zwiebel, München 2008, S.334, 348.

351 Ingeborg Seegers, Witwe des Krefelder Malers Hellmut Seegers, Weggefährtin von Beuys in der Nachkriegszeit, im Gespräch mit der Rheinischen Post, Krefeld, 11.5.2011. Pierre Theunissen, Vortrag in Schloss Moyland vom 12.5.2000, Heft 15 der Schriften Schloss Moyland, Kopie im Archiv des Autors. Franz Joseph van der Grinten im Gespräch mit dem Autor, Till-Moyland, 1.4.2011

352 Im Auftrage der Stadt Krefeld, Josef Beuys schuf einen Brunnen, Rheinische Post, 31.5.1952.

353 Franz Joseph van der Grinten im Gespräch mit Heribert Brinkmann, Neuss-Grevenbroicher Zeitung, 4.2.2002

354 Ebd.

355 Franz Joseph van der Grinten, in Getlinger photographiert Beuys, Köln 1990, S.18

356 Pioniertat heimischen Kunstschaffens, Rheinische Post, Lokalausgabe Niederrhein, 4.10.1949

357 Kunst vom Niederrhein, Rheinische Post, Lokalausgabe Krefeld, 11.12.1949 und Düsseldorf, 15.12.1949

358 Beuys soll für die Textilfabrik Storck, die Fritz Steinert gehörte, Krawattenmuster entworfen haben. Irmgard Bernrieder, Vom Holzlöffel zum Happening, textcluster.de, Stand März 2012, Kopie im Archiv des Autors

359 Zit. n. Reinhard Ermen, Joseph Beuys, Hamburg 2010, S. 36. 1984 wurde der Brunnen mit der Werkgruppe „Barraque D'Dull Odde" im Krefelder Kaiser Wilhelm Museum verbunden. kunstmuseenkrefeld.de, März 2012

360 Franz Joseph van der Grinten im Gespräch mit Heribert Brinkemann, Neuss-Grevenbroicher Zeitung, 4.2.2002. Franz Joseph van der Grinten im Gespräch mit dem Autor, Till-Moyland, 1.4.2011

361 Ebd.

362 Ebd.

363 Moderne Plastik und Graphik, Kunstausstellung im Hause van der Grinten zu Kranenburg, Neue Rhein Zeitung, 25.2.1953

364 Joseph Beuys im Gespräch mit Georg Jappe über Schlüsselerlebnisse am 27.9.76, Beuys packen, Regensburg 1996, S.218

365 Ebd.

366 Pierre Theunissen erinnerte sich an mehrfache Äußerungen von Beuys in dieser Hinsicht. Auch deshalb habe sich Beuys das Abitur-Gutachten von Schönzeler beschafft. Pierre Theunissen im Gespräch mit dem Autor, Les Veyans, 27.6.2011

367 Als eine der Jahresgaben des Kunstvereins konnte 1952 eine im Auftrag von Dr. Hildebrand Gurlitt, Leiter des Kunstvereins, gefertigte Eisenguss-Arbeit von Beuys unter dem Titel „Aschenbecher" für 8,50 DM erworben werden. Geplant war eine Auflage von 100 Stück, 63 Stück wurden angefertigt. Unter dem Titel „100 Eisenteller" befinden sich vier Exemplare in dem 1967 von dem Sammler Karl Ströher erworbenen „Block Beuys" im Hessischen Landesmuseum in Darmstadt. Vgl. Susanne Anna, Joseph Beuys, Düsseldorf, Ostfildern 2008, S.35

368 Die Möbelstücke waren ein Regal und zwei Tische, Tisch I in Kirschbaum und Ebenholz, Tisch II in Kiefernholz. Beuys fertigte auch eine Tischleuchte an. Der erstgenannte Tisch wurde in den „Block Beuys" aufgenommen. Vgl. Susanne Anna, Joseph Beuys, Düsseldorf, Ostfildern 2008, S.35

369 Beuys installierte das Kreuz 1971 in einer neuen dreiteiligen Anordnung im Garten eines Düsseldorfer Privatsammlers. Der Querbalken des Kreuzes wurde in Eisen gegossen, Bestandteil von „Fond 0 + Eisenplatte" (1957) und ebenfalls in den „Block Beuys" aufgenommen. Vgl. Susanne Anna, Joseph Beuys, Düsseldorf, Ostfildern 2008, S.35

370 Zit. n. Adriani, Konnertz, Thomas, Joseph Beuys, Köln 1994, S.23

371 Sonja Mataré in der TV-Dokumentation „Messias in Filz", Südwestfunk Baden-Baden, 2001

372 Pierre Theunissen im Gespräch mit dem Autor, Les Veyans, 27.6.2011. Heiner Stachelhaus, Joseph Beuys, Berlin 2006, S.63

373 Franz Joseph van der Grinten im Gespräch mit dem Autor, Till-Moyland, 1.4.2011

374 Joseph Beuys im Gespräch mit Hermann Schreiber, Südwestfunk Baden-Baden, 27.1.1980

375 Zit. n. Christiane Hoffmans, Beuys - Bilder eines Lebens, Leipzig 2009, S.13

376 Joseph Beuys im Gespräch mit André Müller, Penthouse, Mai 1980, Frankfurt 1980, S. 59-62, 98-101

377 Franz Joseph van der Grinten im Gespräch mit dem Autor, Till-Moyland, 1.4.2011. Vgl. Heiner Stachelhaus, Joseph Beuys, Berlin 2006, S. 63. Joseph Beuys im Gespräch mit Georg Jappe über Schlüsselerlebnisse am 27.9.76, Beuys packen, Regensburg 1996, S.218

378 Heiner Stachelhaus, Joseph Beuys, Berlin 2006, S.63

379 Joseph Beuys im Gespräch mit Hermann Schreiber, Südwestfunk, 27.1.1980

380 Zit. n. Christiane Hoffmans, Beuys - Bilder eines Lebens, Leipzig 2009, S.15

381 Ebd.

382 Susanne Anna, Joseph Beuys, Düsseldorf, Ostfildern 2008, S.35

383 Adriani, Konnertz, Thomas, Joseph Beuys, Köln 1973, S.31

384 Joseph Beuys im Gespräch mit Hermann Schreiber, Südwestfunk, Baden-Baden, 27.1.1980

385 Vgl. Christiane Hoffmans, Beuys - Bilder eines Lebens, Leipzig 2009, S.15. Heiner Stachelhaus, Joseph Beuys, Berlin 2006, S. 63. Andreas Veiel, Beuys, Dokumentarfilm, Deutschland, 2017

386 Zit. n. Christiane Hoffmans, Beuys - Bilder eines Lebens, Leipzig 2009, S.15

387 Ebd.

[388] Heiner Stachelhaus, Joseph Beuys, Berlin 2006, S.65

[389] Franz Joseph van der Grinten im Gespräch mit dem Autor, Till-Moyland, 1.4.2011.

[390] Ebd.

[391] Vgl. Adriani, Konnertz, Thomas, Joseph Beuys, Köln 1973, S.34

[392] Prof. Dr. Andreas Maercker, Universität Zürich, in einer E-Mail an den Autor, 10.2.2012

[393] Ebd. Vgl. Andreas Maercker und Anke Karl, Posttraumatische Belastungsstörung: Klassifikation und Diagnostik, in Klinische Psychologie und Psychotherapie, Bern 2005, S. 944 f

[394] Zit. n. Volker Harlan, Rainer Rappmann, Peter Schata, Soziale Plastik, Achberg 1984, S.57

[395] Rudolf Steiner, Das Künstlerische in seiner Weltmission, Dornach 1923, Dornach 2010, S. 31. Joseph Beuys im Gespräch mit Susanne Ebert, Peter Holtfreter, Manfred König und Eberhart Schweigert, in Joseph Beuys – Zeichnungen 1947-1959, Köln 1972, S.7-20, zit. n. Volker Harlan, Rainer Rappmann, Peter Schata, Soziale Plastik, Achberg 1984, S.57

[396] Joseph Beuys im Gespräch mit Hermann Schreiber, Südwestfunk, Baden-Baden27.1.1980

[397] Franz Joseph van der Grinten im Gespräch mit dem Autor, Till-Moyland, 1.4.2011

[398] Adriani, Konnertz, Thomas, Joseph Beuys, Köln 1973, S.34

[399] Rudolf Steiner, Mein Lebensgang, 3. Auflage, Dornach 2009, S.316

[400] Rudolf Steiner, Mein Lebensgang, 3. Auflage, Dornach 2009, S.316

[401] Ebd., S.328

[402] Vgl. Adriani, Konnertz, Thomas, Joseph Beuys, Köln 1973, S.34. Adriani, Konnertz, Thomas, Joseph Beuys, Köln 1994, S.40

[403] Vgl. Adriani, Konnertz, Thomas, Joseph Beuys, Köln 1973, S.34. Rudolf Steiner, Von Jesus zu Christus, Zehnter Vortrag, Karlsruhe, 14.10.1911, 4. Auflage, Dornach 2010, S.228 f

[404] Rudolf Steiner, Von Jesus zu Christus, Zehnter Vortrag, Karlsruhe, 14.10.1911, 4. Auflage, Dornach 2010, S.229

[405] Ebd.

[406] Joseph Beuys, Das Geheimnis der Knospe zarter Hülle – Texte 1941-1986, hrsg. von Eva Beuys, München 2000, S.367, 371

[407] Rudolf Steiner, Die drei Wege der Seele zu Christus, Stockholm 1912

[408] Vgl. Rudolf Steiner, Der Christus-Impuls und die Entwicklung des Ich-Bewusstseins, Dritter Vortrag, Berlin, 2.2.1910, Dornach 2010, S. 59. Rudolf Steiner, Christus und die geistige Welt, Von der Suche nach dem heiligen Gral, Dornach 1987

[409] Joseph Beuys, Das Geheimnis der Knospe zarter Hülle – Texte 1941-1986, hrsg. von Eva Beuys, München 2000, S.371

[410] Joseph Beuys im Gespräch mit Horst Schwebel, in Glaubwürdig - Fünf Gespräche über heutige Kunst und Religion, München 1979, S.24

[411] Joseph Beuys im Gespräch mit Friedhelm Mennekes, in Franz Josef van der Grinten, Friedhelm Mennekes, Menschenbild – Christusbild, Stuttgart 1984, S.104

[412] Joseph Beuys im Gespräch mit Martin Kunz, in Joseph Beuys - Spuren in Italien, Kunstmuseum Luzern, Luzern 1979, o. S.

[413] Vgl. Joseph Beuys im Gespräch mit Horst Schwebel, in Glaubwürdig – Fünf Gespräche über heutige Kunst und Religion, München 1979, S.18

[414] Ebd., S.19

[415] Ebd., S.24

[416] Diskussionsbeitrag von Volker Harlan anlässlich der Joseph Beuys-Tagung in Basel, in Joseph Beuys-Tagung Basel, 1.–4.5.1991, Basel 1991, S. 94

[417] Rudolf Steiner, Der Orient im Lichte des Okzidents, München 1909, S.113

[418] Joseph Beuys im Gespräch mit Amine Haase, in Amine Haase, Gespräche mit Künstlern, Köln 1982, S.29

[419] Joseph Beuys im Gespräch mit Georg Jappe über Schlüsselerlebnisse am 27.9.76, Beuys packen, Regensburg 1996, S. 217

[420] Ebd.

[421] Brief von Joseph Beuys an Manfred Schradi vom 21.10.1971, Archiv Goetheanum Dornach, Kopie im Archiv des Autors, Faksimile in BEUYS DIE BIOGRAPHIE Band 3, S. 332, 333

[422] Vgl. Faksimiles von Beuys' Schrift in Joseph Beuys, Das Geheimnis der Knospe zarter Hülle - Texte 1941-1986, hrsg. von Eva Beuys, München 2000. Rudolf Steiner, Wandtafelzeichnungen zum Vortragswerk in diversen Ausgaben, Dornach ab 1990

[423] Joseph Beuys im Gespräch mit der Haagsen Post, zit. n. Franz-Joachim Verspohl, Plastik = Alles: Zu den 4 Büchern aus: „Projekt Westmensch" von Joseph Beuys, in Joseph Beuys, 4 Bücher aus: „Projekt Westmensch" 1958, Köln, New York 1993, S.8

[424] Beuys, Städtisches Museum Mönchengladbach, 13.9.-29.10.1967

[425] Auflistung der Bücher und Transkription der Inhalte durch Eva und Wenzel Beuys, Jörg Schellmannn, Franz-Joachim Verspohl, in Joseph Beuys, 4 Bücher aus: „Projekt Westmensch" 1958, Köln, New York, 1993, S.36. Vgl. Adriani, Konnertz, Thomas, Joseph Beuys, Köln 1994, S.42

[426] Beuys räumte selbst ein: „[...] die Titel sind nicht original, sondern viele wurden später gegeben, da viele Aussteller und Käufer das Bedürfnis hatten, das Stück zu bezeichnen." Zit. n. Adriani, Konnertz, Thomas, Joseph Beuys, Köln 1994, S.56

[427] Franz-Joachim Verspohl, Plastik = Alles: Zu den 4 Büchern aus „Projekt Westmensch" von Joseph Beuys, in Joseph Beuys, 4 Bücher aus: „Projekt Westmensch" 1958, Köln, New York 1993, S.9

[428] Rudolf Steiner, Ost-West-Aphorismen, in Das Goetheanum, I. Jahrgang, Nr. 45, 18.6.1922, S.68

[429] Ebd., S.67

[430] Joseph Beuys im Gespräch mit Hans van der Grinten, in Rainer Rappmann, Peter Schata, Volker Harlan, Soziale Plastik, Achberg 1984, S.96

[431] Joseph Beuys im Gespräch mit Achile Bonito Olvia, Der Tod hält mich wach, Rom 1973, in Beuys zu Ehren, hrsg. von Armin Zweite, München 1986, S.72

[432] Adriani, Konnertz, Thomas, Joseph Beuys, Köln 1973, S.41

[433] Joseph Beuys im Gespräch mit Ursula Meyer im August 1969, zit. n. Ingrid Burgbacher-Krupka, Prophete rechts, Prophete links, Nürnberg 1977, S.33. Erstveröffentlichung in Artnews 9, New York, Januar 1970, S.54-57, 71

[434] Rudolf Steiner, Kosmische und menschliche Geschichte, Innere Entwicklungsimpulse der Menschheit, 16 Vorträge, Dornach, 16.9.-30.10.1916, Dornach 1964, S. 40, 41

[435] Ebd.

[436] Beuys im Gespräch mit Ursula Meyer im August 1969, zit. n. Ingrid Burgbacher-Krupka, Prophete rechts, Prophete links, Nürnberg 1977, S.33

[437] Vgl. Adriani, Konnertz, Thomas, Joseph Beuys, Köln 1973, S.43-45

[438] Franz-Joachim Verspohl, Plastik = Alles: Zu den 4 Büchern aus „Projekt Westmensch" von Joseph Beuys, in Joseph Beuys, 4 Bücher aus: „Projekt Westmensch" 1958, Köln, New York 1993

[439] Adriani, Konnertz, Thomas, Joseph Beuys, Köln 1973, S. 34

[440] Verena Kuni, Der Künstler als „Magier" und „Alchemist", Marburg 2004, S.392

[441] Erwin Heerich im Gespräch mit Georg Jappe, Beuys packen, Regensburg 1996, S.20

[442] Monika Schmela im Gespräch mit Georg Jappe, Beuys packen, Regensburg 1996, S.24

[443] Zit. n. Susanne Anna, Joseph Beuys in Düsseldorf, Stadtmuseum Düsseldorf, Ostfildern 2008, S.41

[444] Erwin Heerich im Gespräch mit Georg Jappe, Beuys packen, Regensburg 1996, S.21

[445] Protokoll einer Sitzung über künstlerische Arbeiten am Erweiterungsbau des Oberlandesgerichts Düsseldorf vom 17.3.1958, im Archiv der Kunstakademie Düsseldorf

[446] Aktenvermerke des Oberlandesgerichts Düsseldorf vom 16.3. und 11.4.1960, im Archiv der Kunstakademie Düsseldorf

[447] Kein Glück mit Glas, Der Spiegel, Nr. 50, Hamburg, 6.12.1961, S.48

[448] Vgl. Susanne Anna, Joseph Beuys in Düsseldorf, Stadtmuseum Düsseldorf, Ostfildern 2008, S.64

[449] Irmgard Bernrieder, Vom Holzlöffel zum Happening, textcluster.de, Stand März 2012, Kopie im Archiv des Autors

[450] Ingrid Schupetta, Das Kriegerdenkmal von Joseph Beuys in Meerbusch-Büderich, Büderich, 30.6.2010, Kopie im Archiv des Autors

[451] Hans van der Grinten, in Josef Beuys, Städtisches Museum Haus Koekkoek, Kleve 8.10.1961, o. S.

⁴⁵² Große deutsche Rundfunk-, Phono- und Fernsehausstellung, Ehrenhof Düsseldorf, 29.8.–6.9.1953

⁴⁵³ Rudolf Steiner, Menschenwerden, Weltenseele und Weltengeist, Erster Teil, Der Mensch als leiblich-seelische Wesenheit in seinem Verhältnis zur Welt, 13 Vorträge, Stuttgart, Bern, Dornach, 16.6.–17.7.1921, Dornach 1987, S.214. Spiralförmige Darstellungen finden sich mehrfach in Beuys' Werk wie etwa in der Serie von Zeichnungen „words which can hear" von 1976

⁴⁵⁴ Vgl. Rudolf Steiner, Der Lichtseelenprozess, Dornach, 30.11.1919, S.105 f.

⁴⁵⁵ Rudolf Steiner, Die Geheimwissenschaft im Umriss, Leipzig 1910, Dornach 2010, S. 159.

⁴⁵⁶ Ebd., S. 17.

⁴⁵⁷ Joseph Beuys im Gespräch mit Hagen Lieberknecht, Joseph Beuys – Zeichnungen 1947-1959, Köln 1972, S. 11, 12

⁴⁵⁸ Klaus-Dieter Pohl, Der Kristall im Werk von Joseph Beuys, in Vorträge zum Werk von Joseph Beuys, hrsg. vom Arbeitskreis Block Beuys Darmstadt, Darmstadt 1995, S. 21, zit. n. Nicole Fritz, Bewohnte Mythen - Joseph Beuys und der Aberglaube, Tübingen 2002, S.90

⁴⁵⁹ Anna Klapheck, Erinnerungen an Joseph Beuys, Rheinische Post, Düsseldorf, 1.2.1986

⁴⁶⁰ Beuys – Die Revolution sind wir, Göttingen 2008, S.94 ff.

⁴⁶¹ Rudolf Steiner, Veröffentlichungen zur Geschichte, aus den Inhalten der esoterischen Schule 1904-1914, Dornach 187, S. 260, 261

⁴⁶² Beuys – Die Revolution sind wir, Göttingen 2008, S.94 ff..

⁴⁶³ Steiner, Das Verhältnis der Sternenwelt zum Menschen und des Menschen zur Sternenwelt, 12 Vorträge, Dornach, 26.11.–31.12.1922, Dornach 1922, Dornach 1955, S.188

⁴⁶⁴ Joseph Beuys im Gespräch mit Ludwig Rinn am 7.2.1978, Gute Cascadeure sind sehr gesucht, Joseph Beuys - Zeichnungen, Objekte, Kunstverein Bremerhaven, Bremerhaven 1978, S. 13, 14, zit. n. Verena Kuni, Der Künstler als „Magier" und „Alchemist", Marburg 2004, S.316

⁴⁶⁵ Stephan Rößler, Joseph Beuys' Modell für ein Mahnmal in Auschwitz-Birkenau, Rheinsprung 11 – Zeitschrift für Bildkritik, Ausgabe 02, Basel 2011, S. 216–221. Teile des Modells finden sich in „Szene aus der Hirschjagd" sowie als „Transformationszeichen" im „Block Beuys" wieder. Die kristalline Plastik arbeitete er zum Bestandteil eines Tisches um, den er „Tisch mit Kristall" betitelte

⁴⁶⁶ Todesanzeige des Standesamtes Kleve vom 16.5.1958, Kopie im Archiv des Autors. Christiane Hoffmans, Beuys - Bilder eines Lebens, Leipzig 2009, S.14

⁴⁶⁷ Adriani, Konnertz, Thomas, Joseph Beuys, Köln 1994, S.42

⁴⁶⁸ Sonja Mataré in der TV-Dokumentation „Messias in Filz", Südwestfunk Baden-Baden, 2001

⁴⁶⁹ Franz Joseph van der Grinten im Gespräch mit dem Autor, Till-Moyland, 1.4.2011

⁴⁷⁰ Pierre Theunissen im Gespräch mit dem Autor, Les Veyans, 27.6.2011

⁴⁷¹ Zit. n. Christiane Hoffmans, Beuys - Bilder eines Lebens, Leipzig 2009, S.15

⁴⁷² Die standesamtliche Trauung fand am 18.9.1959 in Bonn, dem Wohnort der Familie Wurmbach statt. Susanne Anna, Joseph Beuys in Düsseldorf, Stadtmuseum Düsseldorf, Ostfildern 2008, S.193

⁴⁷³ Eva Beuys meldete sich dort am 5. Februar 1960 an. Susanne Anna, Joseph Beuys in Düsseldorf, Stadtmuseum Düsseldorf, Ostfildern 2008, S. 193

⁴⁷⁴ Hermann Wurmbach, Lehrbuch der Zoologie, Bonn 1957

⁴⁵⁵ Vgl. Adriani, Konnertz, Thomas, Joseph Beuys, Köln 1994, S. 42. Joseph Beuys, „Difesa della Natura", in der Sammlung des Kunsthaus Zürich

⁴⁷⁶ Franz Joseph van der Grinten im Gespräch mit dem Autor, Till-Moyland, 1.4.2011

⁴⁷⁷ Personalakte von Herrmann Wurmbach, Bundesarchiv Berlin, Kopie im Archiv des Autors. Vgl. Hans-Paul Höpfner, Die Universität Bonn im Dritten Reich, Bonn 1999, S.106

⁴⁷⁸ Vgl. Hans-Paul Höpfner, Die Universität Bonn im Dritten Reich, Bonn 1999, S.537

⁴⁷⁹ Hermann Wurmbach, Biologische Grundlagen für die Bevölkerungspolitik, Bonn 1940

480 Ebd., S. 6

481 Ebd., S.11

482 Ebd., S. 24, 25

483 Ebd., S. 32

484 Zit. n. Georg Jappe, Beuys packen, Regensburg 1996, S.27

485 Ebd., S.21

486 Lebenslauf Werklauf, Aachener Festival der neuen Kunst, Aachen 20.7.1964, o.S.

487 Der Autor im Gespräch mit Adolphe Lechtenberg, Düsseldorf, 5.4.2011. Adam R. Lynen, Kentaurenfährte, erschienen 1963 beim Kindler-Verlag, München

488 Johannes Stüttgen in einem Schreiben an den Autor vom 18.5.2012, im Archiv des Autors

489 Adam R. Lynen, Kentaurenfährte, München 1963, S.267, 268

490 Auskunft der Deutschen Dienststelle vom 17.11.2011, Kopie im Archiv des Autors. Vgl. Adam R. Lynen, Kentaurenfährte, München 1963

491 Adam R. Lynen, Kentaurenfährte, München 1963, S.173

492 Beuys im Gespräch mit Georg Jappe über Schlüsselerlebnisse, Beuys packen, Regensburg 1996, S.211

493 Adam R. Lynen, Kentaurenfährte, München 1963, S.49

494 Johannes Stüttgen im Gespräch mit dem Autor, Düsseldorf, 24.5.2011

495 Dieter Koepplin, „Schneefeld", Kopie im Archiv des Autors

496 Adam R. Lynen, Kentaurenfährte, München 1963, S.37

497 Dieter Koepplin im Gespräch mit dem Autor, 16.6.2011. Vgl. Dieter Koepplin, „Schneefeld", Kopie im Archiv des Autors

498 Lebenslauf Werklauf, Aachener Festival der neuen Kunst, Aachen 20.7.1964, o.S.

499 Zit. n. Adriani, Konnertz, Thomas, Joseph Beuys, Köln 1994, S.24

500 Lebenslauf Werklauf, Aachener Festival der neuen Kunst, Aachen 20.7.1964, o.S.

501 Christa-Maria Lerm Hayes, James Joyce als Inspirationsquelle für Joseph Beuys, Hildesheim, Zürich 2001, S.29 f

502 Ebd., S. XIII. Vgl. Caroline Tisdall, Joseph Beuys, We Go This Way, London 1998, S. 70 f.

503 Unter anderem weisen Rudolf Steiners „Die Kernpunkte der Sozialen Frage" sowie die „Ost-West-Aphorismen" Verwandtschaft zu Gedanken von Pannwitz auf. Rudolf Pannwitz, Die Krisis der europäischen Kultur, Nürnberg 1917

504 Ebd., S. 4.

505 Johannes Stüttgen in einem Schreiben an den Autor vom 18.5.2012

506 Ebd.

507 Der Autor im Gespräch mit Johannes Stüttgen, Düsseldorf, 24.5.2011

508 Fotografien aus Beuys' Bewerbungsmappe finden sich im Archiv der Kunstakademie Düsseldorf

509 Vgl. Susanne Anna, Joseph Beuys, Düsseldorf, Ostfildern 2008, S. 44

510 Ebd.

511 Ebd., S.46

512 Ebd.

513 Dienstervertrag vom 1.9.1961, Landesarchiv Nordrhein Westfalen, Kopie im Archiv des Autors. Niederschrift der Professorenkonferenz vom 27. und 28.2.1962, im Archiv der Kunstakademie Düsseldorf

514 Fritz Getlinger, Getlinger photographiert Beuys, Köln 1990, S. 75-83

515 Ebd. Christiane Hoffmans, Beuys - Bilder eines Lebens, Leipzig 2009, S. 49. Moderne Plastik und Graphik – Kunstausstellung im Hause van der Grinten zu Kranenburg, Neue Rhein Zeitung, 25.2.1953

516 Hans und Franz Joseph van der Grinten, in Josef Beuys, Städtisches Museum Haus Koekkoek, Kleve, 8.10.1961, o. S.

[517] Vgl. Hans van der Grinten, in Joseph Beuys – Plastische Bilder, Stuttgart 1990, S. 8. Hans und Franz Joseph van der Grinten, in Josef Beuys, Städtisches Museum Haus Koekkoek, Kleve, 8.10.1961, o. S.

[518] Vgl. Auszeichnung für Kleve - Festliche Eröffnung der Josef Beuys Ausstellung – Landkreis gab Zuschuss, Rheinische Post, Lokalausgabe, 10.10.1961. Für einen Beuys-Ankauf war das Geld zu knapp, Neue Rhein Zeitung Lokalausgabe, 9.10.1961

[519] Laut Franz Joseph van der Grinten ließ sich Beuys durch ihn Bücher von Pannwitz und Péladan beschaffen. Adriani, Konnertz, Thomas, Joseph Beuys, Köln 1994, S. 40

[520] Der Nachruf erschien am 7.5.1945 in der norwegischen Tageszeitung „Afterposten". Hamsun wurde anschließend verhaftet. Ende 1947 wurde er wegen seiner Mitgliedschaft in der nationalsozialistischen Partei Norwegens - Nasjonal Samling – verurteilt, eine Entschädigung von 325 000 Kronen zu bezahlen und in eine psychiatrische Klinik eingewiesen. Hamsuns Frau wurde wegen ihrer Mitgliedschaft sowie Propagandaaktivitäten zu drei Jahren Zwangsarbeit sowie einer Geldstrafe verurteilt. Vgl. Eberhard Rathgeb, Kokon aus Weisheit und Wahrheit, Frankfurter Allgemeine Zeitung, 20.10.2002, S.36

[521] Notizzettel Josef Beuys, im Katalog zur Ausstellung Josef Beuys, Städtisches Museum Haus Koekkoek, Kleve, 8.10.1961, o. S. Vgl. Jürgen Geisenberger, Joseph Beuys und die Musik, Marburg 1999

[522] Joseph Beuys im Gespräch mit Hermann Schreiber, Südwestfunk Baden-Baden, 27.1.1980

[523] Die Begegnung fand während einer Aktion der ZERO-Gruppe statt, die sich über mehrere Station durch die Düsseldorfer Altstadt zog. ZERO, Edition, Exposition, Demonstration, Galerie Schmela, Düsseldorf, 5.7.1961. Die ZERO-Gruppe bestand aus Heinz Mack, Otto Piene und Günther Uecker.

[524] Das Black Mountain College wurde 1933 bei Asheville, North Carolina gegründet. In den vierziger Jahren war es eine der innovativsten Institutionen der USA für interdisziplinäre Studien in künstlerischen und geisteswissenschaftlichen Fächern. Namhafte Künstler studierten hier, unter anderem John Chamberlain, Arthur Penn, Robert Rauschenberg, Dorothea Rockburne, Kenneth Snelson, John Wieners und Vera B. Williams. Zu den Dozenten zählten Josef Albers, John Cage, Willem de Kooning, Richard Buckminster Fuller, Walter Gropius, Franz Kline, Cy Twombly. Albert Einstein war einmal Gastdozent.

[525] Paiks Performance fand im Rahmen einer Vernissage des Düsseldorfer Malers und Bildhauers Horst Egon Kalinowski statt, der einige seiner dadaistischen Assemblagen, so genannte „Bildschreine" präsentierte, in denen man auch eine Inspiration für Beuys' „Plastische Bilder" sehen könnte.

[526] Zit. n. Stephan von Wiese, FLUXUS an der Akademie Düsseldorf auf der biographischen Landkarte von Nam June Paik, cultd.net.

[527] Zit. n. medienkunstnetz.de/werke/hommage-a-cage.

[528] Cornelia Lauf, Joseph Beuys: the pedagogue as persona, Columbia University New York, New York 1992, S.60

[529] Ebd., S. 34 f

[530] Stephan von Wiese, FLUXUS an der Akademie Düsseldorf auf der biographischen Landkarte von Nam June Paik, www. cultd. net, Susanne Rennert, FLUXUS in Düsseldorf 1962/63, Düsseldorf 2003, kunstaspekte.de; medienkunstnetz.de/werke/one-for-violin-solo.

[531] Die „Anti-Kunst" der Dadaisten richtete sich provokativ gegen die konventionelle Kunst, in der sie einen Ausdruck der bourgeoisen Konsumgesellschaft sahen. Die Entstehung des Begriffs „Anti-Kunst" ist allerdings nicht mehr präzise nachzuzeichnen. Das Wort „Anti-Kunst" soll 1914 erstmals von Marcel Duchamp verwendet worden sein, obwohl Duchamp im engeren Sinn kein Dada-Künstler war, jedoch im Umfeld von Dada agierte.

[532] Duchamp kaufte 1917 bei dem New Yorker Händler für Sanitärbedarf „J. L. Mott Iron Works" ein Urinal, das er „Fountain" betitelte. Er signierte das Urinal mit dem Pseudonym „R. Mutt". Unter diesem Namen reichte er es für die Jahresausstellung der „Society of Independent Artists" in New York ein. Duchamp verstieß mit der „Fountain" gegen alle traditionellen Normen der Kunst. Sein Werk wurde als skandalös empfunden und zurückgewiesen. Die „Ausstellung" der „Fountain" gilt heute als Geburtsstunde der Konzeptkunst, als Schlüsselmoment der zeitgenössischen Kunst generell.

[533] Dick Higgins im Gespräch mit Carl Nørrested und Svend Thomsen in Zusammenhang mit den „Metadrama" Performances in Kopenhagen 1986, TVF-Art Archive, The Endless Story of FLUXUS, Bd. 2, Gent 2005

[534] „Promote a revolutionary flood and tide in art. Promote living art, anti-art, promote <u>NON ART REALITY</u> to be grasped by all peoples, not only critics, dilletants and professionals." Aus dem FLUXUS-Manifest von George Maciunas, das am 2.2.1963 zum Beginn des „FESTUM FLUXORUM FLUXUS" in der Düsseldorfer Kunstakademie verteilt wurde.

535 Dieter Koepplin, FLUXUS, Bewegung in Sinne von Joseph Beuys, in Joseph Beuys – Plastische Bilder, Stuttgart 1990, S.23

536 Ebd., S.22

537 Susanne Rennert, Nam June Paiks frühe Jahre im Rheinland, in sediment, Heft 9, Nürnberg 2005, S.15

538 Zit. n. ebd.

539 „I question again myself why was I interested in most extreme? It is because of my mongolian DNA. - Mongolian - Ural – Altair, horseback hunting people moved around the world in prehistoric age from Siberia to Peru to Korea to Nepal to Lappland. They were not cenoriented like chinese agrarian society. They saw far and when they see a new horizon far away, they had to go and see far more." Übersetzung durch den Autor. Zit. n. Susanne Rennert, Nam June Paiks frühe Jahre im Rheinland, in sediment, Heft 9, Nürnberg 2005, S.12

540 Jon Hendricks, in Eine lange Geschichte mit vielen Knoten, FLUXUS in Deutschland 1962–1994, Stuttgart 1995, S. 120

541 DADA Zürich. Dichtungen, Bilder, Texte, Zürich 1998, o. S.

542 „Anti-art is life, is nature, is true reality - it is one and all. Rainfall is anti-art, a babble of a crowd is anti-art, a sneeze is anti-art, a flight of a butterfly, or movements of microbes are anti-art. They are as beautiful and as worth to be aware of as art itself." George Maciunas, NEO-DADA in Music, Theater, Poetry, Art, verlesen am 9.6.1962 in der Galerie Parnass, Wuppertal. Jürgen Becker, Wolf Vostell, Happenings - FLUXUS - Pop Art - Nouveau Realisme, Reinbek 1965, S.192 ff

543 Paik erinnerte sich: „[…] since the FLUXUS was a fraternity of equal right colleagues which aimed at eliminating the ego of individual members, it would be better to arrange the two evenings for the FLUXUS, to which he [Beuys] agreed." (Weil FLUXUS eine Brüderschaft von gleichberechtigten Kollegen war, die darauf abzielte das Ego individueller Mitglieder zu eliminieren, schien es besser, die beiden Abende für FLUXUS [nur] zu arrangieren, womit er [Beuys] einverstanden war.) Übersetzung durch den Autor. Zit. n. Susanne Anna, Joseph Beuys, Düsseldorf, Stadtmuseum Düsseldorf, Ostfildern 2008, S.47

544 Adriani, Konnertz, Thomas, Joseph Beuys, Köln 1973, S. 49

545 Plakat des „FESTUM FLUXORUM FLUXUS". Adriani, Konnertz, Thomas, Joseph Beuys, Köln 1973, S. 55

546 Möglicherweise meinte Beuys mit Teilnehmerliste das Plakat der Veranstaltung. Auf diesem Plakat ist Beuys jedoch nicht aufgeführt. Die Auftritte bestritten unter anderem George Maciunas, Nam June Paik, George Brecht, Benjamin Patterson, Emmet Williams, Arthur Köpcke, Robert Filliou und Wolf Vostell. Kopie des Palakts im Archiv des Autors

547 Niederschrift der Professorenkonferenzen vom 28.7.1962, im Archiv der Kunstakademie Düsseldorf

548 Zit. n. Uwe M. Schneede, Joseph Beuys - die Aktionen, Ostfildern-Ruit 1994, S.20

549 Schreiben von Hans Schwippert an Joseph Beuys vom 10.10.1962, Archiv der Kunstakademie Düsseldorf, Kopie im Archiv des Autors

550 Plakat des FESTUM FLUXORUM FLUXUS, Kopie im Archiv des Autors

551 Das Schreiben ist undatiert, bezieht sich jedoch auf ein anderes Schreiben von Beuys, das mit 9.1.1963 datiert war. Adriani, Konnertz, Thomas, Joseph Beuys, Köln 1973, S. 54. Vgl. Adriani, Konnertz, Thomas, Joseph Beuys, Köln 1973, S. 104. Adriani, Konnertz, Thomas, Joseph Beuys, Köln 1994, S.53 f

552 Ebd.

553 Ebd., S. 55

554 Vgl. Uwe M. Schneede, Die frühesten Aktionen, in Joseph Beuys-Tagung Basel, 1.-4.5.1991, Basel 1991, S.131, 135. Uwe M. Schneede, Joseph Beuys - die Aktionen, Ostfildern-Ruit 1994, S.22

555 Joseph Beuys im Gespräch mit Caroline Tisdall im Oktober 1978, zit. n. Uwe M. Schneede, Die frühesten Aktionen, in Joseph Beuys-Tagung Basel, 1.-4.5.1991, Basel 1991, S.131

556 Joseph Beuys im Gespräch mit Richard Hamilton für BBC am 26.2.1972, zit. n. Uwe M. Schneede, Die frühesten Aktionen, in Joseph Beuys-Tagung Basel, 1.-4.5.1991, Basel 1991, S.132

557 Joseph Beuys im Gespräch mit Hermann Schreiber, Südwestfunk, 27.1.1980

558 Zit. n. Cecilia Liverierio Lavelli in Beuysnobiscum, Zürich 1993, S.191

559 Susanne Rennert, Alles ist im Fluss. Rien n'est figé. Jean-Pierre Wilhelm, die Galerie 22 und Düsseldorfs Aufbruch zu einer neuen Kunst, in Renate Buschmann, Stephan von Wiese, Fotos schreiben Kunstgeschichte, Köln 2007, S.24

560 Zit. n. Adriani, Konnertz, Thomas, Joseph Beuys, Köln 1973, S.56

561 Zit. n. Uwe M. Schneede, Die frühesten Aktionen, in Joseph Beuys-Tagung Basel, 1.-4.5.1991, Basel 1991, S.134

562 Nam Jun Paik in Beuys Vox – 1961-86, Seoul 1986, S. 23-25, zit. n. Uwe M. Schneede, Die frühesten Aktionen, in Joseph Beuys-Tagung Basel, 1.-4.5.1991, Basel 1991, S.134

563 Manfred Leve im Gespräch mit Uwe M. Schneede, in Uwe M. Schneede, Die frühesten Aktionen, in Joseph Beuys-Tagung Basel, 1.-4.5.1991, Basel 1991, S.135

564 Uwe M. Schneede, Die frühesten Aktionen, in Joseph Beuys-Tagung Basel, 1.-4.5.1991, Basel 1991, S.135

565 Laszlo Glozer, Adieu Beuys – Zum Tod von Joseph Beuys, Wolkenkratzer, Nr. 11, 1986, S. 28

566 Lebenslauf Werklauf, Aachener Festival der neuen Kunst, Aachen 20.7.1964, o.S.

567 Adriani, Konnertz, Thomas, Joseph Beuys, Köln 1973, S.58

568 Vgl. Adriani, Konnertz, Thomas, Joseph Beuys, Köln 1973, S.58

569 Joseph Beuys im Gespräch mit Wulf Herzogenrath am 19.1.1973, zit. n. Beuys - Die Revolution sind wir, Berlin 2008, S. 15. Vgl. Adriani, Konnertz, Thomas, Joseph Beuys, Köln 1973, S.58, 59

570 Rudolf Steiner, Welche Bedeutung hat die okkulte Entwicklung des Menschen für seine Hüllen (physischer Leib, Ätherleib, Astralleib) und sein Selbst?, Den Haag 1913, Dornach 2010, S.26

571 Joseph Beuys im Gespräch mit Wulf Herzogenrath, am 19.1.1973, zit. n. Beuys - Die Revolution sind wir, Berlin 2008, S.15

572 Rudolf Steiner, Geisteswissenschaftliche Impulse zur Entwickelung der Physik, Zweiter naturwissenschaftlicher Kurs: Die Wärme auf der Grenze positiver und negativer Materialität, Stuttgart 1920, Dornach 1959, GA 321, S.129

573 Vgl. Volker Harlan, Rainer Rappmann, Peter Schata, Soziale Plastik, Achberg 1984, S.20, 21

574 Ebd., S 92

[575] Richter, Kuttner, Polke und Lueg organisierten in eigener Regie eine gemeinsame Ausstellung, die am 11.5.1963 in einem Düsseldorfer Ladenlokal eröffnet wurde. In einem Brief hatte Gerhard Richter im Hinblick auf diese Ausstellung erstmals den Begriff „Kapitalistischer Realismus" verwendet, unter dem Richter, Lueg und Polke in den folgenden Jahren gemeinsam agierten. Vgl. Stephan Strsembski, Kapitalistischer Realismus. Objekt und Kritik in der Kunst der 60er Jahre, Hamburg 2010

[576] Stella Baum, Die frühen Jahre mit Beuys, in Kunst ist unwiderstehlich, Wuppertal 2011, S.67

[577] Dieter Koepplin, FLUXUS, Bewegung im Sinne von Joseph Beuys, in Joseph Beuys - Plastische Bilder, Stuttgart 1990, S.22

[578] Helmut Martin, An der Krippe des FLUXUS, Rheinische Post, Regionalausgabe Kleve, 15.11.1963

[579] Ein Professoren-Kunstwerk: Geschlitzte Konservendosen, Joseph Beuys Ausstellung – Lächeln und Staunen, Neue Rhein Zeitung, Regionalausgabe, 13.11.1963

[580] Joseph Beuys, Demonstration zur Todesstunde von Yves Klein, 1962 Bleistift, Kohle, weiße Ölfarbe auf braunem Papier, ca. 100 x 200 cm, Sammlung van der Grinten

[581] „J'ai travaillé avec des Français, comme Yves Klein.", „Ich habe mit Franzosen wie Ives Klein zusammengearbeitet", Joseph Beuys im Gespräch mit Bernard Lamarche-Vadel, in Bernard Lamarche-Vadel - Joseph Beuys, Is It About a Bicycle?, Paris 1985, S. 96. Übersetzung durch den Autor. Es ist nicht belegt, dass sich Beuys und Klein jemals begegnet sind.

[582] Katalog Handzeichnungen, documenta III, Kassel 1964, S. 16. Katalog Malerei, Skulptur, documenta III, Kassel 1964, S. 324. BEUYS, Städtisches Museum Abteiberg Mönchengladbach, 13.9.–29.10.196

[583] Vgl. Caroline Tisdall, Jospeh Beuys, Ausstellungskatalog, New York 1979, S.44

[584] Rudolf Steiner, Geisteswissenschaftliche Impulse zur Entwicklung der Physik, Stuttgart 1920, Dornach 2010, S.169

[585] Vgl. Martin Barkhoff, Anthroposophisches in Beuys-Werken, Das Goetheanum Wochenschrift für Anthroposophie, Nr. 27, 1994

586 Rudolf Steiner, Aus der Akasha-Chronik, Berlin 1904, 1905, Dornach 2010, S. 92. Vgl. Rudolf Steiner, Mensch und Welt. Das Wirken des Geistes in der Natur. Über das Wesen der Bienen, 15 Vorträge, Dornach 8.10.-22.12.1923, Dornach 1951

587 Vgl. Adriani, Konnertz, Thomas, Joseph Beuys, Köln 1973, S. 25

588 Joseph Beuys im Gespräch mit einem TV-Sender während der documenta III, Kassel 1964, Kopie im Archiv des Autors

589 Ein Professor wurde geschlagen … und warf mit Schokolade - Eine „etwas exzeptionelle" Feier am 20. Juli in der Aachener Uni, Die Zeit, Hamburg, 31.7.1964

590 Ebd.

591 Joseph Beuys im Gespräch mit Walter Smerling und Knut Fischer, Ausstrahlung am 2.1.1986, WDR 1986

592 Joseph Beuys im Gespräch mit Kunst. Magazin für moderne Malerei, Grafik, Plastik, Nr. 4, Mainz 1964, S. 95-97

593 Rudolf Steiner, Kosmogonie, Populärer Okkultisums, Paris 1096, S.35. Hermann Keimeyer, Dreifaltigkeiten in unserem Universum, Überlingen 2012, Kopie im Archiv des Autors

594 Zit. n. Adriani, Konnertz, Thomas, Joseph Beuys, Köln 1994, S. 39. Vgl. Rudolf Steiner, Wer sind die Rosenkreuzer?, Berlin 1907, Dornach 2010. Rudolf Steiner, Goethes geheime Offenbarung, Magazin für Literatur, 28.8.1899, Dornach 2010

595 Laut Steiner verließ das „Ich" des Zarathustra mit der Jordan-Taufe den Leib des Jesus. Mit dem erhalten gebliebenen veredelten Ätherleib des Jesusknaben baute sich Zarathustra später einen neuen physischen Leib auf. Seitdem inkarniert er in dieser Gestalt immer wieder als „Meister Jesus" auf der Erde und wirkt damit als Inspirator der christlichen Geistesströmung. Rudolf Steiner, Zarathustra - Vortrag in Berlin, 19.1.1911, in Die Drei, 5. Jg., Heft 10, 1925/26. Vgl. Rudolf Steiner, Zur Geschichte und aus den Inhalten der ersten Abteilung der Esoterischen Schule, 1904-1914, Dornach 1996. Von Jesus zu Christus, Zehnter Vortrag, Karlsruhe, 14.10.1911, 4. Auflage, Dornach 2010

596 Joseph Beuys im Gespräch mit Birgit Lahann, Ich bin ein ganz scharfer Hase, Stern, Hamburg, 30.4.1981, S.77-82

597 Bernhard Schütze, Bei Blaulicht mussten die Burschen umfallen, Neue Rhein Zeitung, 22.7.1964, Kopie im Archiv des Autors

[598] Joseph Beuys im Gespräch mit Elisabeth Pfister, in Friedhelm Mennekes, Beuys zu Christus, Stuttgart 1989, S.60

[599] Joseph Beuys im Gespräch mit Horst Schwebel, in Glaubwürdig - Fünf Gespräche über heutige Kunst und Religion, München 1979, S. 17

[600] Bazon Brock im Gespräch mit Christiane Hoffmans, Beuys - Bilder eines Lebens, Leipzig 2009, S.19

[601] Joseph Beuys im Gespräch mit Rainer Rappmann, in Volker Harlan, Rainer Rappmann, Peter Schata, Soziale Plastik, Achberg 1984, S.17

[602] Rudolf Steiner, Der Christus-Impuls und die Entwicklung des Ich-Bewusstseins, Berlin 1910, Dornach 2010, S.188

[603] Joseph Beuys im Gespräch mit Rainer Rappmann, in Volker Harlan, Rainer Rappmann, Peter Schata, Soziale Plastik, Achberg 1984, S.17

[604] Rudolf Steiner, Aus der Akasha-Chronik, Berlin 1904, 1905, Dornach 2010, S.24

[605] Joseph Beuys im Gespräch mit Walter Smerling und Knut Fischer, Ausstrahlung am 2.1.1986, WDR 1986

Dank

Mein größter Dank gilt Tanja Hollenstein für ihre unentwegte Ermutigung und Unterstützung.

Besonderer Dank gilt Prof. Dr. Andreas Maercker, Fachrichtungsleiter Psychopathologie an der Universität Zürich, sowie den Beuys Experten Dr. Dieter Koepplin und Prof. Dr. Verena Kuni.

Ebenso herzlich sei meinen Gesprächspartnerinnen und Gesprächspartnern gedankt: Marina Abramović, Heiner Bastian, Lukas Beckmann, Irmgard Bernrieder, Lucrezia De Domizio Durini, Wilhelm van den Boom, René Böll, Nicole Fritz, Rolf Gentz, Franz van der Grinten, Franz van der Grinten (der Sohn), Jörg Herold, Claus Hösen, Adolphe Lechtenberg, Ron Manheim, Bettina Paust, Klaus Staeck, Johannes Stüttgen, Pierre Theunissen sowie jenen, die nicht genannt werden wollen.

Eine wesentliche Hilfe war die freundliche Unterstützung durch die Archive. Beuys-Archiv Moyland, Bundesarchiv in Berlin und Freiburg, Staatsarchiv Dresden, Deutsche Dienststelle, Archiv Grünes Gedächtnis, Archiv der Kunstakademie Düsseldorf, die Stadtarchive Geldern, Kleve und Krefeld sowie das Zentrum für Militärgeschichte und Sozialwissenschaften der Bundeswehr. Stellvertretend für deren freundliche und bemühte Mitarbeiter: Dr. Gabriele Bosch, Jana Blumberg, Susanne Hentschel, Dr. Dawn Leach, Joachim Lilla, Klaus Nippert, Johannes Patyk, Herbert Pieske, Julia Reifenrath, Johannes Stinner, Dr. Beate Sturm und Bert Thissen.

Genannt sei schließlich die engagierte Unterstützung durch die Heimatforscher in Kleve Rainer Hoymann, Martha Fürtjes-Egbers und Wiltrud Schnüttgen.

Die Beuys Biographie von Hans Peter Riegel in vier Bänden

Band 1 / 1921 bis 1945
Paperback: ISBN 978-3-9524824-1-4
Hardcover: ISBN 978-3-9524824-6-9

Band 2 / 1945 bis 1986
Paperback: ISBN 978-3-9524824-5-2
Hardcover: ISBN 978-3-9524961-0-7

Band 3 / Dokumente
Paperback: ISBN 978-3-9524961-2-1
Hardcover: ISBN 978-3-9524961-4-5

Band 4 / Verborgenes Reden
Paperback: ISBN 978-3-9525386-0-9
Hardcover: ISBN 978-3-9525386-1-6

Weitere Informationen: www.riverside-publishing.com

Milton Keynes UK
Ingram Content Group UK Ltd.
UKHW020234190324
439604UK00021BA/1908